中华人民共和国行政处罚法

注释本

Law of the People's Republic of China on Administrative Penalty

周永龙　主编

法律出版社
LAW PRESS CHINA

图书在版编目(CIP)数据

中华人民共和国行政处罚法注释本 / 周永龙主编
. -- 3 版. -- 北京 : 法律出版社, 2021(2021.12 重印)
(法律单行本注释本系列)
ISBN 978 - 7 - 5197 - 5346 - 7

Ⅰ. ①中… Ⅱ. ①周… Ⅲ. ①行政处罚法－法律解释－中国 Ⅳ. ①D922.115

中国版本图书馆 CIP 数据核字(2021)第 024930 号

中华人民共和国行政处罚法注释本
ZHONGHUA RENMIN GONGHEGUO
XINGZHENG CHUFAFA ZHUSHIBEN

周永龙 主编

责任编辑 张发靖 陈 熙
装帧设计 李 瞻

出版发行 法律出版社
编辑统筹 法规出版分社
责任校对 张红蕊
责任印制 张建伟
经　　销 新华书店

开本 850 毫米×1168 毫米 1/32
印张 9.75　　字数 244 千
版本 2021 年 2 月第 3 版
印次 2021 年 12 月第 9 次印刷
印刷 固安华明印业有限公司

地址:北京市丰台区莲花池西里 7 号(100073)
网址:www.lawpress.com.cn
投稿邮箱:info@lawpress.com.cn
举报盗版邮箱:jbwq@lawpress.com.cn
销售电话:010 - 83938349
客服电话:010 - 83938350
咨询电话:010 - 63939796

书号:ISBN 978 - 7 - 5197 - 5346 - 7
定价:25.00 元
凡购买本社图书,如有印装错误,我社负责退换。电话:010 - 83938349

编辑出版说明

现代社会是法治社会,社会发展离不开法治护航,百姓福祉少不了法律保障。遇到问题依法解决,已经成为人们处理矛盾、解决纠纷的不二之选。然而,面对纷繁复杂的法律问题,如何精准、高效地找到法律依据,如何完整、准确地理解和运用法律,日益成为人们"学法、用法"的关键所在。

为了帮助读者快速准确地掌握"学法、用法"的本领,我社开创性地推出了"法律单行本注释本系列"丛书,至今已十余年。本丛书历经多次修订完善,现已出版近百个品种,涵盖了社会生活的重要领域,已经成为广大读者学习法律、应用法律之必选图书。

本书具有以下特点:

1. 出版机构权威。成立于1954年的法律出版社,是全国首家法律专业出版机构,始终秉承"为人民传播法律"的宗旨,完整记录了中国法治建设发展的全过程,享有"社会科学类全国一级出版社",入选"全国百佳图书出版单位"等荣誉称号。

2. 编写人员专业。本书由相关法律领域内的专业人士编写,确保图书内容始终紧跟法治进程,反映最新立法动态,体现条文本义内涵。

3. 法律文本标准。作为专业的法律出版机构,多年来,我社始终使用全国人民代表大会常务委员会公报刊登的法律文本,积淀了丰富的标准法律文本资源,并根据立法进度及时更新相关内容。

4. 条文注释规范。本书对每个条文提炼条文主旨,并对每个条文进行注释,使读者能精准掌握立法意图,轻松理解条文内容。

5. 适用要点详细。本书特设“适用要点”栏目,对实务运用中应该注意的事项、常见的处理方法、关键字句的理解、需要注意的细节或陷阱等,作详细而有条理的阐释。

6. 关联法规全面。本书收录常用法律法规、部门规章等,方便读者快速找到相关联的法规,使全书更为实用。

7. 案例指引精准。本书收录法院裁判典型案例,提炼出相关裁判要旨,读者可扫描相应的“有章”二维码查看案例原文。

8. 配套附录实用。书末“附录”部分收录的均为重要的相关法律、法规和司法解释性质文件,使读者在使用中更为便捷,使全书更为实用。

9. 新旧对照清晰。本书特设双栏新旧对照表,增、删、改规定醒目标出,让读者精准把握新旧变化的内容。

需要说明的是,本书中“适用提要”“条文主旨”“条文注释”等内容皆是编者为方便读者阅读、理解而编写,不同于国家正式通过、颁布的法律文本,不具有法律效力。本书不足之处,恳请读者批评指正。

我们用心打磨本书,以期为法律相关专业的人士释法解疑,致力于为每个公民的合法权益撑起法律的保护伞。

法律出版社法规中心

2021年8月

目　　录

附　录

《中华人民共和国行政处罚法》适用提要

《行政处罚法》[①]是一部规范行政处罚的设定和实施，保障和监督行政机关有效实施行政管理，维护公共利益和社会秩序，保护公民、法人或者其他组织的合法权益的重要法律。《行政处罚法》由第八届全国人民代表大会第四次会议于 1996 年 3 月 17 日通过，根据 2009 年 8 月 27 日第十一届全国人民代表大会常务委员会第十次会议《关于修改部分法律的决定》第一次修正，根据 2017 年 9 月 1 日第十二届全国人民代表大会常务委员会第二十九次会议《关于修改〈中华人民共和国法官法〉等八部法律的决定》第二次修正，根据 2021 年 1 月 22 日第十三届全国人民代表大会常务委员会第二十五次会议修订，自 2021 年 7 月 15 日起施行。《行政处罚法》分总则、行政处罚的种类和设定、行政处罚的实施机关、行政处罚的管辖和适用、行政处罚的决定、行政处罚的执行、法律责任、附则，共 8 章 86 条。

《行政处罚法》的主要内容包括以下八个方面。

1. 立法目的与基本原则

党的十八大以来，以习近平同志为核心的党中央推进全面依法治国，深化行政执法体制改革，推进国家治理体系和治理能力现

① 为方便阅读，本书法律名称均使用简称。

代化，建立权责统一、权威高效的行政执法体制，完善行政处罚制度显得尤为重要。行政处罚坚持处罚法定原则，过罚相当原则，公正、公开原则，处罚与教育相结合原则，保障相对人权利原则，监督制约、职能分离原则。违法行为构成犯罪，应当依法追究刑事责任，不得以行政处罚代替刑事处罚。

2. 处罚的种类和设定

2021 年修订的《行政处罚法》在处罚的种类上增加了通报批评、降低资质等级、限制开展生产经营活动、责令关闭、限制从业等；放宽了有关地方性法规设定行政处罚的限制，法律对违法行为未作出行政处罚决定，行政法规为实施法律，可以补充设定行政处罚。拟补充设定行政处罚的，应当通过听证会、论证会等形式广泛听取意见，并向制定机关作出书面说明。

3. 处罚的实施机关

处罚必须有实施主体。党和国家机构改革和行政执法体制改革的要求，明确了综合行政执法的法律地位，相对集中行政处罚权，推进行政执法权限和力量向基层延伸和下沉。对符合条件的乡镇人民政府、街道办事处对其管辖区域内的违法行为，由省、自治区、直辖市根据当地实际情况，决定由其行使有关县级人民政府部门的部分行政处罚权。

4. 处罚的管辖和适用

行政处罚一般由违法行为发生地的行政机关管辖。管辖发生争议时，应当协商解决，协商不成报共同的上一级行政机关指定管辖；也可以直接由共同的上一级行政机关指定管辖。规范了自由裁量权，完善从轻、减轻处罚情形。加大重点领域执法力度，涉及公民生命健康安全、金融安全且有危害后果的违法行为的追责期限由 2 年延长至 5 年等。

5. 行政处罚的决定

行政处罚决定程序是整个行政处罚程序的关键环节，是保障正确实施行政处罚的前提条件,分为简易程序、普通程序和听证程序三类。行政处罚的实施机关、立案依据、实施程序和救济渠道等信息应当公示。行政机关应当依法以文字、音像等形式,对行政处罚的启动、调查取证、审核、决定、送达、执行等进行全过程记录,归档保存。对回避申请应当依法审查,决定作出之前,不停止调查。对重大传染病疫情等突发事件,为了控制、减轻和消除突发事件引起的社会危害,行政机关对违反突发事件应对措施的行为可依法快速、从重处罚。加大法制审核力度,确保行政执法机关作出的重大执法决定合法有效的关键环节经得起考验。提高简易程序的罚款数额,对公民个人以及法人或者其他组织分别从 50 元以下和 1000 元以下提高至 200 元以下和 3000 元以下。听证程序方面,扩大适用范围,明确行政机关应当结合听证笔录作出决定等。

6. 行政处罚的执行

为保障行政处罚决定的依法履行,本次修订完善了执行程序,与《行政强制法》紧密衔接,对当事人逾期不履行行政处罚决定的,行政机关可以根据法律规定,采取其他行政强制执行方式。对执行期限的起算点予以明确,即行政机关批准延期、分期缴纳罚款的,申请人民法院强制执行的期限,自暂缓或者分期缴纳罚款期限结束之日起计算。当事人申请行政复议或者提起行政诉讼的,加处罚款的数额在行政复议或者行政诉讼期间不予计算。同时,为将行政执法责任制和责任追究制落实到位,加强对行政处罚行为的监督和管理,罚款、没收的违法所得或者没收非法财物拍卖的款项,不得同作出行政处罚决定的行政机关及其工作人员的考核、考评直接或者变相挂钩。县级以上人民政府应当定期组织开展行政执法评议、考核,加强对行政处罚的监督检查,规范和保障行政处罚的实施。

7. 法律责任

行政机关及其工作人员在实施行政处罚时,要严格按照规定执行,对符合立案标准的案件不及时立案的,没有法定依据处罚的,擅自改变处罚种类、幅度的违反法定程序等行为,要追究相应的法律责任。对处罚不使用罚款、没收财物单据或者使用非法定部门制发的罚款、没收财物单据的,当事人亦有拒绝及检举权。行政机关违法、实施检查或者执行措施,给当事人造成人身或财产损害、给法人或者其他组织造成损失的,应当依法予以赔偿,对直接负责的主管人员或其他责任人员依法给予处分;情节严重构成犯罪的,依法追究刑事责任。

8.附则

附则,是法的整体中作为总则和分则辅助性内容而存在的一个组成部分。本次修订扩大了行政处罚的适用范围,将外国人、无国籍人、外国组织在中华人民共和国领域内的违法行为涵盖在内,适用本法,法律另有规定的除外。

中华人民共和国行政处罚法

（1996年3月17日第八届全国人民代表大会第四次会议通过　根据2009年8月27日第十一届全国人民代表大会常务委员会第十次会议《关于修改部分法律的决定》第一次修正　根据2017年9月1日第十二届全国人民代表大会常务委员会第二十九次会议《关于修改〈中华人民共和国法官法〉等八部法律的决定》第二次修正　2021年1月22日第十三届全国人民代表大会常务委员会第二十五次会议修订）

第一章　总　　则

第一条　【立法目的】[1]为了规范行政处罚的设定和实施，保障和监督行政机关有效实施行政管理，维护公共利益和社会秩序，保护公民、法人或者其他组织的合法权益，根据宪法，制定本法。

条文注释

本条是关于我国行政处罚法立法目的的规定。

根据本条规定，行政处罚法的立法目的主要体现在以下四个方面。

（1）规范行政处罚的设定和实施。行政处罚是作为公权力之一

① 条文主旨为编者所加，下同。

的行政权使用的方式之一,同任何公权力一样,其必须满足程序正当要求,即法无明文规定不可为。程序正当的起点就在于:触发行政处罚的条件必须法定,而不能随意设定;其实施亦必须有正当程序,不可任意而为。

从行政处罚的对象角度看,行政处罚是一种严厉的行政行为,可以直接限制或剥夺处罚对象的人身权益或者财产性权益,而使违法行为人承担所应负的行政责任,因此对行政处罚要规定较为严格的限制条件。

(2)保障和监督行政机关有效实施行政管理。一方面,《行政处罚法》通过设定处罚种类、规定实施主体、程序等方式对行政机关借助行政处罚方式实现行政管理目的予以"赋权",即所谓"保障";另一方面,"赋权"的同时也划定了行政机关行使行政处罚权的边界,超越该边界即可能违法,"赋权"的同时亦是"限权",即所谓"监督"。保障与监督二者相辅相成,单纯强调赋权保障,易导致行政处罚权的片面扩张,侵犯行政相对人合法权益;片面突出限权监督,则易导致行政处罚权覆盖不足、效能低下,对公共利益和社会秩序维护不力。

(3)维护公共利益和社会秩序。公共利益亦称"社会整体利益""公众利益",是指社会整体生存和发展的各种需要,与"个人利益"相对。"社会秩序"亦称"公共秩序",是指为维护社会公共生活所必需的整体秩序。公共利益和社会秩序属于社会公共产品范畴,与私人利益有别。一般情况下,社会公共产品的提供不可能由私人个体完成,通常是由行政机关作为社会公共利益的代表,通过行政职能的发挥,满足社会公共产品的需要。行政处罚是行政职能的行使方式之一,同样不可能脱离维护公共利益和社会秩序这一基本目的。

(4)保护公民、法人或者其他组织的合法权益。本法严格规定行政处罚的创设权和行使行政处罚的主体资格、实施程序,划定行政处罚权行使边界,从法律制度上防范行政处罚权的滥用。

适用要点

赋权与限权有机统一,维护社会公共利益与保障公民权益有机统一，是公法领域的普遍特征。《行政强制法》第 1 条规定："为了规范行政强制的设定和实施，保障和监督行政机关依法履行职责，维护公共利益和社会秩序，保护公民、法人和其他组织的合法权益，根据宪法，制定本法。"《治安管理处罚法》第 1 条规定："为维护社会治安秩序，保障公共安全，保护公民、法人和其他组织的合法权益，规范和保障公安机关及其人民警察依法履行治安管理职责，制定本法。"

需要说明的是，行政机关行使行政处罚权时，不能将该条作为直接依据，而必须以相对人违反具体的行政法律法规为前提，不能认为"维护公共利益和社会秩序"需要即可实施行政处罚。司法机关援引本条时，应当坚持法律原则适用的一般规则，即有具体规定适用具体规定，无具体规定的用法律原则予以补充。

关联法规

《宪法》；《行政强制法》第 1 条；《治安管理处罚法》第 1 条；《自然资源行政处罚办法》第 1 条；《安全生产违法行为行政处罚办法》第 1 条；《环境行政处罚办法》第 1 条；《气象行政处罚办法》第 1 条

案例指引

佛山市高明区新时代学校与佛山市高明区教育局教育行政处罚案①

裁判要旨：行政处罚是行政机关为维护行政管理秩序，对违反行政法上义务的行政相对人给予的法律制裁。本条作为法律原则，在实践中直接援引的余地较小，且主要是用来对行政行为的性质、目的进行阐述分析。对行政处罚的设定目的也要坚持两个一般原则：一是推进行政管理，维护公共利益；二是保护相对人的合法权益，注意在这两者之间寻求平衡。

① 广东省高级人民法院(2018)粤行申 983 号。

贝汇丰与海宁市公安局交通警察大队
道路交通管理行政处罚案①

裁判要旨：行政机关负有有效实施行政管理、维护公共利益和社会秩序的职责，可依法在职权范围内对公民、法人或其他组织的违法行为进行处罚。

第二条　【行政处罚定义】行政处罚是指行政机关依法对违反行政管理秩序的公民、法人或者其他组织，以减损权益或者增加义务的方式予以惩戒的行为。

条文注释

本条是关于我国行政处罚定义的规定。

本条是新增条文，1996年《行政处罚法》没有规定行政处罚的具体定义，导致行政处罚的内涵和外延都不明确。相应地，行政处罚的单行法规、规章，如《治安管理处罚法》《海关行政处罚实施条例》都没有行政处罚的明确定义，这显然不利于法治的统一与实施。本次修法时，给予行政处罚明确的定义，成为各方的共识。

依据本条规定，行政处罚的主要特征包括以下几点：

(1)法定性。行政处罚的设定、主体、对象、行为、种类、程序等都必须法定。常见的行政处罚法源有：宪法，其中关于保障人民基本权利义务以及损害赔偿等规定，直接影响行政处罚设定及实施的合法性；法律，是指由全国人民代表大会及其常委会依照立法程序制定，由国家主席签署公布的规范性文件；行政法规，是指由国务院制定，在行政处罚中适用范围最广的法律依据；地方性法规，是指由各省、自治区、直辖市和设区的市的人民代表大会及其常委会制定的规范性文件；规章，是指由国务院部门或者地方政府依照法定程序

① 浙江省嘉兴市中级人民法院(2015)浙嘉行终字第52号。

制定的仅适用于本部门或者本地区行政管理的规范性文件。

(2)行政性。行政处罚的实施主体主要是具有行政处罚权的行政机关,实施对象是行政相对人,是行政机关针对违反行政法律规定的行政相对人而为的惩戒行为,目的在于实现行政管理目标。

(3)惩戒性。行政处罚的后果是减损权益或者增加义务,对相对人不利,这是一般的法律责任的共同特征。但行政处罚还具有否定性评价作用,即惩戒性,如本法规定的通报批评、罚款、责令关闭、行政拘留等。其目的在于通过惩戒矫正行政违法行为,或者弥补行政违法行为对公共利益和社会秩序的损害。

需要说明的是,本次修订突出了行政处罚种类的"权益性",将常见的行政处罚由针对实体财物扩展为针对权益,如降低资质等级、限制从业,从而丰富了行政处罚的种类,能够使行政处罚的轻重程度与违法行为的事实、性质、情节以及危害性的大小更相对称、更相适应。

适用要点

由于我国对违法行为实行行政违法与刑事违法分立体制,大量的违法行为体现为行政违法,相应的行政处罚在各类行政案件中占有非常大的比重。比如拘留,不仅是行政处罚的种类之一,也是刑事强制措施,但由于刑事强制措施中的拘留不是由行政主体作出,因而不符合行政性条件,就不属于行政处罚。罚款(金)亦是如此,确定是否属于行政处罚要看作出该行为的主体是否为行政主体。又如,行政机关在内部管理中针对工作人员依据《行政机关公务员处分条例》第 19 条作出的警告处理,因其不是向行政相对人作出,也不属于行政处罚。再如,行政机关依据《行政强制法》第 9 条作出的限制公民人身自由的措施,虽然有减损权益或者增加义务的效果,但其不具有惩戒特征,因此也不属于行政处罚。

案例指引

江苏期望期货经纪有限公司与中国证券监督管理委员会证券监管措施案①

裁判要旨：根据《期货交易管理条例》中的规定，期货公司或者其分支机构成立后无正当理由超过3个月未开始营业，或者开业后无正当理由停业连续3个月以上，国务院期货监督管理机构应当依法办理期货业务许可证注销手续。被处罚行为的违法性是行政处罚的存在基础，中国证券监督管理委员会对期货公司连续3个月停业的事实作出的被诉告知书，仅是其针对期货公司出现不符合持续性经营条件的事实状态作出的监管措施，并非对期货公司存在某种违法行为的否定性评价，不属于行政处罚行为。

第三条 【适用范围】行政处罚的设定和实施，适用本法。

条文注释

本条是关于适用范围的规定。

1. 行政处罚的设定

行政处罚的设定，亦称行政处罚的创设。创设行政处罚是行政处罚的第一环节，是行政处罚的基础。从法理而言，违法行为需要由立法机关予以明确，一旦行为超越边界，则构成违法。法律不会也不能明确到何种具体事项可为，但必须明确何种具体事项不可为。而行政处罚是违法行为带来的后果之一，因此本质上行政处罚同样属于违法行为的边界划定范畴。行政处罚与刑事处罚都是公权力的运

① 北京市高级人民法院（2010）高行终字第303号，载国家法官法院、中国人民大学法学院编：《中国审判案例要览》（2011年行政审判案例卷），中国人民大学出版社2013年版。

用,都是针对公民权益的减损,都必须由法律规定。区别在于行政处罚可以由法律作出明确具体的授权,由行政机关制定法规、规章加以规定,而刑罚则非常严格,不可授权。但二者的基本原理完全一致:法无明文规定不为罪、法无明文规定不可罚。总之,没有行政处罚的依法设定,就无法可依,就不可能做到执法必严,违法必究更无从谈起。

本法对行政处罚的设定权作出了明确规定,概括来说就是:法律可以设定各种类型的行政处罚;行政法规可以设定除限制人身自由以外的各类行政处罚;地方性法规可以设定除限制人身自由、吊销营业执照以外的行政处罚;地方性法规为实施法律、行政法规,针对法律、行政法规对违法行为未作出行政处罚规定的,可以补充设定行政处罚。地方性法规拟补充设定行政处罚的,应当通过听证会、论证会等形式听取意见,并向制定机关作出书面说明;国务院部门规章和地方政府规章都可以设定警告、通报批评或者一定数额罚款的处罚类别,除此之外的其他规范性文件一律不得设定行政处罚种类。

2. 行政处罚的实施

行政处罚的设立是立法范畴,实施则是执行范畴,是将法律上的权利和义务予以实现的过程。行政处罚的实施主要涉及两个问题:一是实施的主体;二是实施的程序。从广义角度看,行政处罚的实施也属于设定范畴,如果把行政处罚看作对违法行为进行矫正、对社会利益进行维护的全过程,那么行政处罚的实施遵循法定原则亦是题中应有之义。

适用要点

本条是行政处罚适用范围的规定,实际上也是行政处罚法定原则的体现。需要说明的是:(1)本条规定的核心内涵是"法无明文规定不可罚",违法的边界需要由法律划定或授权划定,界限之内不违法。民事领域也存在民事违法行为,民事责任的承担在没有具体规定的情况下,可以适用民事法律的基本原则,但行政责任不同,不能直接引用基本原则判定行政处罚责任。行政处罚采取严格慎重的法定原则,即法无明文规定的,不处罚,这也是本法的立法意图之一。(2)本条所述的行政处罚的设定与实施适用本法,并不是说《行政处罚法》规定了所有的行政处罚基于什么事由、按照何等程序实施,本法不是所有行政处罚行为的具体操作流程,而只是从宏观上规范了行政处罚的种类和某些特定的国家机关在行政处罚设定上的不同权限。具体的操作问题另由单行的法律、法规具体解决。行政处罚的设定与实施适用本法,但并不是不可再适用其他行政法律法规。

关联法规

《气象行政处罚办法》第 2 条;《自然资源行政处罚办法》第 2 条;《环境行政处罚办法》第 2 条;《安全生产违法行为行政处罚办法》第 2 条

案例指引

邵云霞与普兰店市公安局行政处罚并行政赔偿案①

裁判要旨:法律对行政处罚种类的设定权进行了明确规定。本法关于行政处罚种类的规定不包含训诫,故训诫不属于行政处罚。

上海再胜源干细胞工程有限公司与上海市卫生局行政处罚案②

裁判要旨:行政机关可以依职权同时作出几个行政行为,但不同性质的行政行为应当适用不同法律法规的规定。作出处罚决定时未依据《行政处罚法》的规定履行相关程序的,该行政处罚依法不能成立。

第四条　【处罚法定】公民、法人或者其他组织违反行政管理秩序的行为,应当给予行政处罚的,依照本法由法律、法规、规章规定,并由行政机关依照本法规定的程序实施。

① 辽宁省大连市中级人民法院(2014)大行终字第 219 号。

② 上海市高级人民法院(2004)沪二中行终字第 256 号。

条文注释

本条是关于行政处罚法定原则的规定。

行政处罚法定原则，是指行政处罚形成的法律关系的各要素，包括主体、客体、权益减损或者义务增加的内容、幅度、实现方式等均需法定，即本法第3条规定的行政处罚的设定和实施，均需法定。

1. 适用对象法定

行政处罚的适用对象即行政相对人，包括公民、法人或者其他组织，本法第84条作为补充条款将外国人、无国籍人和外国组织也明确纳入其中。为了维护公共利益和社会秩序进行的行政管理，才可能对管理对象实施行政处罚。行政机关与其内部人员之间的人事管理不具有直接的公共利益属性，因而行政机关针对其内部人员作出的处分，虽然具有惩戒性质，但不适用行政处罚的有关规定，而是行政处分。该行政处分行为不可诉，而针对行政处罚决定除行政复议之外还有诉讼救济途径。需要说明的是，从原理而言，行政处罚的对象包括公民和法人以外的社会组织，其中不排除行政机关，即行政机关也可能成为行政处罚的对象。某一行政机关在自身管理职权范围之外，仍然可能成为行政管理对象，此时，行政机关就是以行政相对人的身份成为行政处罚的调整对象。

2. 实施主体法定

行政处罚权配置给何种行政机关，由具体法律、法规规定。除此之外，任何其他国家机关都无权对公民、法人或者其他组织实施行政处罚行为。本法第17条规定，行政处罚由具有行政处罚权的行政机关在法定职权范围内实施。需要说明的是，除具有行政处罚权的行政机关以外，行政处罚行为还有两个实施主体：一是具有授权和委托的非国家机关，本法第20条第1款规定，行政机关依照法律、法规、规章的规定，可以在其法定权限内书面委托符合本法第21条规定条件的组织实施行政处罚。但无论如何，行政机关自身行使行政处罚是原则，对外授权委托是例外，并且委托后不得再委托，且委托行政机关要对受委托的组织实施行政处罚的行为负责监督，并对该行为的后果承担法律责任。二是本法第19条规定的由法律、法规授权的具有管理公共事务职能的组织可以在法定授权范围内实施行政处罚。

3. 处罚依据法定

法律、法规、规章设定了不同层次的处罚依据，具体可见本法第2章关于行政处罚的种类和设定部分。

4. 处罚程序法定

行政处罚是国家公权力的运用，程序正当是必须遵循的准则。程序正义不仅能起到保障实体正义的辅助作用，而且程序本身也具有独立的价值。行政处罚必须按照法律、法规或者规章规定的程序进行，违反程序的行政处罚会直接影响其实体效力。

适用要点

行政处罚法定原则是依法行政、推进法治建设极为重要的方面。行政处罚法定原则落实执行得如何，是衡量行政权规范程度、法治社会建设水平的重要标尺。

在修订之前，本条有“没有法定依据或者不遵守法定程序的，行政处罚无效”的表述，本次修订将这一款调整到第38条第2款，表述为“违反法定程序构成重大且明显违法的，行政处罚无效”。理论和实践都认为，并不是所有存在程序瑕疵的行政行为都一概无效。如果是轻微的程序瑕疵，可以进行补正，即轻微的程序违法不影响行政处罚决定的效力。因此，本条的修订调整使程序法定原则更为精确。另外，判断是否构成程序重大且明显违法属于裁量权范畴，但这并不意味着行政机关可以不顾行政程序的正当性要求随意行使处罚权。行政相对人依然可以行使陈述、申辩、检举等权利，责任人员也可能因此承担本法第7章规定的相应法律责任。

关联法规

《治安管理处罚法》第3条；《价格违法行为行政处罚规定》第23条；《侵害消费者权益行为处罚办法》第2条；《内河海事行政处罚规定》第3条；《海关行政处罚实施条例》第2条；《金融违法行为处罚办法》第2条；《气象行政处罚办法》第3条；《计量违法行为处罚细则》第3、4条

案例指引

嘉措与化隆回族自治县公安局行政处罚案①

裁判要旨：公安机关按照《公安机关办理行政案件程序规定》的程序，及时立案，并履行了行政处罚前的调查询问、审批、告知等必要程序，依据《治安管理处罚法》有关规定作出处罚决定，具备法定依据、遵循法定程序。送达的目的在于让被处罚人知晓处罚内容，故在被处罚人已对处罚决定知情而拒收的情况下，行政机关没有留置送达处罚决定书，虽然有轻微瑕疵，但并不影响被处罚人的实际权利，故不构成处罚行为程序违法。

江西省万通建设有限公司与永州市应急管理局安全生产行政处罚案②

裁判要旨：行政相对人违反有关行政管理秩序的法律规定应当给予行政处罚的，有处罚权的行政机关在依照《行政处罚法》履行立案调查、事先告知、举行听证等法定程序后，可以作出行政处罚决定。

第五条　【公正、公开原则和过罚相当原则】行政处罚遵循公正、公开的原则。

设定和实施行政处罚必须以事实为依据，与违法行为的事实、性质、情节以及社会危害程度相当。

对违法行为给予行政处罚的规定必须公布；未经公布的，不得作为行政处罚的依据。

---

①　青海省高级人民法院(2020)青行申9号。

②　湖南省高级人民法院(2020)湘行申258号。

条文注释

本条是关于公正、公开原则和过罚相当原则的规定。

1. 公正、公开原则

公正是指公平正直、不偏不私，公开是指行政处罚的全过程，包括设定、实施全部依法公开，不搞“暗箱操作”。事实上，从上层——法律的一般原理，到中层——行政执法的基本要求，再到下层——《行政处罚法》的具体原则，公正、公开原则都具有统领性。

行政处罚的公正原则包括：(1)程序公正。例如，一般由两人执法、形成笔录，听取陈述、申辩，进行听证等，禁止使用非法手段获取证据。(2)实体公正。一是相同违法情形下同等罚责。违法情形相同，法律责任相同，不得选择性执法。二是违法情形不同，法律责任要区别对待。

本条公开原则的规定重点突出了处罚依据公开，但事实上行政处罚公开原则的要求不仅仅是处罚依据公开，还包括设定和执行的全过程公开。行政处罚本身不是目的，目的在于通过惩戒违反行政管理秩序的公民、法人或者其他组织来实现对公共利益和社会秩序的维护。只有行政处罚的依据公开，行政相对人才能知晓，才能依据公开内容规范自身行为；处罚过程公开，行政处罚才能接受上级行政机关、司法机关以及社会各界的监督，才能起到以公开促进公正的实际效果；本法第48条第1款规定，具有一定社会影响的行政处罚决定应当依法公开，这能够对行政相对人起到教育和警示作用。

2. 过罚相当原则

过罚相当是公正原则的应有之义，本条除了规定公正原则之外，重点突出强调了过罚相当。过罚相当是指对行政相对人处以行政处罚的种类、幅度等应当与其违法行为的事实、性质、情节以及对公共利益和社会秩序的危害程度相匹配、相适应。既不能过度处罚，滥用行政处罚权加重行政相对人负担甚至侵害其合法权益；也不能行政责任缺位，对违法行为放任不究或者无原则的轻缓处理，导致法律矫正效果不足，公共利益受损。

适用要点

关于公正原则，一方面，执行主体要严格依法执行行政处罚的相关规定；另一方面，法律规范不可能穷尽所有的违法情形，公正原则更多地体现在行政机关的自由裁量权行使过程中，如法律规定了行政处罚的幅度，需要执行主体依据过罚相当原则来具体把握幅度之内的行政处罚。

关于公开原则，处罚的设定及依据公开是绝对的，执行过程中的公开则是相对的，是依法公开。例如，行政处罚的决定不是当然公开，依据《政府信息公开条例》第20条第6项规定，“实施行政处罚、行政强制的依据、条件、程序以及本行政机关认为具有一定社会影响的行政处罚决定”，在公开的范围之列，即一般性的不具有社会影响的行政处罚决定可不公开。此外，公开原则要求行政处罚的依据需外部知晓，执法机关内部掌握的规定、惯例、上级要求等不能作为处罚依据。

需要说明的是，行政处罚这一行政责任与民事责任的归责原则存在区别。民事责任中包括无过错责任，当事人即便没有过错，也可能承担责任；但行政处罚中的过罚相当则必须要求有违反行政法律法规的违法行为，这一点与民事责任显著不同。

关联法规

《治安管理处罚法》第5条；《政府信息公开条例》第20条；《安全生产违法行为行政处罚办法》第3条；《自然资源行政处罚办法》第3条；《侵害消费者权益行为处罚办法》第3、4条；《环境行政处罚办法》第6条；《气象行政处罚办法》第5条；《内河海事行政处罚规定》第3条

案例指引

杭州金菱印花有限公司与中华人民共和国上海吴淞海关行政处罚案①

裁判要旨：走私进口货物已经通关放行客观上无法没收，海关可以追缴走私货物的等值价款，行政相对人存在积极缴纳担保金等依法从轻或者减轻行政处罚的法定情节时，应当综合考虑违法事实、性质、情节等作出行政处罚决定书。

① 最高人民法院(2017)最高法行申4273号。

程思翔与广东省司法厅行政处罚案①

裁判要旨：存在违法行为性质、情节恶劣，或者有其他法律规定的违法情节严重应当在行政处罚种类及幅度的范围内从重处罚的情形，行政机关作出的处罚决定要与事实一致，遵循过罚相当的原则。

格尔木市自然资源局、格尔木市人民政府与格尔木锦熙丰餐饮管理有限公司土地行政处罚案②

裁判要旨：行政机关在适用法律法规或者规章作出处罚决定时要综合考虑违法行为的事实、性质、情节以及社会危害程度，遵循比例原则。

第六条　【处罚与教育相结合原则】实施行政处罚，纠正违法行为，应当坚持处罚与教育相结合，教育公民、法人或者其他组织自觉守法。

条文注释

本条是关于处罚与教育相结合原则的规定。

法律规范本身具有教育作用。法律规范首先是进行法律评价，并进而设定权利义务，或褒奖，或惩处，从而对人们今后的行为产生直接或间接的影响。在这一点上，《行政处罚法》的教育作用非常明显。因为行政处罚的后果一定是消极的，当事人能够切身体会到违法行为的代价，从而对其产生教育与矫正作用；对一般人而言，他人所受的行政处罚则是鲜明的示范案例，能够起到教育警示作用。

① 最高人民法院(2017)最高法行申3447号。

② 格尔木市人民法院(2020)青2801民初3347号。

《行政处罚法》强调处罚与教育相结合原则,在于表明处罚、惩戒不是最终目的。就个案而言,行政处罚意味着结案;但就整个社会管理而言,处罚仅仅是手段之一,通过对少数人外部行为的强制,引导当事人以及社会公众自觉守法,从而达成社会管理目标,这才是《行政处罚法》的最终目的,教育的目的就在于此,即在实现法律效果的基础上,努力实现个案的社会效果。

本法诸多条文实际就体现了处罚与教育相结合原则。如本法第44条规定告知事实、理由及依据,就是要增强行政处罚的说理性,增加说服力、可理解度和可接受度,使教育融入执法过程的各环节中,使每一个处罚过程都成为一次普法教育;给予当事人陈述、申辩的权利,就是让行政相对人能够充分表达意见、观点,在意见、观点的充分交换碰撞中,实现法律规范的教育目的。

处罚与教育相结合,并不意味着行政处罚可以降格处理,即并不意味着尽可能对违法行为进行感化教育,尽量不处罚。按照行政处罚法定原则,除法律明确规定轻微行政违法行为不予处罚,可以进行批评教育以外,其他条件下不能超越自由裁量权限,对应予以处罚的行为降格做批评教育处理。如《道路交通安全法》第93条第1款规定:"对违反道路交通安全法律、法规关于机动车停放、临时停车规定的,可以指出违法行为,并予以口头警告,令其立即驶离。"

适用要点

从法律的威慑理论来看,在保持行政执法力度不变的情况下,降低处罚力度,将现实处罚变为警示教育,会明显影响执法的效果,尽管从表面看是柔性执法,但实际却有损于公共利益和社会秩序。例如,在交通行政执法中,交警每次不处罚而只是警告教育,实际是降低了罚责大小,如果要维持停车秩序不变,则需要加大巡查次数,显然会增加执法成本和负担。

关联法规

《治安管理处罚法》第5条;《气象行政处罚办法》第5条;《侵害消费者权益行为处罚办法》第3条;《烟草专卖行政处罚程序规定》第3条;《环境行政处罚办法》第3条;《律师和律师事务所违法行为处罚办法》第3条;《内河海事行政处罚规定》第3条

案例指引

三惠（福建）工贸有限公司与泉州市泉港区安全生产监督管理局安全生产行政处罚案①

裁判要旨：给予当事人整改期限是行政机关对当事人轻微违法行为的提示和教育手段。如果当事人仍然违反要求作出违法行为，行政机关在作出处罚决定时可以充分考虑被处罚人违法情节的轻重。

张春明与临沂市人民政府行政复议案②

裁判要旨：行政机关在职权范围内对当事人的违法行为进行查处应当遵循处罚和教育相结合的原则，督促、引导的职责是教育的一种表现方式，但该项职责并不必然得出行政机关怠于履行的结论。

上海中燃船舶燃料有限公司与上海市质量技术监督局行政处罚案③

裁判要旨：行政机关可以依法对相对人的违法行为作出行政处罚，但作出决定前应当结合个案具体情况，在法律规定的种类、幅度范围内予以衡平考量，进一步提升处罚决定的适当性，以更好地体现坚持处罚与教育相结合的行政处罚原则。

① 福建省高级人民法院（2018）闽行申461号。

② 山东省高级人民法院（2014）鲁行终字第211号。

③ 上海市第三中级人民法院（2018）沪03行终300号，载《最高人民法院公报》2020年第10期。

第七条　【权利保障原则】公民、法人或者其他组织对行政机关所给予的行政处罚，享有陈述权、申辩权；对行政处罚不服的，有权依法申请行政复议或者提起行政诉讼。

公民、法人或者其他组织因行政机关违法给予行政处罚受到损害的，有权依法提出赔偿要求。

条文注释

本条是关于行政处罚对象权利保障原则的规定。

行政处罚是行政相对人与国家之间权利义务的二次调整，是对违法行为人权利的减损或者义务的增加。此种权利减损或者义务增加是动态调整，与之相伴的权利的增加主要有三项：一是事中的陈述、申辩权，二是事后的申请行政复议或者提起行政诉讼的权利，三是提出行政赔偿的权利。此种动态调整的意义在于，行政处罚中对当事人赋予权利等同于对行政机关课以义务，实际也是对权力行使的监督，上述三种权利既是落实《行政处罚法》保障行政相对人合法权益的举措，也是监督行政机关权力行使的手段。

1. 陈述、申辩权

陈述权是指当事人就所知悉的情况向行政机关陈述的权利；申辩权是指当事人就执法机关对违法行为的指控作出针对性的反驳和辩解的权利。陈述、申辩权属于广义的言论自由范畴，可以以书面形式，也可以以口头形式，内容不限于事实方面，也可以是法律适用方面，只要与行政处罚直接或者间接相关，都可以向执法机关表达，执法机关必须记录并认真听取。

2. 申请行政复议或提起行政诉讼的权利

行政复议，是指公民、法人或者其他组织认为行政机关的具体行政行为（包括行政处罚）侵犯其合法权益，有权依照有关行政复议法律制度的规定，向有复议管辖权的行政机关申请复议，要求撤销或者变更具体行政行为，维护自己合法权益的活动；行政诉讼，是指公民、法人或者其他组织认为行政机关的具体行政行为（包括行政处罚）侵犯其合法权益，依照行政诉讼法律制度向人民法院提起诉讼的活动。

提起行政复议或行政诉讼代表了对行政处罚权进行监督的两个方面:前者是上级监督,后者是司法监督。

3. 提起行政赔偿的权利

行政赔偿,是指因行政机关违法给予公民、法人或者其他组织行政处罚,致使其合法权益受到损害,而由国家承担赔偿责任的法律制度。在法律原理层面,非经正当程序、无正当依据,权利和人身自由不得被限制和剥夺。行政处罚必然使行政相对人权益受损,但此种受损的前提是合法、有依据的,如前提不存在,自然应当对当事人所受的损害进行赔偿。

适用要点

(1)关于陈述、申辩权。陈述、申辩权既是当事人的权利,也是行政机关必须接受的义务。陈述、申辩是行政机关进行行政处罚必须具备的证据材料,执法机关必须留存告知陈述、申辩权的记录,留存陈述、申辩的材料;即便当事人明示放弃陈述、申辩,也是其行使权利的表现形式之一。行政机关根据当事人陈述与申辩,结合调查终结报告、核审意见或者听证报告等,分别作出给予行政处罚、销案、不予行政处罚、移送其他机关等处理决定。从这个角度上看,陈述申辩有助于行政机关全面了解案件,也因此,本法第 45 条第 2 款规定,行政机关不得因当事人陈述、申辩而给予更重的处罚。

(2)关于行政复议和行政诉讼。行政权需要讲求效率,行政复议和行政诉讼作为事后救济程序,不停止行政处罚的执行,但本法第 73 条第 3 款规定了加处罚款的数额在行政复议或者行政诉讼期间不予计算;此外,一般情况下,行政复议和行政诉讼是任意选择的事后救济途径,理论上可以有三种组合方式,即直接复议、直接诉讼、先复议后诉讼。但有些专门的领域,如税务领域,要求行政复议前置。

(3)关于行政赔偿。行政赔偿可以在行政复议或者行政诉讼中一并提出。行政赔偿的主要方式是支付赔偿金,但这并不是唯一方式。《国家赔偿法》第 32 条规定:“国家赔偿以支付赔偿金为主要方式。能够返还财产或者恢复原状的,予以返还财产或者恢复原状。”

关联法规

《国家赔偿法》第2章;《行政复议法》;《行政诉讼法》;《侵害消费者权益行为处罚办法》第17条;《烟草专卖行政处罚程序规定》第4条;《安全生产违法行为行政处罚办法》第4条

案例指引

袁德军与潮州市潮安区交通运输局交通行政处罚及行政赔偿案①

裁判要旨:行政机关要保障当事人有行使救济性权利的可能性。行政机关如果不能履行告知义务,会造成行政处罚行为的程序违法,至于该处罚决定是否会被撤销则要看相对人的实体权利是否遭受损害。

海南万杰进出口有限公司与中华人民共和国海口海关行政处罚案②

裁判要旨:行政机关在作出行政处罚决定之前应当通过行政处罚告知单或其他方式告知当事人其依法享有的陈述申辩权。当事人认为行政处罚认定的违法事实错误、证据不足或者程序违法的,都可以依法提起行政诉讼来救济自己的权利。

林凤昌与长春市盐务管理局盐业行政处罚案③

裁判要旨:行政相对人对行政处罚不服的,有权申请行政复议或者提起行政诉讼,但应当注意法律法规对"复

① 广东省潮州市中级人民法院(2017)粤51行终19号。

② 海南省高级人民法院(2012)琼行终字第75号。

③ 吉林省长春市中级人民法院(2017)吉01行赔终85号。

议前置"事项的规定,依照法定程序应先申请行政复议的,就不能直接向法院起诉。

第八条　【民事责任与禁止以罚代刑】公民、法人或者其他组织因违法行为受到行政处罚,其违法行为对他人造成损害的,应当依法承担民事责任。

违法行为构成犯罪,应当依法追究刑事责任的,不得以行政处罚代替刑事处罚。

条文注释

本条是关于民事责任与禁止以罚代刑的规定。

法律可以分为公法和私法,一个违法行为,可能既侵犯私人的合法权益,也侵犯公共秩序和社会利益。例如,出售假冒伪劣产品,既违反了诚实信用、公平交易的民事规定,侵犯了购买者的合法权益,应当承担退款等违约责任;同时也因其扰乱了市场管理秩序,损害了社会公共利益,可能要承担罚款等行政责任;与此同时,出售假冒伪劣商品数量或者获利金额等情节达到一定数量标准的,可以依照《刑法》第140条中的规定,追究生产、销售伪劣产品罪的刑事责任。上述责任中,退款违约责任属私法责任,即民事责任,行政处罚和刑事处罚属于公法责任,上述三种责任因一个违法行为同时存在并不相互矛盾。

需要说明的是,我国对公法领域的违法行为的划分是二元体制,即行政违法和刑事违法分立,两者的划分标准通常采用数量标准说,即行政违法情节严重至一定程度就追究刑事责任。而有些国家和地区对此实行一元体制,即公法领域的违法都是刑事违法,如发生在我国香港特别行政区的走私奶粉案,数量只有几罐,但依然通过法庭审理而不是由行政机关予以处罚。

理解本条第1款规定的核心是:行政违法行为侵犯他人民事权利时,行政处罚和民事责任可以同时存在,并行不悖。民事责任的基本原则是弥补损失,一般不具有惩罚性。如果行为人仅仅承担民事责任，也就是回复到违法行为发生前的状态，对行为人没有惩戒作用，此种低违法成本状态很难制止其再犯。而如果在民事责任的基础上再施以行政处罚，由行政机关明示其违法性并课以惩戒性质的行政处罚，则有助于矫正其违法行为。

本条第2款是本条的核心，即禁止以行政处罚代替刑事处罚。以行政处罚代替民事责任的问题并不突出，民事责任事关个人切身利益，违法行为受害者会主动维权。而以行政处罚代替刑事处罚的问题则并不鲜见，其表现就是行政机关不按照本法第27条的规定，将涉嫌犯罪的违法案件移送司法机关。

适用要点

我国《刑法》第13条规定了犯罪的定义，且末尾有但书规定，“情节显著轻微危害不大的，不认为是犯罪”。按照这样的表述，违法行为不构成犯罪，仍然可能构成行政违法，遵循的是“出犯罪而入行政”的逻辑，其出罪的定性由司法机关完成。而行政机关向司法机关移送严重行政违法案件，一般依据的是“情节严重的，交由司法机关依法追究刑事责任”的规定，遵循的是“出行政而入犯罪”的概念，此时违法行为的定性由行政机关来完成。从上述逻辑推演可以看出，在行政违法与刑事违法的划分上，司法机关和行政机关在两个方向上都在做定性工作，事实上行政机关在定性、移送行政违法案件时，已经在相当程度上行使了部分司法职能。而这样的定性是我国违法行为二元分立的现状带来的，在行政违法与刑事违法的边界地带，司法与行政不可避免地出现了交叉重叠。

本法第7章第82条对行政机关不移交依法应当由司法机关追究刑事责任的案件的法律责任作出了规定，是对本条原则性规定的进一步细化。

关联法规

《刑法》第13条；《治安管理处罚法》第2、8条；《侵害消费者权益行为处罚办法》第18条；《环境行政处罚办法》第16条；《著作权行政处罚实施办法》第8条；《民法典》第187、1165条

案例指引

白银有色金属公司破产清算组与张保安、坚公平等采矿权纠纷案①

裁判要旨：行政责任适用的主要目的是惩戒违法的行政相对人，维护行政管理秩序，同时对类似违法行为起到威慑作用；而民事责任适用的主要目的是补偿受害人所受的损害，通过赔偿的方法使已经遭受侵害的财产关系和人身关系得到恢复和补救。两者所要实现的目的、所追求的法律效果均有不同，故对同一行为，行政责任和民事责任可以并存且不可互相替代。

宁夏天嘉电线电缆有限公司与中华人民共和国银川海关其他行政行为案②

裁判要旨：海关发现违法行为涉嫌犯罪的，应当移送海关侦查走私犯罪公安机构、地方公安机关依法办理，行政处罚案件自移送刑事侦查部门之日起中止调查，不能以行政处罚代替刑事处罚。海关缉私局在办理涉嫌走私犯罪等刑事案件时，不再是行政主体身份，不能适用行政法律规范，而是海关侦查走私犯罪的公安机构，履行侦查、拘留、执行逮捕、预审职责时应当按照《刑事诉讼法》的规定办理。

---

① 最高人民法院(2017)最高法民终80号。

② 最高人民法院(2019)最高法行申2751号。

第二章　行政处罚的种类和设定

第九条　【行政处罚的种类】行政处罚的种类：

（一）警告、通报批评；

（二）罚款、没收违法所得、没收非法财物；

（三）暂扣许可证件、降低资质等级、吊销许可证件；

（四）限制开展生产经营活动、责令停产停业、责令关闭、限制从业；

（五）行政拘留；

（六）法律、行政法规规定的其他行政处罚。

条文注释

本条是关于行政处罚种类的规定。

行政处罚的种类是行政处罚定义的内涵与外延的体现，有利于达到行政处罚“以减损权益或者增加义务的方式予以惩戒”的制裁性目的。本条采用不完全列举的方式规定了五类十三种行政处罚，最后一项设置了兜底条款，使行政处罚的种类在适用中更加明确化。按照传统分类方式划分：警告、通报批评是申诫罚；罚款、没收违法所得、没收非法财物是财产罚；暂扣许可证件、降低资质等级、吊销许可证件是资格罚；限制开展生产经营活动、责令停产停业、责令关闭、限制从业是行为罚；行政拘留是自由罚。

相较于2021年修订前，本条新纳入了现行单行法律、法规中已经明确规定和行政执法实践中常用的行政处罚种类，增加规定通报批评、降低资质等级、限制开展生产经营活动、责令关闭、限制从业几个行政处罚种类。这主要是由于旧法列举的处罚种类较少，遗漏了不少应属于行政处罚范畴的行为。完善行政处罚种类有利于行政执法实践和法律的实施。

适用要点

在具体适用行政处罚种类时，依据的是各单行法律、法规中的明确规定，适用方式包括单处、并处、选处，且不能超出法律明确规定的行政处罚类型自行创设行政处罚。在执法时，需注意行政处罚与行政强制措施的区分。行政强制措施是指行政机关依其职权采取强制手段限制特定的相对人行使某项权利或强制其履行某项义务的处置行为，主要包括限制公民人身自由；查封场所、设施或者财物；扣押财物；冻结存款、汇款；其他行政强制措施等种类。区分行政处罚与行政强制措施的主要依据有：(1)法律明确规定的行政处罚种类和行政强制措施种类。(2)行政处罚是一种行政制裁行为，必须以行政相对人的行为违法为前提。行政强制措施与行政相对人的行为是否违法没有必然联系，其目的是使相对人的人身与财产保持一定的状态，从而预防、制止或者控制正在发生或可能发生的违法行为或危险状态。(3)行政处罚是对相对人权利的最终处分，而行政强制措施仅是在短期内对相对人权利进行临时限制，不具有终局性。

关联法规

《行政诉讼法》第12条；《行政复议法》第6条；《治安管理处罚法》第10条；《安全生产违法行为行政处罚办法》第5条；《著作权行政处罚实施办法》第4条；《环境行政处罚办法》第10条；《价格违法行为行政处罚规定》

案例指引

铜仁市碧江区人民政府与彭胜前环境行政管理案①

裁判要旨：《行政处罚法》并没有采取穷尽式列举行政处罚的种类的方式，而是赋予法律、行政法规对相应行

① 贵州省高级人民法院(2019)黔行终927号。

政处罚种类的设定权。《环境行政处罚办法》第10条规定:“根据法律、行政法规和部门规章,环境行政处罚的种类有:(一)警告;(二)罚款;(三)责令停产整顿;(四)责令停产、停业、关闭;(五)暂扣、吊销许可证或者其他具有许可性质的证件;(六)没收违法所得、没收非法财物;(七)行政拘留;(八)法律、行政法规设定的其他行政处罚种类。”其中第4项界定了责令关闭行为的属性。本法在2021年修订后,将责令关闭行为明确纳入了行政处罚的范畴。

褚泉与南京市公安局秦淮分局治安管理行政处罚案①

裁判要旨:行政处罚种类的设定权限必须有法律依据。训诫不属于行政处罚,与行政机关后续依法作出的拘留处罚决定适用条件不同,法律依据不同,因此不会构成重复处罚。

莆田市荔城区大桥头畜禽养殖场与莆田市荔城区环境保护局行政命令案②

裁判要旨:《环境行政处罚办法》第12条将“责令停止生产或者使用”列为行政命令具体形式之一。责令停止生产的目的是制止环境违法行为,督促其回归合法状态,不具有惩罚性和制裁性,故其不属于行政处罚行为,而是要求相对人履行一定的不作为的行政命令。

① 江苏省高级人民法院(2020)苏行申10号。

② 福建省莆田市中级人民法院(2018)闽03行终75号。

第十条　【法律的行政处罚设定权】法律可以设定各种行政处罚。

限制人身自由的行政处罚,只能由法律设定。

条文注释

本条是关于法律的行政处罚设定权的规定。

这里的“法律”专指由全国人民代表大会及其常务委员会制定的规范性文件,地位仅次于宪法。依据制定机关的不同,法律可分为两大类:一是基本法律,由全国人民代表大会制定,如《刑法》《民法典》等;二是基本法律以外的其他法律,由全国人民代表大会常务委员会制定,如《专利法》《环境保护法》等。设定,是指对一项权力的创设和规定。行政处罚的设定权,是指国家机关可以独立自主地创设和规定行政处罚的种类。这里所说的国家机关包括国家的立法机关与行政机关。一般而言,立法机关设定的行政处罚是程度较重、影响较大的,而行政机关设定的行政处罚是程度较轻、影响较小的,且行政机关设定行政处罚必须有法律明确具体的授权。

本条第1款规定法律可以设定各种类型的行政处罚,具体类型规定在本法第9条,包括申诫(警告、通报批评)、剥夺财产、剥夺资格、限制行为、限制人身自由等处罚。本条第2款则强调限制人身自由的行政处罚种类的设定权具有排他性,除法律以外,其他任何形式的规范性文件都不得规定涉及公民人身自由的行政处罚。限制人身自由的行政处罚在行政处罚种类中即为行政拘留。行政拘留是最严厉的一种行政处罚,因为人身自由权是公民权利中最基本的一项权利。行政拘留通常适用于严重违反法律规范但不构成犯罪的违法行为,对这类违法行为,警告、罚款等处罚都不足以惩戒其违法性,只有限制人身自由方能体现行政处罚行为的制裁性。因此,对限制人身自由的行政处罚的设定在立法上有严格的规定,只有最高立法机关及其常设机关制定的法律才可以规定此类处罚,其他规范性文件如果设定限制人身自由的行政处罚,则构成越权。这一规定有利于防止立法权的滥用,防止公民的基本权利受到非法侵犯。

适用要点

法律作为仅次于宪法的规范性文件，有权设定各类行政处罚，但在设定限制人身自由的行政处罚时，也要采取慎重的态度，通常只有对于严重违反法律规范但不构成犯罪的违法行为，才给予限制人身自由的处罚。在行政执法中，依据法律的明确规定作出的限制人身自由的行政处罚，且处罚幅度在法律规定的范围之内的，应当被认定为合法。如果法律以外的规范性文件设定了限制人身自由的行政处罚，则应当确认该抽象行政行为违法，该条规定因为违反了本法本条的规定而无效。在这种情形下，执法机关依据该法律规定作出的限制人身自由的具体行政处罚行为也自然违法。

关联法规

《立法法》第8条第5项

案例指引

许淑杰与吉林省人民政府、吉林省吉林市人民政府劳动教养决定案①

裁判要旨：人身自由权是公民权利中最基本的一项权利，限制人身自由是一种相当严厉的处罚，只有法律才可以设定此类型处罚。这不仅体现了立法的审慎态度，也是对行政机关职能的边界限制，即其在执法实践中不能滥用行政处罚的设定权。《行政处罚法》规定限制人身自由的行政处罚种类必须由法律进行设定。劳动教养是对被劳动教养的人实行强制性教育改造的行政措施，是处理人民内部矛盾的一种方法。其虽然也是限制人身自由的行政措施，但其由行政法规规定，故不属于行政处罚范畴。

① 最高人民法院（2018）最高法行申100号。

杨德禄与叶城县公安局、喀什地区公安局治安行政处罚案①

裁判要旨：行政拘留限制了公民的人身自由，在作出该处罚决定时，应当以法律有关规定为依据，法规、规章或其他规范性文件对行政拘留的设定都不能加以适用，且只能由公安机关行使该处罚权。

第十一条 【行政法规的行政处罚设定权】行政法规可以设定除限制人身自由以外的行政处罚。

法律对违法行为已经作出行政处罚规定，行政法规需要作出具体规定的，必须在法律规定的给予行政处罚的行为、种类和幅度的范围内规定。

法律对违法行为未作出行政处罚规定，行政法规为实施法律，可以补充设定行政处罚。拟补充设定行政处罚的，应当通过听证会、论证会等形式广泛听取意见，并向制定机关作出书面说明。行政法规报送备案时，应当说明补充设定行政处罚的情况。

条文注释

本条是关于行政法规设定行政处罚的权限及程序的规定。

行政法规，是国务院为领导和管理国家各项行政工作，根据宪法和法律，按照法定程序制定的有关行使行政权力，履行行政职责的规范性文件的总称。

本条第1款对行政法规赋予了行政处罚的设定权，行政法规可以设定除了限制人身自由以外的任何行政处罚。此外，本条第2款和第3款对行政法规的两个具体权限作出规定：第一，行政法规对于法律已经作出行政处罚规定的，可以作出更具体的规定。由于法律

① 新疆维吾尔自治区高级人民法院(2021)新行申1号。

关于行政权力的规定常常比较原则、抽象，因而还需要由行政机关进一步具体化，行政法规就是对法律内容具体化的一种主要形式。第二，行政法规在法律对违法行为没有作出行政处罚规定的情况下，可以进行补充设定。这是本法 2021 年修订增加的一个条款，该条款的规定也与《立法法》的规定一致。《立法法》第 9 条规定："本法第八条规定的事项尚未制定法律的，全国人民代表大会及其常务委员会有权作出决定，授权国务院可以根据实际需要，对其中的部分事项先制定行政法规，但是有关犯罪和刑罚、对公民政治权利的剥夺和限制人身自由的强制措施和处罚、司法制度等事项除外。"

同时，本条也对行政法规的设定权限作了限制。第一，行政法规不能设定限制人身自由的行政处罚。由于限制人身自由的行政处罚种类只能由法律设定，行政法规作为比法律低一位阶的规范性文件，只能设定其他行政处罚种类。第二，行政法规不得与法律相抵触。这里的抵触应作广义解释，既包括行政法规与法律相矛盾而造成的抵触，也包括行政法规明显变更法律、超越法律或者忽略法律而造成的抵触。具体而言，行政法规关于行政处罚的规定，不能超出法律所规定的给予行政处罚的行为、种类和幅度的范围。也就是说，法律对某些违法行为仅规定一种处罚的，行政法规不能另行增加其他种类的处罚；法律规定了行政处罚的裁量幅度的，行政法规只能在该裁量幅度内规定具体的处罚行为内容。

除了对行政法规的行政处罚设定权限的规定，本法 2021 年修订后还增加了对行政法规补充设定行政处罚的程序规定。这也体现了在明确行政法规补充设定行政处罚权限的同时，立法在程序上的审慎和严格把关。

适用要点

本条在适用时涉及权限和程序两方面。

在权限上，一是行政法规可以设定除限制人身自由以外任何种类的行政处罚；二是行政法规为了实施法律可以在法律范围内对行政处罚作出具体规定；三是行政法规可以在法律对违法行为未规定行政处罚的时候作出补充规定。

在程序上，结合《行政法规制定程序条例》的相关规定，拟补充设定行政处罚的，应注意以下三点：第一，该行政法规送审稿涉及重大利益调整的，国务院法制机构应当进行论证咨询，广泛听取有关方面的意见。论证咨询可以采取座谈会、论证会、听证会、委托研究等多种形式。第二，该行政法规草案由国务院常务会议审议，或者由国务院审批。在国务院常务会议审议行政法规草案时，由国务院法制机构或者起草部门向国务院作出书面说明。第三，该行政法规在公布后的30日内，由国务院办公厅报全国人民代表大会常务委员会备案时，应当说明补充设定行政处罚的情况。

关联法规

《立法法》第9条

案例指引

林闻华与中华人民共和国汕头海事局海事行政处罚案①

裁判要旨：行政法规没有对限制人身自由的行政处罚种类的设定权，行政法规有关创设限制人身自由类型的行政处罚的规定违法。行政法规对行政处罚的具体规定应当在法律所规定的行为、种类和幅度范围内予以适用。

第十二条　【地方性法规的行政处罚设定权】地方性法规可以设定除限制人身自由、吊销营业执照以外的行政处罚。

法律、行政法规对违法行为已经作出行政处罚规定，地方性法规需要作出具体规定的，必须在法律、行政法规规定的给予行政处罚的行为、种类和幅度的范围内规定。

---

① 广东省高级人民法院(2019)粤行终208号。

法律、行政法规对违法行为未作出行政处罚规定，地方性法规为实施法律、行政法规，可以补充设定行政处罚。拟补充设定行政处罚的，应当通过听证会、论证会等形式广泛听取意见，并向制定机关作出书面说明。地方性法规报送备案时，应当说明补充设定行政处罚的情况。

条文注释

本条是关于地方性法规设定行政处罚的权限及程序的规定。

地方性法规，是指法定的地方国家权力机关依照法定的权限，在不同宪法、法律和行政法规相抵触的前提下，制定和颁布的在本行政区域范围内实施的规范性文件。地方性法规的立法主体包括两大类：一是省、自治区和直辖市人民代表大会及其常务委员会；二是设区的市人民代表大会及其常务委员会。省、自治区、直辖市的人民代表大会及其常务委员会根据本行政区域的具体情况和实际需要，在不同宪法、法律、行政法规相抵触的前提下，可以制定地方性法规。设区的市的人民代表大会及其常务委员会根据本市的具体情况和实际需要，在不同宪法、法律、行政法规和本省、自治区的地方性法规相抵触的前提下，可以对城乡建设与管理、环境保护、历史文化保护等方面的事项制定地方性法规。

本条对地方性法规的行政处罚设定权作出了 3 款规定。

第 1 款规定了地方性法规可以设定的行政处罚种类，即可以设定除限制人身自由、吊销营业执照以外的行政处罚。相较行政法规，对地方性法规的行政处罚设定权的规定，除了排除由法律专属规定的限制人身自由的行政处罚以外，还排除了吊销营业执照的行政处罚。吊销营业执照是专门对企业设立的行政处罚，是最为严重的一种资格罚，涉及企业的重大利益，因此本法规定只能由法律和行政法规设定。

第 2 款规定了在已经有法律、行政法规的情形下，地方性法规可以结合本地区的具体情况，对行政处罚作出具体规定，使其更为适应本地区的实际情况。但是这个设定权同样是有限制的，不得超越法律、行政法规对于违法行为给予什么种类的行政处罚以及行政处罚的幅度等的规定。

第3款规定了在没有法律、行政法规规定的情形下，地方性法规可以补充设定行政处罚，且有一个前提，即补充设定行政处罚是为了实施法律、行政法规。第3款是本法2021年修订新增条款，根据《立法法》第73条第1款第1项的规定，地方性法规可以就“为执行法律、行政法规的规定，需要根据本行政区域的实际情况作具体规定的事项”作出规定。新增的条款完善了地方性法规对行政处罚的设定权，并且对于补充设定行政处罚在程序上提出了严格要求：一是通过听证会、论证会等形式广泛听取意见；二是向制定机关作出书面说明；三是报送备案时说明情况。备案说明是审查的前提，地方性法规的制定机关依法、及时将规范性文件按要求报送备案并说明，直接关系后续审查工作的有效开展，也是制定机关自觉接受监督的重要体现。

适用要点

本条在适用时需要遵循以下三项原则：一是根据本行政区域的具体情况和实际需要的原则。在地方性法规设定行政处罚的过程中，无论是制定执行性的地方性法规，还是在中央尚未立法的情况下先行立法，都要注意根据本地方的具体情况和实际需要，有针对性地立法。另外，地方性法规所规范的事项，应只限于本行政区域，不能超越这个范围。二是不同法律、行政法规相抵触原则。补充规定只能规定除限制人身自由、吊销营业执照以外的行政处罚，并且在法律或者行政法规生效后，地方性法规同法律或者行政法规相抵触的规定无效，制定机关应当及时予以修改或者废止。三是补充设定行政处罚严格遵守程序原则。首先，地方性法规应当通过听证会、论证会等形式广泛听取意见；其次，起草部门应向省、自治区和直辖市人民代表大会及其常务委员会、设区的市人民代表大会及其常务委员会作出书面说明；最后，地方性法规在公布后的30日内，报全国人民代表大会常务委员会备案时，应当说明补充设定行政处罚的情况。

关联法规

《行政诉讼法》第63条第1款；《立法法》第88条

案例指引

新泰市海纳盐业有限公司与新泰市盐务局行政处罚案①

裁判要旨：下位法可以结合违法行为的性质、事实、社会危害后果等具体情节，对法律规定的行政处罚种类、幅度进行细化，这确保了行政处罚的合法性、合理性，有利于规范行政执法行为，避免行政执法的肆意。但法律、行政法规的效力高于地方性法规。地方性法规超过法律或者行政法规范围或与之相抵触而制定的有关行政处罚的规定无效。

青岛市黄岛区综合行政执法局与中国石油天然气运输公司山东分公司行政处罚案②

裁判要旨：《道路运输条例》第27条中规定，“运输危险货物应当配备必要的押运人员，保证危险货物处于押运人员的监管之下，并悬挂明显的危险货物运输标志”，对道路运输危险货物仅规定了“应当配备必要的押运人员”，对未随车配备押运人员的行为未设定处罚。地方性法规超过该范围设定行政处罚的，不能作为行政处罚决定的法律依据。

① 山东省高级人民法院（2018）鲁行再3号，2020年最高人民法院产权保护行政诉讼典型案例六。

② 山东省高级人民法院（2018）鲁行申1206号。

第十三条 【国务院部门规章的行政处罚设定权】国务院部门规章可以在法律、行政法规规定的给予行政处罚的行为、种类和幅度的范围内作出具体规定。

尚未制定法律、行政法规的，国务院部门规章对违反行政管理秩序的行为，可以设定警告、通报批评或者一定数额罚款的行政处罚。罚款的限额由国务院规定。

条文注释

本条是关于国务院部门规章的行政处罚设定权的规定。

国务院部门规章，是指国务院有关部门依法按照部门规章制定程序制定发布的行政规范性文件的总称，其主要形式为命令、指示、规章等。国务院部门规章的制定权源自宪法，但我国宪法只规定了国务院部、委员会制定规章的职权，没有规定国务院直属机构有制定规章的职权，故《立法法》在 2015 年修订时赋予了国务院直属机构制定规章的立法权。《行政处罚法》2021 年修订前采取授权的办法，规定具有行政处罚权的国务院直属机构设定行政处罚，经国务院授权，可以适用国务院部、委员会的相应权限规定。而本法 2021 年修订后删除了授权规定，不再区分国务院直属机构与国务院各部、委员会设定行政处罚的权限，这样，国务院的直属机构，如国家工商行政管理总局、海关总署、国家税务总局等，可以直接适用本条关于国务院部门规章的行政处罚设定权的规定。

本条的两款分别规定了国务院部门规章的规定权和设定权。关于规定权，部门规章可以规定的行政处罚应在法律、行政法规规定的行政处罚的行为、种类和幅度范围之内。部门规章规定的行政处罚应当属于执行法律或者国务院的行政法规、决定、命令的事项。没有法律或者国务院的行政法规、决定、命令的依据，部门规章不得设定减损公民、法人和其他组织权利或者增加其义务的行政处罚。涉及两个以上国务院部门职权范围的行政处罚，应当提请国务院制定行政法规或者由国务院有关部门联合制定规章。关于设定权，无法律、行政法规规定的，规章只限于对违反行政管理秩序的行为设定警告、通报批评或者一定数量罚款的行政处罚。这里所谓违反行政管理秩序的行为，主要是指违反了行政管理有关规范，破坏公共秩序，且情节轻微不构成犯罪的行为，如违规停车、乱扔垃圾等。罚款的限额由国务院规定，指的是国务院应就部门规章设定罚款的具体标准、幅度和上限作出规定，部门规章设定罚款不能超出该限额规定范围。

适用要点

本条对于国务院部门规章的行政处罚设定权作了严格的限制，制定机关适用本条设定行政处罚时应注意：第一，为执行法律、行政法规作出具体规定的，不能违背法律、行政法规关于给予行政处罚的行为、种类和幅度的规定；第二，尚未制定法律、行政法规的，只能对违反行政管理秩序的行为设定行政处罚，且仅能设定警告、通报批评或者一定数额罚款的行政处罚，罚款的限额应当由国务院规定。此外，《立法法》和《规章制定程序条例》对国务院部门规章的制定机关、制定权限、制定程序（立项、起草、审查、决定、公布、解释）和监督程序作出了统一明确的规定，适用本条时也应当遵守。总之，国务院部门规章适用本条设定行政处罚时，应当贯彻落实党的路线方针政策和决策部署，遵循《立法法》确定的立法原则，符合宪法、法律、行政法规和其他上位法的规定。尤其应加强清理制度，对不适应全面深化改革和经济社会发展要求，不符合上位法规定的规章，应当及时修改或者废止。

关联法规

《立法法》第 88 条

案例指引

曲阜东周文化发展有限公司与曲阜市市场监督管理局、济宁市人民政府行政处罚案①

裁判要旨：对商业贿赂行为作出行政处罚的种类和幅度都已由《反不正当竞争法》作出规定，《国家工商行政管理局关于禁止商业贿赂行为的暂行规定》作为国家工商行政管理总局制定的部门规章需要在前者的范围内进行细化才能作为合法的法律依据。

第十四条 【地方政府规章的行政处罚设定权】地方政府规章可以在法律、法规规定的给予行政处罚的行为、种类和幅度的范围内作出具体规定。

尚未制定法律、法规的，地方政府规章对违反行政管理秩序的行为，可以设定警告、通报批评或者一定数额罚款的行政处罚。罚款的限额由省、自治区、直辖市人民代表大会常务委员会规定。

条文注释

本条是关于地方政府规章的行政处罚设定权的规定。

地方政府规章，是指法律规定的地方政府依法按照地方政府规章的制定程序制定发布的规范性文件的总称。省、自治区、直辖市和设区的市、自治州的人民政府有规章制定权。根据 2015 年 3 月 15 日通过的《全国人民代表大会关于修改〈中华人民共和国立法法〉的决定》中有关赋予设区的市地方立法权的规定，广东省东莞市和中山市、甘肃省嘉峪关市、海南省三沙市的人民政府，也有规章制定权。地方政府规章可以规定的事项包括两方面：一是为执行法律、行政法规、地方性法规的规定需要制定规章的事项；二是属于本行政区

① 山东省高级人民法院（2017）鲁行申 649 号。

域具体行政管理的事项。

各地人民政府是我国行政管理体制中最活跃的行政行为主体，地方政府规章的数目也相当可观，且往往与公民、法人或者其他组织的切身利益密切相关。但是由于各地的经济、文化、社会背景的差异，各地的地方政府规章所作的规定有很大差异，地方行政机关乱设、越权设定行政处罚的现象也时有出现。所以，本条规定的原则是，既要给予地方政府规章一定的行政处罚设定权，又要严格地控制设定权的行使。一是地方政府规章可以在法律、法规规定的给予行政处罚的行为、种类和幅度的范围内作出具体规定。这里的法律、法规指的是法律、行政法规和本省、自治区、直辖市的地方性法规。二是没有法律、行政法规、地方性法规依据的，地方政府规章对违反行政管理秩序的行为可以设定行政处罚，地方政府规章设定的行政处罚类型仅限于警告、通报批评或者一定数额罚款，不得设定限制人身自由、暂扣或吊销许可证件、责令关闭或责令停产停业等较重的行政处罚，也不得设定减损公民、法人和其他组织权利或者增加其义务的规范。为了切实实现对地方政府行政处罚设定权的监督，罚款的限额由省、自治区、直辖市人民代表大会常务委员会规定。

适用要点

地方政府规章的行政处罚设定权，遵守一般地方政府规章的适用程序和适用规则。内容上，设区的市、自治州的人民政府制定地方政府规章，其对于行政处罚的设定权仅限于城乡建设与管理、环境保护、历史文化保护等方面的事项。时间上，除省、自治区的人民政府所在地的市，经济特区所在地的市和国务院已经批准的较大的市以外，其他设区的市、自治州的人民政府开始制定规章的时间，与本省、自治区人民代表大会常务委员会确定的本市、自治州开始制定地方性法规的时间同步。在与地方性法规的衔接上，应当制定地方性法规但条件尚不成熟的，因行政管理迫切需要，可以先制定地方政府规章。规章实施满两年需要继续实施规章所规定的行政措施的，应当提请本级人民代表大会或者其常务委员会制定地方性法规。部门规章与地方政府规章对同一事项的行政处罚规定不一致时，由国务院裁决。

关联法规

《立法法》第82、89条

案例指引

海南文昌市文泉置业有限公司与文昌市人民政府无偿收回国有建设用地使用权案[①]

裁判要旨：《海南省闲置土地认定和处置规定》在《城市房地产管理法》的基础上，综合考虑海南省的特殊地域环境、行政管理等细节而对收回闲置土地的要求进行细化规定，将其作为合法依据予以适用并不违反法律规定。

鲁潍（福建）盐业进出口有限公司苏州分公司与江苏省苏州市盐务管理局盐业行政处罚案[②]

裁判要旨：盐业管理的法律、行政法规对盐业公司之外的其他企业经营盐的批发业务没有设定行政处罚，所以地方政府规章不能对该行为设定行政处罚。地方政府规章违反法律规定设定处罚的规定不能加以适用。

第十五条　【行政处罚的评估】国务院部门和省、自治区、直辖市人民政府及其有关部门应当定期组织评估行政处罚的实施情况和必要性，对不适当的行政处罚事项及种类、罚款数额等，应当提出修改或者废止的建议。

① 海南省高级人民法院（2018）琼行终1106号。

② 苏州市金阊区人民法院（2009）金行初字第0027号。

条文注释

本条是关于国务院部门和省、自治区、直辖市人民政府及其有关部门对行政处罚实施立法后评估制度的规定。

本条是本法2021年修订后新增的内容，为了简政放权、优化营商环境，应当定期对已经设定的行政处罚进行评估，减少不必要的行政处罚事项。立法评估按照立法进程，可以分为立法前评估、立法中评估和立法后评估。立法前期评估是对立法的必要性、可行性作出评估，为了使编制的立法规划和计划具有科学性和可行性，列入立法规划计划的项目应当经过评估。立法过程中的评估是指法律案从立项、起草、审议到通过，其中都涉及对条文草案、出台时机、制度措施等内容的评估。立法后评估，一般是指在法律、法规颁布实施一段时间后，结合法律、法规的实施情况，包括取得的成效、存在的问题，对特定的法律、法规所进行的评价，目的在于更好地实施、修改完善被评估的法律、法规，并从中总结经验，为开展相关立法提供借鉴和指导。本条就是对行政处罚的立法后评估的规定。我国的立法后评估最先出现在行政许可中，《行政许可法》规定了行政许可设定机关的定期评价义务。《立法法》规定了针对国家立法的立法后评估制度。《行政法规制定程序条例》第37条、《规章制定程序条例》第38条亦有类似规定。

本条对行政处罚立法后评估制度的实施主体、实施时间、实施标准、评估内容和评估结果等作出了规定。实施主体是国务院部门和省、自治区、直辖市人民政府及其有关部门，各级行政部门是最直接管理、发现法律规定实施情况和实施效果的部门；实施时间是定期评估；实施标准包括行政处罚的实施情况和实施的必要性两方面；评估的内容包括行政处罚事项、行政处罚的种类、罚款数额等是否适当；评估结果上，对于评估不适当的内容，由实施主体提出修改或废止的建议。

适用要点

要准确把握行政处罚评估制度的特征。本条规定的行政处罚评估制度主要是立法后评估，针对的是法律、法规所确立的行政处罚事项、种类、罚款数额等,通过行政处罚的实施情况与必要性,反思评价立法是否实现了预期目的和宗旨,立法所确立的行政处罚是否科学、是否符合实际、是否适当,其目的是进一步提高立法质量,促进科学立法。同时,要注意区分立法后评估制度与执法检查和法律法规实施情况专题调研的差异。执法检查作为人大常委会行使监督职权的一种形式,针对的是法律、法规实施中存在的问题。法律法规实施情况专题调研,既服务于监督工作,又服务于立法工作,是立法和监督前期工作的一部分。要准确把握行政处罚立法后评估制度的实施主体、实施时间、实施标准、评估内容和评估结果的具体规定。

关联法规

《行政许可法》第20条;《立法法》第63条;《行政法规制定程序条例》第37条;《规章制定程序条例》第38条

第十六条 【其他规范性文件不得设定行政处罚】除法律、法规、规章外,其他规范性文件不得设定行政处罚。

条文注释

本条是关于除法律、行政法规、地方性法规、部门规章、地方政府规章以外,其他规范性文件不得设定行政处罚的规定。

我国的社会主义法律体系是一个统一而又多层次的法律体系,立法体系则是作为法的表达方式的规范文件系统,指的是法的外部结构。立法体系自上而下表现为,全国人民代表大会及其常务委员会制定法律,国务院制定行政法规,各省、自治区、直辖市以及较大的市的人民代表大会及其常务委员会制定地方性法规,国务院各部、委制定部门规章,各省、自治区、直辖市政府和省会市、较大的市的政府制定地方政府规章。除了法律、行政法规、地方性法规、部门规章、地方规章之外,我国还有数不胜数的其他规范性文件。规范性文件,是各级机关、团体、组织制发的各类文件中最主要的一类,因其内容具有约束和规范人们行为的性质,故其名称为规范性文件。目前我国法律法规对于规范性文件的含义、制发主体、制发程序和权限以及审查机制等，尚无全面、统一的规定。广义上的规范性文件一般是指属于法律范畴（即宪法、法律、行政法规、地方性法规、自治条例、单行条例、国务院部门规章和地方政府规章）的立法性文件和除此以外的由国家机关和其他团体、组织制定的具有约束力的非立法性文件的总和。狭义上的规范性文件一般是指法律范畴以外的其他具有约束力的非立法性文件，当前这类非立法性文件的制定主体非常多，如各级党组织、各级人民政府及其所属工作部门，人民团体、社团组织、企事业单位、法院、检察院等。本条中的"规范性文件"应作广义理解。

在我国，有权制定行政规范性文件的国家机关众多，国家法律对于行政规范性文件的制定权限正在逐步予以严格规范。本条则是对其他规范性文件设定行政处罚的禁止。根据本条的规定，法律、行政法规、地方性法规、部门规章、地方政府规章对行政处罚具有设定权，除此之外的规范性文件不得设定行政处罚。如果这些规范性文件设定了行政处罚，则其因超越职权而无效，不得作为行政处罚决定的法律依据。

适用要点

本法第 10 条规定了法律的行政处罚设定权，法律可以设定各种行政处罚。限制人身自由的行政处罚，只能由法律设定。本法第 11 条规定了行政法规的行政处罚设定权，行政法规可以设定除限制人身自由以外的行政处罚。本法第 12 条规定了地方性法规的行政处罚设定权，地方性法规可以设定除限制人身自由、吊销营业执照以外的行政处罚。本法第 13 条规定了国务院部门规章的行政处罚设定权，国务院部门规章可以在法律、行政法规规定的给予行政处罚的行为、种类和幅度的范围内作出具体规定，且可以设定警告、通报批评或者一定数额罚款的行政处罚。本法第 14 条规定了地方政府规章的行政处罚设定权，地方政府规章可以在法律、法规规定的给予行政处罚的行为、种类和幅度的范围内作出具体规定，且可以设定警告、通报批评或者一定数额罚款的行政处罚。适用本条时，需先明确本法第 10～14 条规定的内容和含义，明确具有行政处罚设定权的规范性文件及其权限范围。其他规范性文件不得设定行政处罚，这里的行政处罚包括行政处罚的行为、种类、幅度等。

关联法规

《国务院关于贯彻实施〈中华人民共和国行政处罚法〉的通知》；《国务院关于进一步推进相对集中行政处罚权工作的决定》；《国务院办公厅关于加强行政规范性文件制定和监督管理工作的通知》

案例指引

徐冬宝、修水县畜牧水产局农业行政管理（农业）：畜牧行政管理（畜牧）二审行政判决书①

裁判要旨：本条明确了行政处罚法定原则，明确限制行政处罚种类的设定权范围，避免了实践过程中权力的滥用，是依法行政在行政处罚领域内的具体体现。《修水县畜牧水产局生猪定点屠宰管理实施细则》作为地方政府部门制定的其他规范性文件没有设定行政处罚的权利，因此其作为作出行政处罚的法律依据不具有合法性。

黄世森、珠海市斗门区卫生健康局卫生行政管理案②

裁判要旨：行政处罚设定权法定化是为了防止权力滥用，但不影响地方政府根据具体情形规定更细化的有关行政处罚行为的规范性文件。除法律、法规、规章以外的规范性文件不得设定行政处罚，为了保障法律正确实施而制定的标准、细则可以作为作出行政行为的参考依据。

① 江西省九江市中级人民法院（2018）赣04行终18号。

② 广东省珠海市中级人民法院（2019）粤04行终122号。

第三章　行政处罚的实施机关

第十七条　【行政处罚的实施主体】行政处罚由具有行政处罚权的行政机关在法定职权范围内实施。

条文注释

本条是关于行政处罚的实施主体的一般规定。

行政处罚的实施主体，是指依法拥有行政处罚权，以自己的名义作出处罚决定，并独立承担法律责任的行政机关和其他法定组织。在我国，行政处罚的实施主体是行政机关。我国的行政机关是一个庞大的、组织严密的体系，由中央行政机关和地方行政机关组成。中央行政机关即国务院，它由各部、委员会、直属机构、办事机构组成。地方行政机关，是指地方各级人民政府，县级以上地方人民政府由各工作部门组成。但是，并不是每个行政机关都有行政处罚权，有行政管理权不一定有行政处罚权。在我国，具有行政处罚权的行政机关包括各级人民政府和县以上各级人民政府所属各工作部门。具体而言，主要有：(1)国务院；(2)国务院的组成部门；(3)国务院的直属机构；(4)国务院各部、委管理的国家局；(5)地方各级人民政府；(6)地方人民政府的职能部门；(7)依照法律、行政法规的授权决定而设定的专门行政机关。

本条包含两方面的含义：一方面，实施行政处罚的行政机关要具有行政处罚权，这项职权是国家赋予的，有行政处罚权的行政机关是国家法律或行政法规规定的，这些行政机关具有与其管理对象相适应的行政处罚权。另一方面，行政处罚要在行政机关的法定职权范围内实施，不同的行政机关有不同的职权范围，行政机关只能在法律赋予自己的职权范围内实施行政处罚。同时，下级行政机关不得行使上级行政机关的行政处罚权。行政处罚权应该与其外部行政管理职能相一致，处罚权限的大小应与管理权限的大小相一致。本法第18条还特别规定，对于行政拘留等限制人身自由的行政处罚，只能由公安机关和法律规定的其他机关行使。

适用要点

根据本条规定，关于行政处罚的主体，需要注意以下几个方面：

(1)我国行政处罚的实施机关是国家各级行政机关。在我国，国家机构可分为立法机关(权力机关)、行政机关、司法机关、监察机关、军事机关等。行政机关，是指依法行使国家权力、执行国家行政职能的机关。实施行政处罚是我国行政机关的一项重要职能。

(2)实施行政处罚的行政机关必须履行外部行政管理职能。根据行政机关所行使的管理职能不同，可以将行政机关分为内部行政机关和外部行政机关。凡内部行政机关均不享有对社会的管理权限，因而也就不享有行政处罚权。

(3)行政处罚必须在法定职权范围内实施。不同的行政机关有不同的行政管理权限，不同的行政机关也有不同的行政处罚权，行政机关不能超越职权实施行政处罚。例如，市场监督管理局的行政处罚范围包括商标、合同欺诈、消费者投诉、流通领域产品服务质量、流通领域食品安全、市场主体登记、反不正当竞争等；但市场监督管理局不能对环境违法行为实施环境行政处罚，环境行违法行为的行政处罚权归属于生态环境局。行政机关越权实施行政处罚，不仅处罚决定无效，行政机关还要因此承担相应的法律责任。

关联法规

《行政诉讼法》第70条；《安全生产法》第9、73条

案例指引

中国平安财产保险股份有限公司怒江营销服务部与怒江州工商行政管理局行政处罚案

裁判要旨：工商行政管理部门[①]不应超越法定职权针对保险机构的不正当竞争行为进行行政处罚，行政处罚只能由具有行政处罚权的行政机关在法定职权范围内实施。

第十八条　【相对集中行政处罚权】国家在城市管理、市场监管、生态环境、文化市场、交通运输、应急管理、农业等领域推行建立综合行政执法制度，相对集中行政处罚权。

国务院或者省、自治区、直辖市人民政府可以决定一个行政机关行使有关行政机关的行政处罚权。

限制人身自由的行政处罚权只能由公安机关和法律规定的其他机关行使。

条文注释

本条是关于相对集中行政处罚权制度的规定。

相对集中行政处罚权，是指依法将两个或两个以上行政机关的行政处罚权集中由一个行政机关行使，原行政机关不得再行使已集中的行政处罚权的一种行政执法制度。本法修订后，新增的本条第1款是我国首次以立法的形式明确提出了相对集中行政处罚权的概念。相对集中行政处罚权是为了解决现实中执法机构膨胀，行政机关权限不清、职能交叉而出现的多次处罚和滥施处罚等问题而产生的，其在行政管理中的运用基础是建立综合行政执法制度，原本由多个行政机关分别行使管理权的管理领域，统一由一个行政执法机

① 2018年机构改革，工商行政管理部门的职能由市场监管部门承担。

关综合管理,行使行政处罚权。

本条对于相对集中行政处罚权制度作了以下几方面规定:

(1)主要实行领域在综合管理领域。《国务院关于进一步推进相对集中行政处罚权工作的决定》指出,实行相对集中行政处罚权的领域,是多头执法、职责交叉、重复处罚、执法扰民等问题比较突出,严重影响执法效率和政府形象的领域,主要是城市管理领域。本条首次将相对集中行政处罚权的实行领域明确扩大到城市管理、市场监管、生态环境、文化市场、交通运输、应急管理、农业等领域。实行领域主要是综合管理领域,专业性、技术性较强的领域则不适合建立综合执法制度,合并行政处罚权。

(2)决定机关为国务院或省级人民政府。2017年《行政处罚法》规定的决定机关只能是国务院或经国务院授权的省级人民政府,而本条修改后扩大了决定机关的权限,省级人民政府不需要经过国务院授权即可以决定一个行政机关行使有关行政机关的行政处罚权。

(3)综合执法机构只能是行政机关,不能是其他组织。其他组织只能在法律、法规授权的范围内行使行政处罚权,而不能成为行使相对集中行政处罚权的主体。

(4)限制人身自由的行政处罚权具有专属性。由于限制人身自由的行政处罚涉及公民的人身自由,是一种最为严厉的行政处罚,法律对实施这种处罚的行政机关作出专门的限定,只能由公安机关和法律规定的其他机关行使,有利于保护公民的合法权益。

适用要点

本条是对于相对集中行政处罚权制度的一般规定,具体实行应当依据国务院有关条例和规范性文件的指导要求开展。

首先,开展相对集中行政处罚权工作,要结合《行政处罚法》规定的行政处罚设定权制度、行政处罚主体资格制度、听证制度、罚款决定与罚款收缴相分离制度、政府对行政处罚的监督制度等,进一步规范行政执法行为,提高依法办事的能力和水平;其次,各省、自治区、直辖市应根据本法规定,结合本地实际,制定相应的地方性法规或地方政府规章，对在本行政区域内开展相对集中行政处罚权工作的方式、步骤、领域、范围及报批程序、机构的设立、性质、地位，执法的管理体制、运作方式、执法程序及与相关行政职能机关的关系等作出具体的规范；最后，应规范集中行使行政处罚权的行政机关的设置，集中行使行政处罚权的行政机关应作为本级政府直接领导的一个独立的行政执法部门，依法独立履行规定的职权，并承担相应的法律责任。

关联法规

《国务院关于进一步推进相对集中行政处罚权工作的决定》

案例指引

济南明生物流有限公司与济南市交通运输监察支队行政处罚案①

裁判要旨：除了传统的行政机关、承接相对集中行政处罚权的行政机关，法律、法规和规章授权的特定的内设机构也可承接相对集中行政处罚权。

第十九条　【行政处罚的授权】法律、法规授权的具有管理公共事务职能的组织可以在法定授权范围内实施行政处罚。

条文注释

本条是关于授权实施行政处罚的规定。

行政处罚的授权，是指法律、法规将某些行政处罚权授予非行政机关的组织行使。本法第 17 条规定了行政处罚的一般实施主体，即具有行政处罚权的行政机关。然而，由于社会发展的加速化及社会关系的复杂化，行政管理范围日益扩大，且一些行政管理活动专业性、技术性强，行政机关及其公务人员队伍的数量和能力已无法

① 山东省济南市中级人民法院(2018)鲁 01 行终 790 号。

满足行政管理的需要。因此本条规定,经过授权的组织可以取得行政处罚的实施主体资格,可以以自己的名义行使行政处罚权,以自己的名义独立地承担因行使行政处罚权而引起的法律后果。

为了防止权力的滥用,本条对于授权实施行政处罚作了限定。一是对授权主体的限定。只有经法律、法规授予的具有管理公共事务职能的组织才能实施行政处罚权,这里的法律、法规指的是法律、行政法规和地方性法规,规章以及其他规范性文件不得规定授权执法。二是对被授权组织的限定。广义上的组织范围非常广泛,包含所有国家机关、社会团体和企业、事业组织,并不是任何组织都可以被授权行使行政处罚权,这里的组织指的是具有管理公共事务职能的非国家机关的组织,具体有以下类型:(1)行政机关的内部机构。(2)行政机关的派出机关。例如,根据《治安管理处罚法》第91条的规定,公安派出所作为公安机关的派出机关,有权决定警告、500元以下罚款的行政处罚。(3)被授权行使特定行政处罚权的事业单位。例如,根据《动物防疫法》的规定,动物卫生监督机构作为事业单位,有权对动物防疫违法行为实施行政处罚。(4)被授予行政处罚权的企业单位。例如,根据《邮政法实施细则》第58条的规定,邮政企业作为企业单位,有权对邮政工作人员隐匿、毁弃、私拆、盗窃邮件,贪污、冒领用户款项的行为实施罚款的行政处罚。

适用要点

根据本条规定,授权实施行政处罚应当符合下列条件:

(1)授权的依据应当是法律、法规。非行政机关的组织不具有行政管理职能,必须有法律、行政法规或者地方性法规的授权,规章没有授权组织实施行政处罚的权力。

(2)被授权组织应当具有管理公共事务的职能。行政处罚是减损权益或者增加义务的惩戒行为,行政处罚权是一种公权力,只有具有管理公共事务职能的组织才能被授权执法。此外,被授权组织应当具备相应的执法人员和执法技术条件。

(3)被授权组织要在授权范围内实施行政处罚。法律、法规在授权组织实施处罚时,一般应规定实施处罚的权限范围,包括行政处罚行为、种类和幅度，经授权的组织只能在授权的行政处罚行为、种类和幅度范围内实施处罚，不得越权处罚。越权作出的行政处罚无效。

关联法规

《行政诉讼法》第 70 条

案例指引

周红涛与某文物保护管理所行政处罚纠纷案①

裁判要旨：文物保护管理部门作为法律法规授权的具有管理公共事务职能的组织，依法对本行政区内的文物保护实施监督管理，其享有独立的行政处罚主体资格。

第二十条　【行政处罚的委托】行政机关依照法律、法规、规章的规定，可以在其法定权限内书面委托符合本法第二十一条规定条件的组织实施行政处罚。行政机关不得委托其他组织或者个人实施行政处罚。

委托书应当载明委托的具体事项、权限、期限等内容。委托行政机关和受委托组织应当将委托书向社会公布。

委托行政机关对受委托组织实施行政处罚的行为应当负责监督，并对该行为的后果承担法律责任。

受委托组织在委托范围内，以委托行政机关名义实施行政处罚；不得再委托其他组织或者个人实施行政处罚。

条文注释

本条是关于委托实施行政处罚的规定。

行政处罚的委托，是指行政机关依照法律、法规、规章的规定，在其法定权限内将其拥有的行政处罚权委托给其他组织行使。本法

① 河南省开封市中级人民法院(2008)尉行初字第 02 号。

第17条、第19条分别规定了实施行政处罚权的一般主体和授权主体,本条则规定了有权实施行政处罚的另一主体——委托主体。行政处罚权作为一种公权力,属于行政机关的法定职权,一般只能由行政机关自己行使。但是,由于当前行政管理活动具有多样性、繁复性、专业性的特征,行政机关独立行使行政处罚权已不能满足行政管理的需要,因此需要将一些程度较轻、影响较小、技术性较强的行政处罚权或授权或委托给某些符合法定条件的组织,充分利用其人员储备和技术条件,既可以提高行政效率,又能实现对社会事务的有效管理。

委托实施行政处罚有以下特征:(1)受委托组织在委托行政机关的授权范围内行使权力;(2)委托行政机关和受委托组织应当向社会公开行政处罚事项和依据;(3)委托行政机关对受委托的组织的行政处罚行为承担法律责任;(4)受委托组织以委托行政机关的名义行使行政处罚权;(5)受委托组织独立作出进行处罚的意思表示和行为;(6)受委托组织不得再转委托。

受委托组织必须符合以下条件:(1)依法成立的具有管理公共事务职能的组织;(2)具有熟悉有关法律、法规、规章和业务并取得行政执法资格的工作人员;(3)对违法行为需要进行技术检查或者技术鉴定的,应当有条件组织进行相应的技术检查或者技术鉴定。

委托实施行政处罚与授权实施行政处罚均是在一般行政机关实施行政处罚之外的特别规定,需注意两者的主要区别:第一,行政机关可以依照法律、法规、规章的规定委托组织实施行政处罚;授权实施行政处罚只能依照法律和法规的规定,规章无此权限。第二,受委托组织以委托行政机关的名义实施行政处罚,委托行政单位须对行政处罚的后果负责;被授权组织可以以自己的名义行使行政处罚权,以自己的名义独立地承担因行使行政处罚权而引起的法律后果。

适用要点

行政处罚权是一种法定职权,具有不可随意转让性,行政处罚权的委托应当慎重为之。因此,适用本条时需注意以下几个方面:

(1)行政处罚的委托应是必要的。行政机关委托其他组织实施行政处罚,应是为了公共利益的需要,而不得纯粹追求效率随意委托。

(2)委托的行政处罚权应是在行政机关的法定权限内的。这里的法定权限,是指法律、行政法规、地方性法规或者规章赋予行政机关行政处罚权的权限范围,包括行政处罚行为、种类和幅度等,超越法定权限的委托无效。

(3)被委托的行政处罚应是程度较轻、影响较小的。委托实施行政处罚在法律上是一种代理行为,应当切实受制于委托机关,程度高、影响大的行政处罚应当由行政处罚机关审慎实施。

(4)委托程序应是严格合法的。委托是一种法律行为,产生相应的法律后果,且切实关乎公共利益,因此,委托必须经过严格的程序。委托行政机关应与受委托组织签订书面委托书,委托书应明确载明具体的委托权限及委托期限等信息。

关联法规

《行政诉讼法》第26条;《环境行政处罚办法》第15条

案例指引

王亮亮与赤壁市环保局环境行政处罚案①

裁判要旨:受托机构或机关只能以委托的行政机关的名义进行行政执法活动,以受托机构或机关自己的名义进行行政执法行为的,该行为无效,且由受托机构或机关自行承担责任。

① 湖北省咸宁市中级人民法院(2014)鄂咸宁中行终字第27号。

李涛与锦州市城市管理综合行政执法局撤销行政处罚决定案①

裁判要旨：行政机关对受委托的组织实施的行政处罚的法律责任承担后果，行政机关委托组织所作的行政行为，委托的行政机关是被告。

第二十一条　【受委托组织的条件】受委托组织必须符合以下条件：

（一）依法成立并具有管理公共事务职能；

（二）有熟悉有关法律、法规、规章和业务并取得行政执法资格的工作人员；

（三）需要进行技术检查或者技术鉴定的，应当有条件组织进行相应的技术检查或者技术鉴定。

条文注释

本条是关于受委托组织的条件的规定。

行政处罚权是一项公权力，行政机关将公权力委托其他组织实施时应当慎重，受托组织必须符合一定的条件。

1. 受委托组织必须是依法成立的管理公共事务的组织。

第一，本条规定删除了对组织类型的限定。2017年《行政处罚法》将受委托组织限定为事业组织，本次修改删除了该限定，扩大了受委托组织的范围。除了事业组织，行政机关的内设机构、派出机关等也可作为受委托组织。第二，本条规定的组织应是具有管理公共事务职能的组织。公共事务，是指为了满足社会全体或大多数成员的需要，体现他们的共同利益的事务。因而，这里就变相排除了以营利为目的、只管理本组织自身事务的企业组织。这也是为了保证公

① 辽宁省高级人民法院(2017)辽行申658号。

权力行使的公正性，不让公权力与私利挂钩，避免谋取公共利益的公权力成为谋取私人利益的工具。第三，受委托组织必须是依法成立的组织。即受委托组织需依据法律规定予以成立并登记，私设的组织不具备受委托组织的条件。

2. 必须具有熟悉有关法律、法规、规章和业务并取得行政执法资格的工作人员。

这是对于受委托组织的工作人员的要求。行政处罚是一项执法工作，具有较强的专业性和法律上的要求，执法人员素质的高低，直接影响到行政处罚的执法水平，关系到公民、法人或者其他组织的权益保护。因此，本条要求受委托组织的工作人员既要懂法，又要懂业务。此外，本法修改后新增了资格要求，工作人员须取得行政执法资格。这是《行政处罚法》首次对行政执法资格的确认作出规定，实行行政执法人员资格制度，是贯彻落实《全面推进依法行政实施纲要》，深化行政执法体制改革的一项重要措施。

3. 对违法行为需要进行技术检查或者技术鉴定的，应当有条件组织进行相应的技术检查或技术鉴定。

某些行政管理活动的专业性、技术性强，是行政处罚权被委托给符合条件的组织实施的一个重要原因。因此，对违法行为需要进行技术检查或者技术鉴定的，受委托组织必须具有技术检查或者技术鉴定的设备和水平等，以保证作出行政处罚的专业性和合法性。

适用要点

本条首次对受委托组织的工作人员的行政执法资格作出规定，是贯彻实施行政执法人员资格制度的重要举措。行政执法资格，是指行政执法人员从事行政执法活动应当具备的条件。2004 年 3 月 22 日，国务院发布的《全面推进依法行政实施纲要》中规定："实行行政执法人员资格制度，没有取得执法资格的不得从事行政执法工作。"一般情况下，以参加政府法制机构组织的公共法律考试并成绩合格，取得行政执法资格证作为取得行政执法资格的标志。但是，取得行政执法资格证并不是取得行政执法资格的唯一条件，执法人员还需要具备良好的执法素质和道德品行等，例如，《商务部行政执法人员资格管理办法》第6条规定:"取得商务部行政执法资格应当具备下列条件:(一)从事商务部行政执法工作的正式工作人员;(二)具有良好的政治、业务素质和道德品行;(三)参加行政执法专业知识培训,并考试合格。"

关联法规

《行政诉讼法》第26条;《环境行政处罚办法》第15条

案例指引

葫芦岛市生态环境局与辽宁英华环保科技有限责任公司行政处罚纠纷案①

裁判要旨:环境保护主管部门可以在其法定职权范围内委托环境监察机构实施行政处罚,受委托的环境监察机构在委托范围内具有执法资格。

① 辽宁省葫芦岛市中级人民法院(2019)辽14行终153号。

第四章　行政处罚的管辖和适用

第二十二条　【行政处罚的地域管辖】行政处罚由违法行为发生地的行政机关管辖。法律、行政法规、部门规章另有规定的，从其规定。

条文注释

本条是关于行政处罚地域管辖的规定。

行政处罚的管辖，是指具有行政处罚权的行政机关和具有管理公共事务职能的组织在受理、处罚公民、法人或者其他组织违反行政管理秩序的行为时的分工和权限，包括地域管辖、级别管辖和职能管辖等。地域管辖，是指横向划分同级人民政府之间及其所属部门在各自辖区内实施行政处罚的权限和分工，是确定行政机关依职权实施行政处罚的地域范围，是解决行政处罚权的块块划分问题。本条采用了概括的方式规定了行政处罚地域管辖的一般原则及其特别规定，使其在适用中更有效率和针对性。“行政处罚由违法行为发生地的行政机关管辖”确定了一般原则规定，“法律、行政法规、部门规章另有规定的，从其规定”属于特别规定，即允许在特别情况下，由单行法律、行政法规、部门规章对某个具体的行政违法行为的行政处罚地域管辖作出特别规定。在具体适用时，特别规定优于一般规定，即特别规定与一般规定不一致的，适用特别规定。例如，《税务稽查工作规程》第10条规定：“稽查局应当在所属税务局的征收管理范围内实施税务稽查。前款规定以外的税收违法行为，由违法行为发生地或者发现地的稽查局查处。税收法律、行政法规和国家税务总局对税务稽查管辖另有规定的，从其规定。”

相较于2017年《行政处罚法》，本条作了修改，将原来的“行政处罚由违法行为发生地的县级以上地方人民政府具有行政处罚权的行政机关管辖”修改为“行政处罚由违法行为发生地的行政机关管辖”。将地域管辖与级别管辖、职能管辖分开，单独规定地域管辖。主要是由于2017年的《行政处罚法》对管辖的规定更为笼统，可操作性更弱。另外，将原来的“法律、行政法规另有规定的除外”修改为“法律、行政法规、部门规章另有规定的，从其规定”，新增加了部门规章的特别规定。本次修改有利于提高行政处罚的效率，保障行政机关有效地实施行政管理，保护公民、法人或者其他组织的合法权益。

适用要点

在具体适用行政处罚地域管辖时，一是注意理解违法行为发生地。通常情况下，行为人行为构成行政违法，客观上必须实施了行政违法行为，以行政违法行为的发生地作为行政机关管辖的地域依据。行政违法行为的发生地的范围较广，包括违法行为着手地、经过地、实施地和危害结果发生地等，囊括了行为人实施行政违法行为的全过程，无论行为人在其实施行政违法行为的任何阶段被发现，该地方都可以成为违法行为地，都可以立即依法就地给予行政处罚。该规定有利于行政机关及时有效地打击行政违法行为；有利于行政机关对违法事实的进一步调查、取证，便于行政处罚实施，可以有效地节省人力、物力，提高工作效率，符合行政执法的效率原则。二是注意不能扩大或者缩小适用地域管辖特别规定的范围，仅限于单行法律、行政法规、部门规章对专门问题作出特殊的行政处罚地域管辖规定。行政机关在实施行政处罚时，必须掌握特别规定，才能准确进行行政处罚，有效地维护行政管理秩序。

案例指引

河北养元智汇饮品股份有限公司与汝南县工商行政管理局行政处罚案①

裁判要旨：工商行政管理机关进行行政处罚，由违法行为发生地的县级以上地方人民政府具有行政处罚权的行政机关管辖。在中华人民共和国境内，商品经营者或者服务提供者通过一定媒介和形式直接或者间接地介绍自己所推销的商品或者服务属于商业广告。在生产包装上进行商业广告的行为，随该产品的销售而发生在产品销售地，广告行为地应视为与产品销售地一致，符合“行为发生地”管辖。但同时，《广告法》第11条第2款规定，广告使用数据、统计资料、调查结果、文摘、引用语等引证内容的，应当真实、准确，并表明出处。引证内容有适用范围和有效期限的，应当明确表示。独家冠名不属于《广告法》引证内容的范畴，在销售包装上展示取得冠名权的行为，不属于《广告法》中引证的范围。因此，工商行政管理机关在对广告违法行为进行行政处罚时，不但要确定管辖权，还应当正确认定违法事实。

第二十三条　【行政处罚的级别管辖和职能管辖】行政处罚由县级以上地方人民政府具有行政处罚权的行政机关管辖。法律、行政法规另有规定的，从其规定。

条文注释

本条是关于行政处罚级别管辖和职能管辖的规定。

级别管辖，是指同类上下级行政机关之间实施行政处罚的权限

① 河南省高级人民法院（2019）豫行再106号。

的分工,主要解决不同级别的行政机关分别管辖哪些违法行为。职能管辖,是指不同的行政机关依据法律赋予的各自职权对实施行政处罚所作的分工,是行政机关根据其职权确定对行政违法案件的管辖权,解决的是对于某一种行政违法行为应由哪个具体的行政机关来处罚的问题。本条采用了概括的方式规定了行政处罚级别管辖和职能管辖的一般原则及特别规定,使其在适用中更具可操作性。本条明确规定"行政处罚由县级以上地方人民政府具有行政处罚权的行政机关管辖",确立了在通常情况下,行政违法行为由县级以上行政机关实施行政处罚的级别管辖一般原则规定,以及由具有行政处罚权的行政机关实施行政处罚的职能管辖一般原则规定。"法律、行政法规另有规定的,从其规定"属于特别规定,即允许在特别情况下,由单行法律和行政法规对行政处罚的级别管辖和职能管辖作出特别规定。在具体适用时,特别规定优于一般规定,即特别规定与一般规定不一致的,适用特别规定。例如,《治安管理处罚法》第91条规定:"治安管理处罚由县级以上人民政府公安机关决定;其中警告、五百元以下的罚款可以由公安派出所决定。"又如,《税收征收管理法》第14条规定:"本法所称税务机关是指各级税务局、税务分局、税务所和按照国务院规定设立的并向社会公告的税务机构。"第74条规定:"本法规定的行政处罚,罚款额在二千元以下的,可以由税务所决定。"

相较于2017年《行政处罚法》,本条作了修改,将原来的"行政处罚由违法行为发生地的县级以上地方人民政府具有行政处罚权的行政机关管辖"修改为"行政处罚由县级以上地方人民政府具有行政处罚权的行政机关管辖",仅规定级别管辖和职能管辖。

适用要点

一是在具体适用行政处罚级别管辖执法时,对特定的行政违法行为实施处罚时不能强调完全按照行政处罚级别管辖一般原则规定进行,尤其要注意级别管辖特别规定,依据是单行法律、行政法规的特别规定。在我国的行政处罚实践中,通常情况下,一般由县级行政机关管辖,县级以下的行政机关只管辖一些程度较轻、影响较小的行政处罚，而县级以上的行政机关也只管辖较为重大的行政处罚。因此，行政处罚的级别管辖，主要是县级，只在特别情况下提级或降级。行政处罚的级别管辖主要包括乡级人民政府管辖，县级以上地方人民政府管辖，以及县级以上人民政府工作部门设立的派出机构管辖等。

二是在具体适用行政处罚职能管辖执法时，须注意行政处罚权与行政管理权的区分。行政处罚权是行政管理权的一部分，但有行政管理权的行政机关不一定有行政处罚权，行政处罚权的行使也必须依职权进行。同时，不同职能的行政机关，实施行政处罚的领域或事由有所不同，因此，对一种行政违法行为有行政处罚权的行政机关，对另一种行政违法行为就不一定有行政处罚权。

关联法规

《治安管理处罚法》第 91 条；《税收征收管理法》第 14、74 条；《海关法》第 3 条；《矿产资源法》第 45 条

案例指引

孟媛、吴世民等与江苏省自然资源厅不履行法定职责行为违法案①

裁判要旨：根据属地管辖的原则，国土资源主管部门查处国土资源违法案件的一般管辖权属于县级人民政府国土资源主管部门，市级、省级人民政府国土资源主管部门管辖本行政区域内“重大、复杂的国土资源违法案件”和“法律法规规定由其管辖的国土资源违法案件”。同时，要履行法定职责，遵守法定程序依法办理。

① 江苏省高级人民法院(2020)苏行终 255 号。

第二十四条 【下放行政处罚权的条件与情形】省、自治区、直辖市根据当地实际情况，可以决定将基层管理迫切需要的县级人民政府部门的行政处罚权交由能够有效承接的乡镇人民政府、街道办事处行使，并定期组织评估。决定应当公布。

承接行政处罚权的乡镇人民政府、街道办事处应当加强执法能力建设，按照规定范围、依照法定程序实施行政处罚。

有关地方人民政府及其部门应当加强组织协调、业务指导、执法监督，建立健全行政处罚协调配合机制，完善评议、考核制度。

条文注释

本条是关于下放行政处罚权的条件与情形的规定。

乡镇政府作为我国最低一级的人民政府，是基层行政事务的具体实施者，乡镇人民政府依法行政的水平和行政执法的效果直接关系到乡镇和广大农村地区正常社会秩序的维护以及国家政权的稳定。本条是基于基层人民政府执法过程中的需求，同时，为保障行政处罚权能够“放得下、接得住、管得好”，对有迫切需要的、能够有效行使权力的并且有能力承接行政处罚权的乡镇人民政府以及街道办事处进行行政处罚权的权力下放，以此顺应我国城镇化的发展趋势，满足执法力量下沉至基层的现实需求。下放行政处罚权是对目前“放管服”改革中有关行政权力下放给乡镇人民政府以及街道办事处的实际需求的满足。所谓“放管服”，是指简政放权、放管结合、优化服务，行政处罚权下放至各乡镇人民政府以及街道办事处便是简政放权的措施之一。同时，还要确保基层行政事务的实施者，即各乡镇人民政府及街道办事处，做到严格规范公正文明执法，严格执行行政执法公示制度以及坚持遵循行政执法全过程记录制度和重大行政执法决定法制审核制度，以保证各乡镇人民政府及街道办事处对承接的行政处罚权有能力行使。

本条是新增条文，明确了行政处罚权下放的形式、程序。同时，本条对承接行政处罚权的乡镇人民政府、街道办事处以及有关地方人民政府及其部门所应当具备的能力以及责任都进行了规定，保证承接行政处罚权的乡镇人民政府以及街道办事处具备标准素质能力；明确了行政处罚权下放的程序、条件以及保障措施，防止出现行政处罚权下放过程中发生权力滥用以及不作为、乱作为的现象。

适用要点

在具体实施将行政处罚权下放至各乡镇人民政府、街道办事处时，需明确承接行政处罚权的具体乡镇人民政府以及街道办事处，保证承接处确有承接行政处罚权的迫切需要，同时保证其能够有效行使权力，确保其可实施行政处罚的明确领域、可行使行政处罚权的具体种类以及各乡镇人民政府与街道办事处行使行政处罚权的法律责任归属问题等。

承接行政处罚权的各乡镇人民政府、街道办事处需在执法过程中做到不滥用行政权力，用法律规范自身行为，坚持依法行政，做到公正严明执法，加强执法能力建设，按照规定范围、依照法定程序实施行政处罚。同时，有关地方人民政府及其部门也需要加强地方组织领导，同时建立地方执法监督体系，发动群众力量，保障监督体系的有序运行；同时实施多方联动机制，促进多方之间的协调发展；建立严格的考核、评议制度，保证工作人员的工作积极性。

关联法规

《国务院办公厅关于创新投资管理方式建立协同监管机制的若干意见》；《中共中央办公厅、国务院办公厅关于推进基层整合审批服务执法力量的实施意见》

案例指引

陈海涛与兰陵县人民政府卞庄街道办事处城乡建设行政管理案①

裁判要旨：责令停止或者改正违法行为的决定一经

① 山东省兰陵县人民法院（2019）鲁1324行初20号。

作出便对行政相对人设定了义务,无论该行政行为是否合法,若行政相对人不执行土地行政主管部门的责令行为,就会受到行政处罚或者其他形式的不利后果。责令停止或者改正违法行为是行政执法过程中的一种独立的行政行为,如果行政相对人实施的合法行为被行政主体错误地责令停止,就会导致行政相对人合法权益受到侵害。因此,为保障被责令单位或者个人的合法权益,应当赋予被责令单位或者个人法律救济的途径。

第二十五条 【行政处罚的管辖归属】两个以上行政机关都有管辖权的,由最先立案的行政机关管辖。

对管辖发生争议的,应当协商解决,协商不成的,报请共同的上一级行政机关指定管辖;也可以直接由共同的上一级行政机关指定管辖。

条文注释

本条是关于行政处罚管辖争议的规定。

本条作为行政机关对于行政处罚案件管辖归属问题的明确规定,是为了防止对同一案件享有管辖权的多个行政机关因该案件管辖权的归属问题发生争议或纠纷,确保不会出现因管辖机关的不确定而产生争议,致使案件无法得到及时解决。本条规定:(1)对于尚未发生管辖争议的案件,若出现两个以上行政机关对该案件皆享有管辖权,由最先立案的行政机关进行管辖,未立案的行政机关则不享有管辖权。此规定在一定程度上有效地解决了关于行政案件管辖的归属问题;(2)对于发生管辖争议的案件。所谓发生管辖争议,是指两个以上行政机关或者组织在实施某一具体处罚上,发生互相推卸或互相争夺管辖权等现象,因此,对于发生管辖争议的行政处罚案件可在产生管辖争议的各行政机关之间进行协商解决,若未能协商成功,则可报请共同的上一级行政机关指定管辖;也可直接由共同的上一级行政机关进行指定管辖,无须进行协商。指定管辖,是指上级行政机关以决定的方式指定下一级行政机关对某一行政处罚行使管辖权。指定管辖权是由上级机关行使的一种行政决定权，其决定一经作出，被指定管辖的行政机关必须遵守执行，上级机关，是指对行政机关的行政行为有决定权和领导权的上级行政机关，指定管辖作为具有法律效力的行政行为，应以书面方式进行。因此，在两个以上行政机关对案件皆享有管辖权而发生行政管辖争议且协商不成时，必须由他们共同的上一级机关指定管辖。

适用要点

具体适用案件行政处罚管辖及管辖争议规定的条文时，应先行确定相关行政机关对该案件是否享有管辖权，若各行政机关对该案件确有管辖权且没有争议时，由最先进行立案的行政机关对该案件实行管辖，而未立案的行政机关对该案件则不享有管辖权。

指定管辖的难点在于对“共同的上一级行政机关”的理解。共同的上一级行政机关并非单纯的上一级行政机关，如县对市，市对省。当管辖争议的行政机关同属于一个行政机关领导时，则该领导行政机关为管辖争议行政机关的共同上一级行政机关；当管辖争议的行政机关分属于不同行政机关领导时，则应再往上溯源直至确定共同的上一级行政机关，再由其指定管辖。

关联法规

《行政复议法实施条例》第30条；《行政诉讼法》第21、23条；《环境行政处罚办法》第19条；《商务行政处罚程序规定》第8~10条

案例指引

钟华与北京市工商行政管理局通州分局行政不作为案①

裁判要旨：由于行政职责的变更，有关食品生产、流

① 北京市第三中级人民法院(2014)三中行终字第1251号。

通环节的监督管理职责改由食品药品监督管理部门承担，工商机关发现群众对于食品安全问题的举报事项属于其他行政机关管辖的，应当移送相关主管机关。

第二十六条　【行政处罚的协助实施请求权】行政机关因实施行政处罚的需要，可以向有关机关提出协助请求。协助事项属于被请求机关职权范围内的，应当依法予以协助。

条文注释

本条是关于行政处罚中协助实施请求权的规定。

行政处罚的协助实施请求权是行政机关根据实施行政处罚的需要，而请求有关机关在职权范围内予以协助的权力。本条包含了两个相互关联的内容：一是行政机关因实际需要而有请求的权力，二是行政机关所请求的事项不能超过被请求机关的职权范围。前者规定了行政机关因实施行政处罚的需要而向有关机关提出协助请求，行政机关在作出行政处罚后，因本机关职权范围的限制，不能有效、充分地实施行政处罚，因此需要请求其他机关予以协助，以达到创设法律时所要达到的效果。后者规定了协助事项属于被请求机关职权范围内的，被请求机关应当依法予以协助，本条所说的依法主要是依据本法予以协助，行政机关的请求事项在被请求机关的职权范围内的，被请求机关有责任和义务协助行政机关实施处罚，反之，行政机关不能请求超过其他机关职权范围的事项。当请求事项超过职权范围时，被请求机关可以以书面或者口头的方式告知请求机关，该协助事项超出本机关的职权范围，可另寻其他机关协助。

本条是2021年修订时新增加的条款，旨在解决行政执法机关在作出行政处罚后，因自身职权范围的限制，不能有效实施处罚而达不到预期效果的问题。实践中，由于社会经济的不断发展，新的社会关系不断涌现，行政机关在执法过程中，遇到的案件变得更加复杂多样，同一个违法行为可能会有多个机关进行管辖，但最终的管辖机关只能是其中的一个，在一个机关作出行政处罚后仅靠其单独的力量往往不能起到处罚应有的效果，因此需要多个机关协助以达到立法目的。此时，多个机关因各自职权范围的不同，管辖事项有所差别，因此在相互协助中需要加强沟通，增强协调配合，建立相应配套的制度机制。

本法第18条规定在某些特定领域推行综合行政执法制度、相对集中行政处罚权也是基于对此类问题的考虑。一个机关的管辖效果是有限的，对一些事项的管理不能尽善尽美，因此通过推行综合行政执法制度，集中行政处罚权，将一些特定领域的复杂案件集中管理，有利于各个行政机关更好地发挥各自的职能，提高行政执法的效率。

适用要点

行政处罚的协助实施请求权作为新增加条款，从法律的层面将协助请求制度确定下来，对行政处罚的适用具有重要意义。在实践中，应严格区分协助实施和协助调查：协助实施是一个行政机关请求另一个行政机关针对某一具体的事项发出的请求；协助调查是行政机关为查清案件事实，而向单位和个人请求的事项，被请求单位和个人不得拒绝。二者在请求的目的、条件、对象方面均有不同，因此在具体适用时，切勿混淆。

关联法规

《行政诉讼法》第59条第1款第1项；《监察法》第4条第3款、第24条第3款、第43条第3款；《国家情报法》第16条

案例指引

柳州市华美房地产开发有限公司与柳州市人民政府资源行政管理案①

裁判要旨：柳州市人民政府实施变更登记的行为系根据人民法院作出的协助执行通知书实施的行为，是必须履行的法定义务。

① 最高人民法院（2020）最高法行申4071号。

北京金海半岛科技有限公司与国家市场监督管理总局不履行协助执行义务案①

裁判要旨：执行过程中行政机关拒不履行协助执行义务，人民法院应当责令其履行协助义务，并可依法采取强制措施。若金海公司认为北京市市场监督管理局拒不履行协助执行义务，可向执行法院反映，并要求执行法院采取有效监督惩戒措施，敦促该局依法履行协助义务。

第二十七条　【行政处罚案件的移送管辖】违法行为涉嫌犯罪的，行政机关应当及时将案件移送司法机关，依法追究刑事责任。对依法不需要追究刑事责任或者免予刑事处罚，但应当给予行政处罚的，司法机关应当及时将案件移送有关行政机关。

行政处罚实施机关与司法机关之间应当加强协调配合，建立健全案件移送制度，加强证据材料移交、接收衔接，完善案件处理信息通报机制。

条文注释

本条是关于行政处罚案件涉嫌犯罪应当移送管辖的规定。

行政处罚案件的移送管辖是指具有行政处罚权的行政机关认为应由本机关管辖的案件中的违法行为涉嫌犯罪，因而将案件移送司法机关处理的制度。本条第1款规定了两个方向的案件移送，即由行政机关向司法机关移送和由司法机关向行政机关移送。为了保证案件移送的高效，在本条第2款增加了建立案件移送制度，完善案件处理信息通报机制的规定，从而保障案件移送管辖的有效实施。

与2017年《行政处罚法》第22条相比，本条有三点变化：(1)在

① 最高人民法院(2019)最高法行申7682号。

措辞上。首先,将原条文中“构成犯罪”改为“涉嫌犯罪”。在实践中,一个违法行为同时触犯行政法和刑法的情形大量存在,虽然行政执法人员具有一定的专业技能,但是对于某一违法行为是否构成犯罪往往不能准确认定。因此,将案件移送的标准由确定性的“构成犯罪”改为具有一定不确定性的“涉嫌犯罪”,可以提高行政机关的办案效率,调动行政执法人员的办案积极性。其次,将原条文中“必须将案件移送”改为“应当及时将案件移送”。此处虽是细节的调整,但却解决了实践当中所面临的大多数问题。“应当”说明行政机关有责任和义务将涉嫌犯罪的案件移送司法机关;“及时”解决了移送的时限问题,在发现违法行为涉嫌犯罪时,需要立即将案件移送,不得挤压堆积,避免延误案件的及时有效处理。(2)增加了由司法机关向行政机关移送的规定,其移送的第一个条件是依法不需要追究刑事责任或者免于刑事处罚,对于是否要追究刑事责任、是否可以免予刑事处罚,必须要依据相关的法律;第二个条件是应当给行政处罚。增加该项规定的主要目的是填补因前面措辞变化而可能出现的法律漏洞。“涉嫌犯罪”的案件因法定事由不被追究刑事责任或者免予刑事处罚,这种情形下案件不能就此终结,违法行为应当予以行政处罚的,行为人应对其违法行为负责,即移送行政机关给予行政处罚。(3)增加了建立健全案件移送制度的相关规定。《行政执法机关移送涉嫌犯罪案件的规定》对案件移送的内容、方式、程序等都作了明确的规定,行政机关与司法机关可结合实际情况,具体问题具体分析,加快建立案件移送相关制度,完善相关机制。

适用要点

在具体适用行政处罚案件移送管辖时,应依据现行法律、法规的明文规定,不得随意移送。本条第1款由行政机关移送至司法机关的行政处罚案件的前提条件是违法行为涉嫌犯罪,一个违法行为可能构成行政违法和刑事违法,根据刑事优先原则,当违法行为涉嫌犯罪时应优先追究其刑事责任。对于涉嫌犯罪的认定可以参考《刑法》第13条的规定。

本条新增的司法机关向行政机关移送行政处罚案件的前提条件是依法不需要追究刑事责任或免予刑事处罚，应当给予行政处罚，是移送的必要条件。为维持社会秩序，维护法律的权威，任何应当受到处罚的违法行为均不能逃脱法律的制裁。当某一违法行为依据相关法律不需要追究刑事责任或者免予刑事处罚，此时要追究该行为的行政违法责任，应否给予行政处罚可依据现行的相关法律进行判断。

案件的移送可以参考《行政执法机关移送涉嫌犯罪案件的规定》，行政机关和司法机关之间要加快建立健全有效的案件移送制度、信息通报机制。

关联法规

《行政执法机关移送涉嫌犯罪案件的规定》第 3、10、13 条；《行政强制法》第 21 条；《监察法》第 35 条；《药品管理法》第 113 条第 1、2 款；《证券法》第 178 条；《海关办理行政处罚案件程序规定》第 6 条；《海关行政处罚实施条例》第 4 条；《市场监督管理行政处罚程序暂行规定》第 16 条、第 54 条第 1 款第 5 项；《侵害消费者权益行为处罚办法》第 18 条

案例指引

盘玉娟与广东省食品药品监督管理局食品药品安全行政管理案①

裁判要旨：违法行为涉嫌犯罪的，行政机关应当及时将案件移送司法机关。深圳市食药监局将相关当事人涉嫌犯罪的材料移送公安机关查处系履行法定职责，未对当事人依据行政实体法所享有的权利产生实质影响。

① 最高人民法院(2017)最高法行申 6369 号。

徐海红与太和县卫生和计划生育委员会、太和县人民政府不履行法定职责案①

裁判要旨：违法行为涉嫌犯罪的，根据刑事优先原则，应首先追究行为人的刑事责任，行政机关必须将案件移送司法机关，依法追究刑事责任，不能以罚代刑。涉案人阮敬军未取得医疗机构执业许可证擅自执业的行为，不符合非法行医罪的构成要件。太和县卫计委未将案件移送公安机关，不违反法律规定。

第二十八条　【责令改正与没收违法所得】行政机关实施行政处罚时，应当责令当事人改正或者限期改正违法行为。

当事人有违法所得，除依法应当退赔的外，应当予以没收。违法所得是指实施违法行为所取得的款项。法律、行政法规、部门规章对违法所得的计算另有规定的，从其规定。

条文注释

本条是关于行政机关责令当事人改正违法行为并没收违法所得的规定。

本条第1款贯彻《行政处罚法》的处罚与教育相结合原则，对违法当事人进行处罚的目的，最终是实现行政管理。当事人认识到其行为违法，对于行政违法行为程度较轻的，可以当场纠正的应当当场予以纠正。对于行政违法程度较为严重的，当场改正存在困难的，行政机关，应当责令当事人限期改正。同时，对于责令改正或者限期改正的含义需要注意以下几点：第一，责令改正或者限期改正并非行政处罚的前置程序，并非拒不改正的才可以给予行政处罚。依据其他法律、行政法规、部门规章的规定，只有条文表述为“违反……

① 安徽省高级人民法院(2017)皖行申219号。

的，责令改正；逾期不改正的，给予……罚款”，此时，责令改正才会成为适用第9条行政处罚的前提。第二，责令改正或者限期改正不属于行政处罚的一种。责令改正或者限期改正的责令行为与行政处罚有以下四个区别：首先，责令改正或者限期改正与行政处罚概念有别。行政处罚是行政主体对违反行政管理秩序的行为依法定程序所给予的法律制裁；而责令改正或限期改正违法行为是指行政机关在实施行政处罚的过程中对违法行为人发出的一种作为命令。其次，两者性质、内容不同。行政处罚是法律制裁，是对违法行为人的人身自由、财产权利的限制和剥夺，是对违法行为人精神和声誉造成损害的惩戒；而责令改正或者限期改正违法行为，其本身并不是制裁，只是要求违法行为人履行法定义务，停止违法行为，消除不良后果，恢复原状。再次，两者的规制角度不同。行政处罚是从惩戒的角度，对行政相对人科处新的义务，以告诫违法行为人不得再违法，否则将受罚；而责令改正或者限期改正则是命令违法行为人履行既有的法定义务，纠正违法，恢复原状。最后，两者的形式不同。本法第9条规定了行政处罚的具体种类，而责令改正或者限期改正违法行为，因各种具体违法行为不同而分别表现为停止违法行为、责令退还、责令赔偿、责令改正、限期拆除等形式。第三，责令改正或者限期改正都需要书面形式作出，行政机关需要给予违法当事人责令改正通知书，由上文表述可知，责令改正通知书不是最后总的行政决定，当事人根据责令改正通知书的指示完成相应的内容，不完成责令改正通知书的内容才会有后续对应的行政处罚。

本条第2款是在2017年《行政处罚法》第23条的基础上新增加的一款，对当事人的违法所得作了更加细致的规定。本法第9条从整体上规定了行政处罚的种类，没收违法所得是行政处罚的一种。本条在之前笼统规定没收违法所得的基础上，增加依法应当先予退赔，再予以没收，符合实践中的通常做法，同时，对违法所得进行了范围上的限定，本条规定的违法所得仅指实施违法所得的款项，属于财产罚。

适用要点

在具体适用行政处罚时,应当根据各单行法律、法规的明确规定,符合条文规定的违法行为时,应当责令当事人进行改正,没有造成危害后果的,不予行政处罚。初次违法且危害后果轻微并及时改正的,可以不予行政处罚,不能简单地直接以处罚代替改正,具体可以参考本法第33条的规定,尤其是当事人有证据证明没有主观过错的,不予行政处罚,法律、行政法规另有规定的从其规定。同时应当注意,责令改正或者限期改正不是行政机关进行第9条规定的行政处罚的前提,在行政执法过程中,要将其与行政处罚相区分。责令改正或者限期改正也不是最终的结果,应当根据当事人的违法行为,进行相应的处罚或者不进行处罚。

根据本条第2款的规定,对于当事人违法所得的款项,在对受害者进行退赔的基础上再进行没收。这要求,在行政机关行政执法过程中,应该平衡受害者一方的利益,不能直接忽略退赔前提程序,不能为了部门的利益或者其他的目的,合法但不合理地处置违法当事人的违法所得,行政机关在处理退赔数额时也需要合理使用自由裁量权。

关联法规

《食品安全法》第122条;《水污染防治法》第81~83条;《城乡规划法》第62、64~66条;《商标法》第52、53条;《商品房销售管理办法》第37~39、43条

案例指引

伍先淑与桐城市人民政府城乡建设行政管理案①

裁判要旨:责令停止违法行为(责令改正),是行政管理过程中的一种手段,实际上属于责令改正的范畴,其

① 安徽省安庆市中级人民法院(2018)皖08行终37号。

性质是行政命令，不属于行政处罚的过程性行为，对其可以申请行政复议和提起行政诉讼。

茂名永诚环保资源开发有限公司与茂名市生态环境局、茂名市人民政府行政处罚及行政复议纠纷案①

裁判要旨：行政执法应当文明执法，对于违法行为要坚持教育与惩罚相结合，不能机械执法，不加区分一罚了之。即便对于法律明确规定应当予以处罚的，也要符合比例原则。行政执法机关做到过罚相当，有利于促使违法行为人主动及时纠正其违法行为，真正实现行政管理的目的。

第二十九条　【一事不再罚】对当事人的同一个违法行为，不得给予两次以上罚款的行政处罚。同一个违法行为违反多个法律规范应当给予罚款处罚的，按照罚款数额高的规定处罚。

条文注释

本条是关于对同一违法行为不得给予两次以上罚款处罚和以数额高的为罚款标准的规定。

本条主要是针对行政处罚实践中的多个部门争相处罚，甚至是一事几次罚款的乱象作出的规定，目的在于防止重复处罚，体现过罚相当，保护行政相对人的合法权益。相对于2017年的《行政处罚法》，本条没有作出较大的改变，只是增加一个罚款说明，同一个违法行为违反多个法律规范应当给予罚款处罚的，按照罚款数额高的规定执行，对有多个罚款规定时，应该选择执行的标准作出了规定。

根据本法第9条的规定，行政处罚的种类主要有五大类型，包括

① 广东省茂名市茂南区人民法院(2019)粤0902行初1号。

申诫罚、财产罚、资格罚、行为罚和自由罚。对于一事不再罚的规定主要是一件事不再罚款,具体理解一事不再罚款包含以下三个要点:(1)一个违法事实不得给予两次以上罚款的行政处罚,限定在一个违法事实,即违法行为人只有一个违法行为,才不能给予两次以上罚款,也就是说,当事人只有一个违法事实时,行政机关只能给予一次罚款。(2)当事人的一个违法行为只违反一个法律规范时,当事人损害的就会是一个法益,对当事人行为的处罚,无论是同种类的处罚还是不同种类的处罚都不可以再罚,但根据相关法律法规的规定,可以进行并罚。即可以对违法当事人进行罚款并拘留,罚款并吊销营业执照等。(3)当事人的一个违法行为违反多个法律规范时,当事人就损害了多个法益。此时如果多个法律条文都规定了罚款处罚,就需要依据条文的规定,按照罚款数额高的进行处罚,但仍然不能进行两次罚款。同时对于不同种类的处罚,需要一并处罚,即当事人违法行为在一个法律条文中规定为罚款,同时该行为在其他法律条文中规定需要拘留的,那么罚款和拘留就需要同时执行,此时并不违反一事不再罚原则。

一事不再罚限定在一事不再罚款,并没有限定在财产罚,所以同属于财产罚的罚款、没收违法所得、没收非法财物在根据具体的条文规定,给违法当事人处以罚款后,可以同时适用没收违法所得,此时不违反一事不再罚原则。

适用要点

一事不再罚在行政执法过程中关键点是认定当事人的违法行为只有一个还是多个,这时应当从违法行为构成的理论框架进行分析,即行为符合哪些构成要件才认定为违法行为。当事人只有一个违法行为,才符合适用本条的前提。如果当事人有多个违法行为,这里的“多个”包含同种类的多次违法行为,则不适用本条的规定。

关于本条的适用第一个难点就在于对违法行为的实践认定。第二个难点是由于实践的复杂性,一个违法行为可能触犯多个法益,符合多个法律条文的规定,属于法条竞合。法条竞合是立法过程中不可回避的问题,每个法条都有必须保护的法益,所以难免存在一些交叉重合领域的规定，此时对违法当事人根据不同的法律规范分别进行行政处罚，并且不适用刑法上的特殊法条优先的规定。第三个难点在于，对于一个违法行为不得再次罚款，但是在依法给予当事人其他种类的处罚时，可以考虑当事人已受处罚的事实，从轻或者减轻处罚。①

关联法规

《劳动法》第94条；《食品安全法》第123、124条；《大气污染防治法》第98、101、109条；《道路交通安全法》第94条

第三十条　【未成年人的行政处罚】不满十四周岁的未成年人有违法行为的，不予行政处罚，责令监护人加以管教；已满十四周岁不满十八周岁的未成年人有违法行为的，应当从轻或者减轻行政处罚。

条文注释

本条是关于未成年人适用行政处罚的规定。

在行政处罚的适用对象上，虽然未成年人与成年人的违法行为一样在客观上具有违法性，但我国有关法律都会注重对未成年人的保护，更多地坚持教育矫治为主、惩罚为辅的原则，因此未成年人与成年人相比在承担行政法律责任也即适用行政处罚时会具有差异性。此外，本条所称的违法行为，通常认为是未成年人的行为从社会危害性上来看不会对社会经济和生活秩序产生特别大的影响，其可谴责性程度比刑法的可谴责性相对较轻，所以未成年人实施此种程度上的违法行为应当予以行政处罚而不应当施以最严厉的刑罚处罚。本条依据未成年人的法定年龄对其违法行为作出相适应的行政处罚：一方面，当未成年人不满14周岁时，考虑到其不具有相应的认识能力和处分能力，不能够对其自身的行为所产生的行政法律后

① 全国人大常委会法制工作委员会国家法、行政法室编著：《行政处罚法释义》，法律出版社1996年版，第68页。

果有一个清晰的认识,并对自身的行为进行有效的判断与辨析,对此就不予以行政处罚而是督促监护人积极履行好自身的监护责任,引导和培育好未成年人的身心健康,贯彻落实未成年人的家庭保护和社会保护。另一方面,当未成年人已满14周岁(包括14周岁)不满18周岁时,此时行为人虽然对外界的事物有一定的认识能力并对自身的行为具有一定的支配力,但考虑到其只具有一定程度上而不是完全意义上的认识能力和处分能力,因而在接受行政处罚时需要根据案件事实情况,在多种处罚方式上选择较轻的行政处罚抑或在同一处罚幅度范围内施以较低限的行政处罚,或者在该法定处罚方式及处罚幅度范围最低限以下施以行政处罚。

2021年修订,本条未作实质性的修改,仅对部分词语进行规范化增补,如将原条款中的"人"修改为"未成年人",在"从轻或者减轻行政处罚"前增加限定词"应当"。此种修改一方面突出强调要注重对未成年人的保护处分原则,坚持教育矫治措施与行政处罚措施相结合以保障未成年人的身心健康发展;另一方面又明确了行政处罚的适用对象,以此防范、限制行政机关的行政自由裁量权,避免权力滥用,从而规范行政执法行为,增强法律的明确性以促进法律实施。

适用要点

针对未成年人的行政处罚,实践中需要注重辨别违法行为人的法定责任年龄,法定责任年龄是判定违法行为人应否给予行政处罚的重要考量因素之一。对此,要注意区分我国民法、刑法和行政法上对未成年人承担法律责任的不同情形,民法上以8周岁为分界点区分无民事行为能力人和限制民事行为能力人,刑法上则以16周岁作为承担完全刑事责任、14~16周岁所犯的八大类犯罪作为承担部分刑事责任、12~14周岁所犯的二类犯罪作为承担部分刑事责任的标准。同时,行政机关在依法对未成年人实施行政处罚时,要贯彻落实对违法青少年的教育、感化、挽救方针,坚持教育矫治为主、惩罚为辅的原则。最后,要注意区分不予行政处罚、从轻处罚和减轻处罚。不予处罚是指未成年人的违法事实不构成行政法意义上的违法而不承担责任,从轻处罚和减轻处罚是指未成年人的违法行为应当承担行政法上的责任。不予处罚、减轻处罚和从轻处罚在惩处效果上逐渐更为严厉，行政机关要根据案件事实情节作出相适应的处罚措施。

关联法规

《宪法》第 49 条第 3 款；《未成年人保护法》第 4 条第 6 项；《治安管理处罚法》第 12 条；《民法典》第 19、20 条；《海关办理行政处罚案件程序规定》第 58 条；《公安机关办理行政案件程序规定》第 157 条

案例指引

刘某 1 与怀化市公安局鹤城分局、怀化市公安局公安行政管理案①

裁判要旨：一审法院和二审法院认为第三人系刚满 14 周岁的未成年人，损害后果轻微，应当坚持教育管理为主而决定支持行政机关的不予处罚决定。

第三十一条 【精神状况异常及智力低下的人的行政处罚】 精神病人、智力残疾人在不能辨认或者不能控制自己行为时有违法行为的，不予行政处罚，但应当责令其监护人严加看管和治疗。间歇性精神病人在精神正常时有违法行为的，应当给予行政处罚。尚未完全丧失辨认或者控制自己行为能力的精神病人、智力残疾人有违法行为的，可以从轻或者减轻行政处罚。

条文注释

本条是关于精神状况异常及智力低下的违法行为人适用行政处罚的规定。

行为人的行政责任能力一般从两个方面进行判断：一是责任年

① 湖南省怀化市中级人民法院(2020)湘 12 行终 181 号。

龄，二是精神状况，本条便是对行为人精神状况异常时承担行政责任能力的规定。具体来说，本条所规定的精神状况是以行为人在满足责任年龄的条件下，实施违法行为时是否具有辨认能力或者控制能力为标准进行判定的。辨认能力是指行为人对自身行为的法律性质和危害后果的认识和理解，控制能力是指行为人能够有意识地控制自身的肢体为一定行为或不为一定行为。当行为人在客观层面上实施了违法行为后，还要在主观上判断该行为人在实施违法行为时是否具有完全的辨认能力或者控制能力。一般可以分为以下三种情况：第一，当精神病人或者智力明显低于一般人的智力残疾人完全不具有辨认能力或控制能力时，此种情形下的违法行为人既无故意也无过失，不具备承担行政违法责任的能力，因而不需要给予行政处罚。但考虑到该行为从客观上来看侵犯行政管理秩序，所以需要其监护人履行好自身的监护职责，积极进行看管或治疗以避免违法行为的重复发生。第二，当精神病人具有完全的辨认能力或控制能力时，此种情形下的精神病人的精神状况与正常人无异，既能够认识到自身行为的违法性质和违法后果，也能够积极地控制自身的身体活动而不至于行为失控，因此就需要承担相应的违法责任。第三，当精神病人具有部分辨认或控制能力时，考虑到其并未完全丧失自身的辨认或控制能力，具有一定的违法惩罚性，因此，需要在不同处罚方式或同一处罚幅度范围内予以较低限的行政处罚，或者在不同处罚方式或同一处罚幅度范围最低限以下予以行政处罚。

本条对2017年《行政处罚法》第26条的内容进行了适当的增补，将智力残疾人及部分具有辨认或控制能力的精神病人纳入限制行政处罚的范围之内，丰富了限制性处罚规定的内涵与分类，增强了法律的适应性。需要注意的是，本条将智力残疾人与间歇性精神病人进行了更加细致的区分，智力残疾人因智力水平不等，在智力低至不能辨认或者不能控制自己的行为时，不施以行政处罚；而间歇性精神病人因属于精神状况时而正常时而不正常的状态，所以需要根据实际情况判定不予处罚、减轻处罚或者从轻处罚。

适用要点

在具体适用本条的限制性行政处罚规定时，要根据主客观相统一的原则着重判定行为人在实施违法行为的那一刻是否具有辨认能力或者控制能力，既不能仅仅依据客观违法事实也不能简单地按照主观状态进行事后判断，并且辨认能力和控制能力属于选择性要件，满足其中一个条件即可。同时，对不具备辨认能力和控制能力的精神病人及智力残疾人虽然不予处罚，但监护人有义务对被监护人进行教育管理及治疗，而监护人的认定可以参照《民法典》第 28 条的规定由配偶、父母、子女、其他近亲属和社会组织等担任。此外，鉴于精神疾病的种类较多、发病原因复杂，要注意精神病人、智力残疾者和正常人之间的区分，特别是间歇性精神病患者的精神状况分析，在实践中对精神病人以及智力低下者丧失辨认和控制能力的轻重程度等进行科学、客观和详细地调查与鉴别，准确把握该条款的适用对象范围。

关联法规

《治安管理处罚法》第 13、14 条；《刑法》第 18、19 条；《民法典》第 28 条；《海关办理行政处罚案件程序规定》第 59 条；《公安机关办理行政案件程序规定》第 158 条

案例指引

辽阳市水利局与张博水利行政管理非诉执行审查案①

裁判要旨：精神残疾肆级者并不必然属于精神病人或者间歇性精神病人，要结合被执行人的违法行为当时的情况予以综合评价。

① 辽宁省辽阳市太子河区人民法院(2020)辽 1011 行审 11 号。

第三十二条　【从轻或者减轻行政处罚】当事人有下列情形之一，应当从轻或者减轻行政处罚：

（一）主动消除或者减轻违法行为危害后果的；

（二）受他人胁迫或者诱骗实施违法行为的；

（三）主动供述行政机关尚未掌握的违法行为的；

（四）配合行政机关查处违法行为有立功表现的；

（五）法律、法规、规章规定其他应当从轻或者减轻行政处罚的。

条文注释

本条是关于从轻或者减轻行政处罚的规定。

一般认为，从轻或者减轻处罚的设置是行政处罚中处罚相当原则的具体体现，意在通过立法技术的进步追求个案正义，更好地实现处罚公正，使处罚和教育相结合，以达到维护社会秩序的目的。本条采用了不完全列举的方式规定了四类六个从轻或减轻行政处罚的情形，最后一项设置了兜底条款，使其在适用中更加明确化。

本条列举的从轻或者减轻行政处罚情节，可以根据性质将判定行为的标准分为两类：一是行为人在实施违法行为时主观恶性程度较低，主要是指受他人胁迫或者诱骗实施违法行为的情形；二是行为人在实施违法行为后有悔过表现，既包括主动消除或者减轻危害后果，也包括主动供述行政机关尚未掌握的违法行为和积极配合行政机关查处违法行为有立功表现。行政处罚只是手段，最终目的是防止违法行为的再次发生，以维护社会秩序。对于第一类，行为人主观恶性较小，缺乏主观违法故意，再次实施违法行为的可能性较小；对于第二类，行为人有悔过表现，说明已经认识到错误，也积极弥补危害，再犯的可能性也较小。因此，这两类情形应当从轻或者减轻处罚。

相较于2017年《行政处罚法》第27条的规定，本条新纳入了现行单行法律、法规中已经明确规定，行政执法实践中也常用的从轻或者减轻行政处罚的情形，包括受他人诱骗实施违法行为的、主动供述行政机关尚未掌握的违法行为的两种新增情形。之所以在“受胁迫违法”的基础上添加了“受他人诱骗”的情节，是因为现实生活中存在不少人因受到他人诱骗，对事实产生错误认识而违法，这种情况下行为人主观上并没有违法的故意，只是存在过错，但过错很小，应当从轻或者减轻处罚。对于“主动供述行政机关尚未掌握的违法行为”，修订后的法律将该情节规定为从轻或者减轻处罚情节的正当性在于，根据“举重以明轻”原则，在适用法律制裁最严厉的刑法中都将自首视为减轻处罚情节，那么制裁程度较轻的行政处罚当然可将主动供述纳入从轻或者减轻处罚情形之中。总的来说，所有情形中违法行为人再犯的可能性较小，社会危害性也就随之减小，因而应当从轻或者减轻处罚。

适用要点

在具体适用从轻或者减轻行政处罚的情形时，依据的是各单行法律、法规中的明确规定，不得超出法律明确规定的情形，自行创设其他情形。关于“应当从轻或者减轻行政处罚”，一方面，规定并没有将从轻和减轻的情形区分开来，所以需要行政机关自行决定，给予了行政机关较大的自由裁量余地；另一方面，行政机关只能选择从轻或者减轻中的一种，即应当从轻处罚或者应当减轻处罚，这与刑法中既规定法定情形（应当），也规定酌定情形（可以）不同，行政处罚只适用法定从轻或者减轻这种形式。

本条所规定的情节可以根据三个标准归类进行进一步细化：一是违法行为轻微；二是违法行为人认识不足；三是违法行为人有悔过表现。其表现出两个特点：一是重视主观态度，二是善于运用客观化技术设定主观态度的判断规则。司法实践中要凸显出法院对危害后果的细化，注重案件中危害后果的考量，并体现出对行政裁量适用的尊重。另外，从立法的逻辑和行政执法的实践中可以得出，较从轻处罚而言，减轻处罚的适用应在法定情节的基础上增加相应的限缩条件，适用“其他”情节需考虑主观恶性程度。

关联法规

《治安管理处罚法》第19条;《律师和律师事务所违法行为处罚办法》第38条;《海关稽查条例》第26条第2款;《反不正当竞争法》第25条;《海上海事行政处罚规定》第8条;《中国银保监会行政处罚办法》第7条;《国家外汇管理局行政处罚办法》第18条第1款

案例指引

东亚真空电镀厂有限公司与中国证券监督管理委员会行政处罚案①

裁判要旨:根据《行政处罚法》的规定,当事人有主动消除或者减轻违法行为危害后果的,受他人胁迫有违法行为的,配合行政机关查处违法行为有立功表现的,其他依法从轻或者减轻行政处罚情形之一的,应当依法从轻或者减轻行政处罚。

丹东欣泰电气股份有限公司与中国证券监督管理委员会金融行政管理(金融)审查与审判监督行政复议案②

裁判要旨:丹东欣泰电气股份有限公司虽然有配合中国证券监督管理委员会进行调查的行为,但并无证据证明其有立功表现的事实,不能适用《行政处罚法》规定的配合行政机关查处违法行为有立功表现,予以从轻或减轻行政处罚的情形。

---

① 北京市高级人民法院(2017)京行终1688号。

② 最高人民法院(2018)最高法行申4640号。

第三十三条　【免予处罚】违法行为轻微并及时改正，没有造成危害后果的，不予行政处罚。初次违法且危害后果轻微并及时改正的，可以不予行政处罚。

当事人有证据足以证明没有主观过错的，不予行政处罚。法律、行政法规另有规定的，从其规定。

对当事人的违法行为依法不予行政处罚的，行政机关应当对当事人进行教育。

条文注释

本条是关于对违法行为人不予行政处罚的情形的规定。

不予处罚是指行政机关依照法律、法规的规定，考虑到有特殊情况的存在，对违法行为人作有违法行为的宣告，但免除其行政处罚。本条采用不完全列举的方式规定了两种不予行政处罚的情形和一种可以不予行政处罚的情形。

一是不予行政处罚，有两种情形：违法行为轻微并及时改正，没有造成危害后果的，不予行政处罚；当事人有证据足以证明没有主观过错的，不予行政处罚。判断一个违法行为是否轻微需要从违法行为的事实、性质、情节和社会危害几个方面综合考虑。对于及时的判断，关键在于采取纠正措施的时间节点的确定，即实施危害行为尚未造成危害后果时及时采取纠正措施以防止危害结果的发生。没有造成危害后果的关键在于后果的范围必须以违反行政义务的行为所指向的利益是否受到法律保护为标准，利益不受法律保护，就没有所谓的标准。对于没有主观过错，任何处罚施加的前提和基础均应是行为人具有主观过错，主观过错代表行为人具有法律上的教育纠错性以及可责罚性，仅就客观危害行为进行处罚而不考虑主观是否存在过错，不符合处罚的本质，也违背处罚设定的最初目的。二是可以不予行政处罚。初次违法且危害后果轻微并及时改正的，可以不予行政处罚。这里强调初次违法，对于“及时改正”需要注意和第一种情形做区分：前者是及时改正行为，以致危害后果没有发生；后者是已经发生轻微危害后果后，及时改正行为。

2021年修订，保留了2017年《行政处罚法》第27条第2款的内容。增加了“初次违法且危害后果轻微并及时改正的，可以不予行政处罚”“当事人有证据足以证明没有主观过错的，不予行政处罚”两种情形。同时本条第3款新增了“对当事人的违法行为依法不予行政处罚的，行政机关应当对当事人进行教育”的规定。立法扩大不予行政处罚范围的同时又明确要对当事人进行教育是立法技术进步的体现，不予行政处罚的衡量标准是出于对行政处罚目的的考虑。总之，就是要使处罚与违法行为相适应，该罚的一定要罚，不该罚的一定不能罚，才能更好地发挥行政处罚法的作用和功能。

适用要点

关于本条适用需要注意以下几点：一是行为轻微、及时改正、没有造成危害后果三个要件必须同时满足才能不予处罚。司法实践中，在判断何为轻微时，通常会涉及数量、主观恶意等因素，实践中还出现将“仅违反程序性规定”视为情节轻微的情形，但在数量这一要素上，究竟达到何种程度算是轻微主要取决于法院判决的自由裁量。另外，判断及时改正时，只要在危害后果尚未发生之前进行改正均为及时，而改正是指将破坏的秩序恢复到违法行为前的状态。二是对于可以不予处罚的情形，行政机关享有自由裁量权，可以结合具体情况，比如危害后果程度、及时改正的态度等加以判定是否免予行政处罚，但是初次违法的条件是硬性的。三是对于主观过错的判断，行为人必须有证据证明。这里要区分与主观故意的区别，没有主观过错说明既无故意也无过失，故意与过失是过错的两种表现形式。所以如果是受到他人胁迫或者诱骗而实施违法行为，因行为人本身存在意志力不坚定或者警惕性不强的过错，只能是从轻或者减轻处罚，而不能是不予处罚。四是不予行政处罚应当对当事人进行教育，这种教育是强制性的。

关联法规

《律师和律师事务所违法行为处罚办法》第38条；《反不正当竞争法》第25条；《交通运输行政执法程序规定》第72条；《国家国际

发展合作署行政处罚实施办法》第 18 条;《中国银保监会行政处罚办法》第 7 条;《国家外汇管理局行政处罚办法》第 18 条第 2 款、第 19 条第 1 款

案例指引

罗其香与四川省司法厅司法行政管理（司法行政）案①

裁判要旨:根据《全国人民代表大会常务委员会关于司法鉴定管理问题的决定》以及《司法鉴定执业活动投诉处理办法》的规定,省级司法行政机关认为被投诉人违法违规情节轻微,没有造成危害后果,依法可以不予行政处罚的,应当给予批评教育、训诫、通报、责令限期整改等处理。

周某与大连市公安局西岗分局公安行政管理案②

裁判要旨:西岗分局在其作出的不予处罚决定书中认定了王开文用脚踢周某的事实之后,即根据《治安管理处罚法》第 43 条第 2 款第 2 项和第 19 条第 1 项,决定对王开文不予行政处罚,但是并未说明不予处罚的理由,并未说明王开文的行为为什么属于情节特别轻微,所以不符合不予行政处罚情形。

第三十四条　【裁量基准的制定】行政机关可以依法制定行政处罚裁量基准,规范行使行政处罚裁量权。行政处罚裁量基准应当向社会公布。

---

① 四川省高级人民法院(2019)川行终 491 号。

② 辽宁省高级人民法院(2020)辽行终 1089 号。

条文注释

本条是关于行政处罚裁量基准的规定。

行政处罚裁量基准，是指行政执法主体将法律规定的行政处罚裁量空间，根据过罚相当等原则并结合本地区社会经济发展状况以及执法范围等情况，细化为若干裁量格次，每个格次规定一定的量罚标准，并依据违法行为的性质、情节、社会危害程度和悔过态度，处以相对固定的处罚种类和量罚幅度，同时明确从轻或从重处罚的必要条件的一种执法规则。在我国，行政处罚裁量基准既可以是立法性规则，也可以是解释性规则和指导性规则。但考虑到既要克服裁量基准固有的局限性，又要充分发挥其内在的功能，因此应当尽量限制采取立法性规则，也不是仅仅将其定位于指导性规则，而主要应当发挥行政裁量基准作为解释性规则的功能。①

从功能上来说，行政处罚裁量基准一般只是对相关法律规范内容的阐述和确定，对立法意图的说明与强调，对行政处罚主体理解的统一和行动的协调，并没有独立设定、变更或者消灭相对人的新的权利义务，不具有独立的新的法律效果。行政处罚裁量基准的制定并实施，是行政处罚机关实施行政处罚行为的条件和依据，应予以严格执行并自觉接受拘束。但是当行政处罚机关认为严格依规则行事会带来不公正并能够说明正当理由时，则可以根据个案的具体情况作出处理决定，即只要存在合理的、特别或者充分的理由，行政机关可以基于案件的重要性或者外在情势的可能变化，采取与裁量基准不一致的行为，进而在构建普遍正义的秩序模式下，实现具体案件的个案正义。②

本条是2021年修订新增加的条款，增加了规范行政处罚裁量权的相关规定，为规范行政处罚行为、保证行政处罚裁量权的正确行使，提供了法律支撑。由行政机关制定带有地方性的特定领域的裁量基准，是在更广阔视野内、更为彻底地实现规范行政裁量权运作

---

① 周佑勇：《裁量基准的正当性问题研究》，载《中国法学》2007年第6期。

② 沈岿：《行政诉讼举证责任个性化研究之初步》，载《中外法学》2000年第4期。

的最佳路径，也是对我国法治政府建设进入深水区、公众对处罚结果个案正义强烈呼声的立法回应。

适用要点

实践中所说的裁量基准，是"裁量基本标准"的简称，与之相关的规范性文件名称较多，比如，"自由裁量权实施办法""裁量指导意见"等。具体来说，制定裁量基准要以规范行政裁量的行使为内容来建章立制，一般以规范性文件为载体，是较为程式化的、结构性的、相对统一的思量要求。裁量基准作为媒介和桥梁，沟通了抽象的法律与具体的事实，其效力范围仅及于一个微观的行政执行领域，且只限定在特定行政区域与特定行政部门之内。

需要注意的是，行政处罚裁量基准一旦制定，就必须向社会公开，让公众了解，并能方便公众获取。如果已经制定的裁量基准不能公开，那么行政处罚过程中的公正性和透明性就难以得到保证。为此，行政裁量基准应采取媒体报道、公报刊载、政府网站公布等多种形式予以广泛公开，既有助于降低行政官僚寻租空间，亦能增进民众对于行政处罚行为的信服。

关联法规

《行政诉讼法》第60条第1款；《行政复议法实施条例》第40、50条；《法官职业道德基本准则》第9条；《律师和律师事务所违法行为处罚办法》第37条；《交通运输行政执法程序规定》第4、68条；《邮政行政执法监督办法》第17条；《市场监督管理执法监督暂行规定》第6条第5项；《规范住房和城乡建设部工程建设行政处罚裁量权实施办法》第2条第2款；《优化营商环境条例》第60条

案例指引

施某与南通市公安局开发区分局等行政处罚案①

裁判要旨：江苏省公安厅通过对赌博违法案件量罚

① 江苏省南通市中级人民法院(2016)苏06行终55号。

的细化，确定了治安处罚的基准，进而人民法院能在具体的案件中通过司法审查对被诉行政行为的合法性作出审查和判断。

第三十五条 【刑罚的折抵】违法行为构成犯罪，人民法院判处拘役或者有期徒刑时，行政机关已经给予当事人行政拘留的，应当依法折抵相应刑期。

违法行为构成犯罪，人民法院判处罚金时，行政机关已经给予当事人罚款的，应当折抵相应罚金；行政机关尚未给予当事人罚款的，不再给予罚款。

条文注释

本条是关于行政处罚折抵刑事处罚问题的规定。

行政拘留与被判处拘役和有期徒刑的刑罚虽是两种不同性质的制裁，但两者的共同特点都是对被制裁人限制人身自由，这种折抵必须具备两个要件：其一，当事人的违法行为已经构成犯罪且被人民法院判处拘役或者有期徒刑。其二，当事人已经被行政拘留。折抵的原则是行政拘留一日折抵一日。罚金是人民法院判处犯罪分子向国家缴纳一定数额金钱的刑罚方法。罚金作为一种财产刑，主要适用于经济犯罪和贪利性质的犯罪，同时也适用于某些妨害社会管理秩序的犯罪。罚款折抵罚金的要件也须具备两个要件：其一，违法行为构成犯罪，且被人民法院判处罚金。如果已经被人民法院判处罚金，则行政机关不得再处以罚款。其二，行政机关已经给予当事人罚款。已经被罚款的犯罪分子，又被人民法院判处罚金的，罚款折抵罚金，不足部分另行补交。

需要注意的是，关于刑期的折抵，被告人被判处刑罚的犯罪行为和以前受行政拘留处分的行为是同一行为，其被拘留的日期才应予折抵刑期。此处的"同一行为"，既可以是判决认定同一性质的全部犯罪行为，也可以是同一性质的部分犯罪行为。只要是以前受行政拘留处分的行为,后又作为犯罪事实的全部或者一部分加以认定,其拘留的日期即应予以折抵刑期。关于罚金的折抵,同样应当满足“同一行为”的要求,犯罪分子因为同一违法行为受到行政处罚,之后又受到罚金处罚的,应当予以折抵。

相较于新法修订前,本条吸收了刑事优先原则,即在人民法院判处罚金时,行政机关尚未给予当事人罚款的,不再给予罚款。这有助于刑事处罚与行政处罚的衔接,可以有效避免以罚代刑现象,在保护当事人合法权益的同时也体现了“一事不再罚”原则。

适用要点

行政处罚与刑罚合并适用,是当行政处罚与刑罚发生竞合时的解决办法。具体来说,行政机关受理某一案件时,如果无法判断违法行为是否构成犯罪,可以先行适用行政处罚。当发现违法行为已构成犯罪时,应及时追究当事人的刑事责任,将案件移送到人民法院。当人民法院判处拘役或者有期徒刑时,行政机关已经给予当事人行政拘留的,应当依法折抵相应刑期,人民法院判处罚金时,行政机关已经给予当事人罚款的,应当折抵相应罚金。同时,应注意罚款与罚金两者的区别:其一,罚款属于行政处罚,罚金属于刑罚中的附加刑;其二,罚款由行政机关实施,罚金由人民法院判决;其三,罚款适用于各种类型的行政违法当事人,罚金主要适用于贪财图利的犯罪分子。如果罚款的数额小于罚金时,不足的部分由当事人另行补交。

关联法规

《治安管理处罚法》第16、92条;《公安机关办理行政案件程序规定》第162条;《刑法》第44条;《最高人民法院、最高人民检察院、公安部、司法部关于办理实施“软暴力”的刑事案件若干问题的意见》第10条

案例指引

李某、王某某内幕交易、泄露内幕信息案①

裁判要旨：判处罚金时，若行政机关已给予当事人罚款的，可折抵相应罚金。本案中李某、王某某实施的内幕交易行为被证监会决定处以15万元的罚款且已执行，人民法院可在后续的刑事审判中以此折抵二人的罚金刑。

第三十六条　【行政处罚追责时效】违法行为在二年内未被发现的，不再给予行政处罚；涉及公民生命健康安全、金融安全且有危害后果的，上述期限延长至五年。法律另有规定的除外。

前款规定的期限，从违法行为发生之日起计算；违法行为有连续或者继续状态的，从行为终了之日起计算。

条文注释

本条是关于行政处罚追责时效的规定。行政处罚追责时效是行政违法行为追责的时间期限，在法定追责时效内，行政机关有权追究违法行为人的行政责任，超过法定追责时效则不再追究行政责任。换言之，一旦超过行政处罚追责时效，行政机关的行政处罚权即告消灭。根据违法行为的社会危害性，本条将行政处罚追责时效分为以下两种：

一是普通追责时效，主要针对一般行政法律关系的共同性而设定的时效，期间为两年。如果违法行为两年内未被发现，则不再给予行政处罚。这里的发现主体应为处罚机关或有权处罚的机关，这些机关对违法违纪行为的发现都应该具有《行政处罚法》规定的法律效力。因此，上述任何一个机关对违法违纪行为只要启动调查、取证和立案程序，均可视为“发现”。群众举报后被认定属实的，发现时

① 北京市高级人民法院(2020)京刑终55号。

效以举报时间为准。[①] 如果发现时间与查清事实时间或查获时间不一致，只要发现时间在两年内，仍应依法给予行政处罚。

二是特殊追责时效，主要针对特定的行政法律关系的时效，期间为5年，特殊追责时效适用的效力优先于普通追责时效。适用特殊追责时效需满足两个条件：第一，行政违法行为涉及公民生命健康安全、金融安全；第二，行政违法行为产生了危害后果。特殊追责时效是新增条款，一方面严厉打击危及公民生命健康安全、金融安全的行政违法行为，另一方面提高行政处罚执行威严，保证行政管理秩序。

基于行政违法行为的复杂性，为防止法律之间的冲突，充分尊重特别法对于诉讼时效的规定，本条明确在其他法律对于时效制度另有规定的情况下，适用其他法律的时效制度。例如，《税收征收管理法》规定时效为5年，《治安管理处罚法》规定时效为6个月。

根据违法行为发生状态的不同，分别规定"违法行为发生之日""行为终了之日"为追责时效的起算点。"违法行为发生之日"是指违法行为实施之日，强调违法行为社会危害性的产生；"行为终了之日"是指违法行为结束连续或继续状态之日，强调对连续性违法行为的计算。

适用要点

在具体判断行政处罚追责时效时，应首先依据案件事实查证其他法律关于追责时效的规定，在其他法律没有规定的情况下适用本条规定。特殊追责时效的适用应首先确定违法行为的违法领域，判断其是否属于公民生命健康安全、金融安全范围，其次结合违法行为所产生的影响，综合认定追责时效。涉及公民生命健康安全的主要有食品、药品、医疗、保健等领域，涉及金融安全的主要有银行、证券、保险等领域。

注意把握"连续状态""继续状态"的判断：连续状态是指基于同

① 吴高盛：《〈中华人民共和国行政处罚法〉释义及实用指南》，中国民主法制出版社2015年版，第83页。

一主观心理连续实施数个独立且性质相同的违法行为，如违法行为人连续多次出售有损人体健康的食品，多次出售可认定为连续状态，对此种违法行为的时效计算应从最后一次出售的时间开始计算；继续状态是指一个违法行为一直存在的状态，如违法建筑物，即使没有被行使公权力的机关发现，只要其存在，则不受2年的追责时效限制。

关联法规

《治安管理处罚法》第22条；《税收征收管理法》第86条；《国务院法制办公室对湖北省人民政府法制办公室〈关于如何确认违法行为连续或继续状态的请示〉的复函》

案例指引

大连高新技术产业园区龙王塘街道鲍鱼肚村民委员会与大连高新技术产业园区社会事业管理局资源行政管理案①

裁判要旨：非法占用土地的违法行为，在未恢复原状之前，应视为具有继续状态，其行政处罚的追责时效应从违法行为终了之日起计算。

第三十七条　【从旧兼从轻原则】实施行政处罚，适用违法行为发生时的法律、法规、规章的规定。但是，作出行政处罚决定时，法律、法规、规章已被修改或者废止，且新的规定处罚较轻或者不认为是违法的，适用新的规定。

条文注释

本条是关于行政处罚依据的规定。行政处罚依据是行政处罚合法有效性的体现，没有依据的行政处罚是无效的。本条确立了以

① 辽宁省大连市中级人民法院(2020)辽02行终536号。

下三项原则：

第一，行政处罚依据法定原则。行政处罚必须依据法律、法规、规章的规定，这是行政处罚法定原则的要求。行政处罚依据的范围是法律、法规、规章，但在适用时需对规章的合法性进行判断，如其规定存在合法性缺陷，则不可作为行政处罚的依据。在选择行政处罚依据时，涉及法律规范冲突的适用规则可参照《关于审理行政案件适用法律规范问题的座谈会纪要》的相关规定。

第二，行政处罚依据从旧原则。行政处罚的依据是违法行为发生时的法律、法规、规章，体现了法不溯及既往原则的精神，是保证行为人合法利益和法律公信力的法律手段。这里的“违法行为发生时”应理解为违法行为发生、停止、结束之日，强调违法状态已经产生并结束。对于违法行为发生状态从旧法实施时持续或继续至新法实施后的现象，应认定在新法实施后违法行为结束或停止时的法律、法规、规章为行政处罚的依据。

第三，行政处罚依据从轻原则。在行政处罚决定时，如果新的法律、法规、规章对违法行为设定处罚较轻或不认为违法的，则适用新的法律、法规、规章。行政违法行为发生与行政处罚决定的时间通常是不一致的，如果行政违法行为发生在新法实施前，行政处罚决定在新法实施后，应结合行政处罚追责时效、行政违法行为的违法状态等因素综合考量行政处罚的依据。从轻原则体现了更好地保障公民、法人和其他组织的合法利益的精神，有利于发挥行政处罚惩罚与教育的双重功能，是现代化法治进步的体现。

本条属于新增条款，将法律适用的从旧兼从轻原则纳入《行政处罚法》，一方面规范行政处罚法律适用方面的问题，引导行政机关合法、合理实施行政行为；另一方面保障公民的合法权益，维护社会秩序。

适用要点

行政处罚的依据是法律、法规、规章的规定，不能随意选择其他规范性文件作为行政处罚的依据。在适用本条时，应注意把握违法行为发生的时间和终了的时间。对于一次性违法行为而言，违法行为发生时间和终了时间是相同的；对于连续或继续状态的违法行为而言，违法行为发生时间和终了时间是不同的。因此，需要根据违法行为的发生状态分别进行判断：(1)违法行为发生在新法实施后，适用新法；(2)违法行为发生、结束在新法实施前，且作出行政处罚决定在新法实施前，适用旧法；(3)违法行为发生、结束在新法实施前，但作出行政处罚决定在新法实施后，此时需比较新法与旧法对于违法行为认定的轻重程度，如果新法认定违法行为处罚较轻或不违法的，适用新法；(4)违法行为发生在新法实施前，连续或继续至新法实施后，适用新法；(5)违法行为发生、结束在新法实施前，但是两年内未被发现，新法实施后被发现，此时需判断违法行为适用何种追责时效或法律有无另外规定，如适用两年行政处罚追责时效，则不予以行政处罚。

在作出行政处罚决定时，需注意所依据的法律、法规、规章的时效问题。若有修改的情况，则比较新法与旧法的行政处罚轻重，如果新法处罚较轻或不认为违法，则适用新的法律、法规、规章；若有废止的情况，如果新的法律、法规、规章对违法行为处罚较轻或不认为是违法，则适用新的法律、法规、规章；如无修改或废止情况，直接适用“违法行为发生时”的法律、法规、规章。

关联法规

《治安管理处罚法》第3条；《关于审理行政案件适用法律规范问题的座谈会纪要》

案例指引

宣懿成等与浙江省衢州市国土资源局收回国有土地使用权案①

裁判要旨：行政机关作出具体行政行为时未引用具体法律条款，且在诉讼中不能证明该具体行政行为符合

① 浙江省衢州市柯城区人民法院(2003)柯行初字第8号。

法律的具体规定,应当视为该具体行政行为没有法律依据。

第三十八条 【无效的行政处罚】行政处罚没有依据或者实施主体不具有行政主体资格的,行政处罚无效。

违反法定程序构成重大且明显违法的,行政处罚无效。

条文注释

本条是关于行政处罚无效情形的规定。

行政行为的无效是行政行为效力的一种具体形态,明确行政处罚行为的无效情形是《行政处罚法》中的重要内容。本条所指行政处罚的无效,包括以下三种情形:第一,行政处罚没有法定依据,若行政处罚行为没有任何依据支撑,那么处罚本身也就无效力可言;第二,行政处罚的实施主体不具有行政主体资格,如行政机关的内设机构在不具备主体资格的条件下实施的处罚应当认定为无效的行政处罚;第三,行政处罚未遵守法定程序构成重大明显违法,如行政机关实施处罚行为时遗漏了行政处罚的关键程序。需要注意的是,行政处罚不能成立与行政处罚无效是两组不同的概念。其一,行政处罚不能成立与行政处罚无效对当事人的效力不同,不能成立的行政处罚对当事人不发生法律效力;而无效的行政处罚是行政处罚已经生效,但由于其违法,效力被否定。其二,构成行政处罚不能成立和行政处罚无效的具体原因不同,不能成立是基于未告知当事人作出行政处罚决定的事实、理由和依据,以及未听取当事人的陈述和申辩等;无效则因处罚主体超越职权、适用法律错误、主要证据不足等。

相较于新法修订前,本条完善了行政处罚无效制度,实现了与《行政诉讼法》的有序衔接。一是由于旧法混淆了行政行为不成立与行政行为无效两组概念,使在行政处罚行为的效力认定上产生了分歧;二是对于违反法定程序且构成重大明显违法的,应当直接认定行政处罚无效。从实践来看,一个行为违反法定程序是否会影响结果公正,也很难作出准确判断。因此,将行政机关不遵守法定程序构成重大且明显违法认定为无效事由,是有利于保护行政相对人利益的。因此,行政处罚无效制度的完善,能从根本上解决程序违法的行政处罚行为之效力的分歧问题。

适用要点

需要注意的是,尽管本条的修改在一定程度上丰富了行政处罚无效的情形,但考虑到行政行为的无效是自始无效、当然无效,对行政法律秩序可能产生较大的影响,从维护法安定性,维护行政存续公益性的角度出发,对无效事由的界定应当保持相对审慎的立场。

具体而言,应从以下两方面入手:其一,对于行政处罚没有法定依据的行为,应当将"没有法定依据"与作为撤销事由的"法律、法规适用错误"作出区分。如行政处罚本身具有法律依据,但仅是漏写具体条文,不应认定为无效。实践中通常将此类行为认定为"适用法律错误"或"违反法定程序",属于违法可撤销的行政行为。其二,对于行政处罚未遵守法定程序构成重大且明显违法的情形,对"重大且明显违法"的认定也应当相对审慎,主要针对处罚机关遗漏和拒绝行政处罚关键程序的行为,如法律明确规定应当听证而未经听证作出的行政处罚,执法人员应当回避而未回避作出的行政处罚。①

关联法规

《行政诉讼法》第75条;《国家食品药品监督管理总局行政复议办法》第20条第3项;《最高人民法院关于适用〈中华人民共和国行政诉讼法〉的解释》第68条第1款第4项,第94、162条

① 马怀德:《〈行政处罚法〉修改中的几个争议问题》,载《华东政法大学学报》2020年第4期。

案例指引

俞飞与无锡市城市管理行政执法局城市管理行政处罚案[①]

裁判要旨：行政机关在送达行政处罚事先告知书、行政处罚决定书时应依照法定方式送达，否则不仅行政相对人陈述、申辩的权利可能被剥夺，而且行政处罚决定也未生效。当此情况下，行政处罚应以存在违反法定程序构成重大且明显违法情形被确认无效。

① 江苏省高级人民法院（2015）苏行申字第00566号。

第五章　行政处罚的决定

第一节　一般规定

第三十九条　【行政处罚公示制度】行政处罚的实施机关、立案依据、实施程序和救济渠道等信息应当公示。

条文注释

本条是关于行政处罚信息公示范围的规定。

行政处罚遵循公正、公开的原则。行政处罚公开，既包括事前公布行政处罚的规定，也包括行政处罚过程公开，事后公布行政处罚结果。

本次修订增加本条内容，将行政处罚信息公示作为一项重要制度，有助于巩固行政执法公示制度改革成果、进一步提高行政管理透明度和政府公信力，有利于保障公众知情权。根据本条的规定，行政机关进行行政处罚前后，行政处罚的实施机关、立案依据、实施程序和救济渠道等信息属于必须公示范围，行政机关应当依法主动公开。至于上述信息之外的内容是否需要公示，以及公示方式、公示期限等，由各行政机关根据相应规定或文件进行。

信息公示前需根据有关规定进行保密审查，公示内容不得涉及商业秘密、个人信息（包含住址、电话号码、身份证号码等），不得泄露国家秘密，不得损害国家政治、经济安全及影响社会稳定。

适用要点

本法第5条第1款和第3款规定，行政处罚遵循公正、公开的原则。对违法行为给予行政处罚的规定必须公布；未经公布的，不得作为行政处罚的依据。上述规定属于行政处罚的事前公开。本条规定的是行政机关实施行政处罚的执行行为公开及作出行政处罚决定后的结果公开,以及受行政处罚的行政相对人的救济渠道公开。

《企业信息公示暂行条例》第6条规定:“工商行政管理部门应当通过企业信用信息公示系统,公示其在履行职责过程中产生的下列企业信息:(一)注册登记、备案信息;(二)动产抵押登记信息;(三)股权出质登记信息;(四)行政处罚信息;(五)其他依法应当公示的信息。前款规定的企业信息应当自产生之日起20个工作日内予以公示。”第10条规定:“企业应当自下列信息形成之日起20个工作日内通过企业信用信息公示系统向社会公示:……(三)行政许可取得、变更、延续信息;(四)知识产权出质登记信息;(五)受到行政处罚的信息;(六)其他依法应当公示的信息……”上述规定具体明确。

关联法规

《政府信息公开条例》;《治安管理处罚法》第82、94、96、101条;《工商行政管理行政处罚信息公示暂行规定》;《企业信息公示暂行条例》

案例指引

上海金港经贸总公司与新疆维吾尔自治区工商行政管理局行政处罚再审案①

裁判要旨:行政机关在作出行政处罚决定前,应当告知当事人违反法律、法规或者规章的事实和证据,行政处罚的种类和依据,以及当事人不服行政处罚决定,申请行政复议或者提起行政诉讼的途径和期限等必要内容。行政机关出具罚款证明,既未告知当事人的违法事实,亦未告知适用的法律依据,因此作出的行政处罚违反法定程序。

① 最高人民法院(2005)行提字第1号。

曹美平与江苏省通州湾江海联动开发示范区社会管理保障局、南通市公安局通州湾示范区分局政府信息公开案①

裁判要旨：行政机关应主动向行政相对人公开立案依据、实施程序和救济渠道等必须公示的事项。行政相对人在已获取行政处罚决定相关证据和规范性文件等材料情况下，再向作出处罚决定的行政机关申请公开此类信息，构成政府信息知情权的滥用。

第四十条　【行政处罚的前提条件】公民、法人或者其他组织违反行政管理秩序的行为，依法应当给予行政处罚的，行政机关必须查明事实；违法事实不清、证据不足的，不得给予行政处罚。

条文注释

本条是关于行政机关对违法行为进行行政处罚前，应当查明事实的规定。

行政违法行为，是指公民、法人或者其他组织违反法律、行政法规、地方性法规或者规章等规定，违反行政管理秩序，应由行政机关给予行政处罚的行为。行政违法行为具有如下特征：行为主体是公民、法人或者其他组织；行为侵害的客体是行政管理秩序。

行政机关对违法行为予以处罚需符合以下两个条件：

一是法律、法规规定应该给予行政处罚。行政机关只能在法律、法规规定的行政处罚种类和范围内实施行政处罚，只有行为人作出了违法行为，且该违法行为依法应当予以行政处罚，行政机关才能依法对其作出相应的行政处罚。

二是违法事实确实存在。行为人有违反行政管理秩序的事实，

① 江苏省高级人民法院(2016)苏行申1019号。

包括行为人的具体违法行为,以及其违法行为的性质、情节和社会危害程度等方面的重要事实。行政机关作出行政处罚决定前应查明以下事实要素:实施违法行为的具体主体、违法行为的发生时间及查处时间、违法行为发生地,以及违法行为的性质、情节、造成的社会危害后果等事实。查明事实是实施行政处罚的前提条件,只有违法事实清楚、证据确实充分、违法行为事实要素均已查证属实的,行政机关才能对行为人给予行政处罚;行为人的违法事实没有查清或者证据不足的,行政机关不能给予行政处罚。

本条内容基本沿袭了原来条文的内容,仅增加了个别文字,由原来的"违法事实不清的,不得给予行政处罚"变更为"违法事实不清、证据不足的,不得给予行政处罚"。修正后的条文内容更加强调证据在行政处罚中的重要作用,对于搜集的违法事实证据不充分或者不能形成完成证据锁链的,行政机关不得作出行政处罚决定。

适用要点

实施行政处罚的前提条件是查明事实,而查明事实的前提条件是全面、客观、公正地调查、搜集能证明违法事实的有关证据。行政机关适用简易程序可以当场作出的行政处罚决定,前提条件亦必须是执法人员根据现场查明的证据即可认定违法事实。除可以当场作出的行政处罚外,行政机关在作出行政处罚决定前必须严格按照法定程序调查取证,以查明确认违法事实。关于举证责任分配的问题,法律对行政机关和当事人要求不一,行政处罚和诉讼均由被告行政机关负举证责任,即行政机关对作出的行政行为的合法性负举证责任。在起诉行政机关不作为的案件中,当事人应当提供其在行政程序中曾经提出申请的证据材料。但有下列情况的除外:行政机关应依职权主动履行法定职责的;当事人因行政机关受理申请的登记制度不完备等正当事由不能提供相关证据材料并能够作出合理说明的。在行政赔偿诉讼中,当事人应当对被诉具体行政行为造成损害的事实提供证据。当事人也可以主动举证证明被诉具体行政行为违法,即使不能证明,也不免除行政机关的举证义务。具体行政行为认定事实不清,证据不足,但是经行政复议机关审理查明事实清楚，证据确凿的，行政复议机关不得直接变更。《行政复议法实施条例》第33条规定："行政复议机构认为必要时，可以实地调查核实证据；对重大、复杂的案件，申请人提出要求或者行政复议机构认为必要时，可以采取听证的方式审理。"

关联法规

《行政诉讼法》第70条；《治安管理处罚法》第94、95条

案例指引

张向平与三亚市吉阳区综合行政执法局行政处罚案①

裁判要旨：行政机关在行政处罚的调查过程中应尽到审慎审查的义务，对相对人提出的线索应当主动查明，在未查明事实的情况下错列或漏列行政相对人，属于查明事实不清，主要证据不足，据此作出的行政处罚应当被撤销。

王传强与北京市公安局海淀分局行政拘留案②

裁判要旨：行政处罚案件中，当证据显示待证事实存在的可能性明显大于不存在的可能性、待定事实的认定应采用优势证明标准，在已能达到确信其存在的证明标准时，即使不能完全排除存在相反的可能性，也可以根据已有证据认定待证事实存在。行政机关一旦查明某一事实，即可直接认定另一事实，主张推定的行政机关对据以推定的基础事实承担举证责任，反驳推定的相对人对基础事实和推定事实的不成立承担举证责任。

---

① 海南省高级人民法院(2020)琼行再1号。

② 北京市第一中级人民法院(2020)京01行终364号。

第四十一条　【电子监控设备的配置程序、内容审核、权利告知】行政机关依照法律、行政法规规定利用电子技术监控设备收集、固定违法事实的，应当经过法制和技术审核，确保电子技术监控设备符合标准、设置合理、标志明显，设置地点应当向社会公布。

电子技术监控设备记录违法事实应当真实、清晰、完整、准确。行政机关应当审核记录内容是否符合要求；未经审核或者经审核不符合要求的，不得作为行政处罚的证据。

行政机关应当及时告知当事人违法事实，并采取信息化手段或者其他措施，为当事人查询、陈述和申辩提供便利。不得限制或者变相限制当事人享有的陈述权、申辩权。

条文注释

本条是关于行政机关利用电子技术监控设备收集、固定违法事实应先遵循配置程序，以及作为定案依据的电子技术监控设备记录必须经依法审核，采取信息化手段等必须履行告知、提供便利及充分保障当事人陈述申辩权的规定。

自1997年开始，交通管理部门在道路上大量使用监控设备以采集超载超限等违法信息，俗称“电子眼警察”。区别于传统的执法模式，“电子眼执法”属于非现场执法模式。目前越来越多的环境保护主管部门也开始以使用电子技术自动监测数据作为认定企业超标排污的证据。《环境行政处罚办法》第36条中规定，环境保护主管部门可以利用技术监控手段收集违法行为证据，经环境保护主管部门认定的有效性数据，可以作为认定违法事实的证据。大数据背景下，利用电子技术监控设备收集信息、固定违法事实的非现场执法模式已成为提高行政效率、减轻执法人员压力的一大趋势。

本条是本次修订新增加的内容，为行政机关利用电子技术监控设备提供了法律依据。电子技术监控设备既有其优势，也存在一定的风险，所以行政机关应当严格依照法律、行政法规规定，规范利用电子技术监控设备。

首先，行政机关使用电子技术监控设备用于收集、固定违法事实的，应先经过法制和技术审核，确保电子技术监控设备符合标准、设置合理、标志明显，且电子监控设置地点应当提前向社会公布。

其次，行政机关应健全监控设备管理制度，明确使用和管理的操作细则，定期排查监控设备的功能状况、设置地点，依法、规范、科学设置监控设备。

再次，行政机关应当对电子技术监控设备记录内容进行严格审核，完善监控记录资料的采集、审核和违法信息录入工作流程，确定专人专职负责审核录入信息，确保记录真实、清晰、完整、准确。未经审核的记录，不得作为行政处罚的证据。此外，利用电子技术监控设备收集个人数据时应注意个人隐私保护，不得私自泄露个人信息，不得泄露商业秘密。

最后，违法信息采集录入后，作出处罚决定前，行政机关应该通过公共信息查询平台、手机短信、电子邮件、电话等信息化手段或其他途径及时告知当事人违法事实，方便当事人查询，以保障当事人陈述和申辩的权利。

适用要点

执法过程中收集的证据（电子技术监控设备取得的证据材料）能否作为刑事诉讼的证据，根据《刑事诉讼法》第54条第2款的规定："行政机关在行政执法和查办案件过程中收集的物证、书证、视听资料、电子数据等证据材料，在刑事诉讼中可以作为证据使用。"上述证据可以作为定案的依据，理由在于行政机关与侦查机关（公安或检察机关等）证据收集方式并无实质区别，且随着时间推延，相关证据收集难度增加或难以再获得实物证据，使用技术侦查和特殊侦查措施，可以使侦查人员获取大量常规侦查措施无法获取的事实和信息。当然，通过上述方式获得的证明材料要作为刑事诉使用，都要适用非法证据排除规则，对证据的合法性进行审查。

关联法规

《道路交通安全违法行为处理程序规定》第15、16、18～20条；《环境行政处罚办法》第36条

案例指引

申广林与晋城市公安局交通警察支队道路行政处罚案①

裁判要旨：行政机关未提供交通技术监控设备检定合格手续、设置地点向社会公布凭证的，使用此类交通技术监控设备收集到的数据记录不得作为行政处罚的依据。

第四十二条　【对行政执法人员的执法要求】行政处罚应当由具有行政执法资格的执法人员实施。执法人员不得少于两人，法律另有规定的除外。

执法人员应当文明执法，尊重和保护当事人合法权益。

条文注释

本条是关于对行政执法人员的执法资格和文明执法要求的规定。

根据本条的规定，代表行政机关实施行政处罚的必须是具有行政执法资格的执法人员，其他人员不得实施。行政执法人员从事执法活动，必须经过执法资格考试。行政执法人员不具有行政执法资格的，其作出的行政调查或行政处罚决定等执法行为将构成违法，当事人提起行政复议或行政诉讼的，行政行为可能因违反法定程序而被撤销或被确认违法。

各省行政执法人员资格考试一般由各省司法厅统一组织，每年举行一次。考试合格的才能取得执法资格证书，并申领行政执法证。执法人员在实施监督、检查、调查等行政执法行为时，须出示行政执法证件表明身份。由于只有直接从事行政执法工作的在编人员才

---

①　山西省高级人民法院(2013)晋行终字第13号。

能申请取得行政执法资格，所以行政执法人员必须是在岗在编的工作人员，合同工、临时工因不能取得执法资格，不能成为执法人员。

本条第1款对参与执法人数亦进行了明确要求，即实施行政处罚的执法人员至少有两人或以上，且需具有行政执法资格。若法律另有规定可以由一人单独执法的，则按照其他法律规定执行。

本条第2款对执法人员应当文明执法提出了要求。虽然关于文明执法的理念早已成为行政执法的应有之义，但这是首次在本法中明确执法人员应文明、规范执法。行政机关及其执法人员文明执法是依法行政的内在要求，文明执法的基本要求是规范化、科学化、人性化。行政处罚代表的是公权力，维护的是行政管理秩序和公共利益，而被处罚对象也依法享有自己的合法权利，应该予以尊重。公权力的行使不能以过度伤害公民权利来实现行政目的，在执法过程中应尊重和保护当事人合法权益。

适用要点

本条虽是新增内容，但是执法人员的人数要求，这在之前的法律条文中已有体现，如《行政强制法》第18条规定："行政机关实施行政强制措施应当遵守下列规定：……（二）由两名以上行政执法人员实施……"《环境行政处罚办法》第28条规定："调查取证时，调查人员不得少于两人，并应当出示中国环境监察证或者其他行政执法证件。"本次修订后的条文，不仅对实施行政检查或调查的执法人员资格进行了明确要求，对参与实施行政处罚的所有程序的执法人员均要求具有行政执法资格。如果两名执法人员中仅其中一人具有执法资格，虽然满足执法人员两人以上的条件，但是因为另一名执法人员没有执法资格，仍然可能构成违法。

关联法规

《行政强制法》第18条；《交通警察道路执勤执法工作规范》第5条；《环境行政处罚办法》第28、59条

案例指引

杨洪与成都市公安局交通管理局第二分局行政处罚案①

裁判要旨：2008 年《交通警察道路执勤执法工作规范》第 5 条规定，交通协管员可以在交通警察指导下承担以下工作："(一)维护道路交通秩序，劝阻违法行为；(二)维护交通事故现场秩序，保护事故现场，抢救受伤人员；(三)进行交通安全宣传；(四)及时报告道路上的交通、治安情况和其他重要情况；(五)接受群众求助。交通协管员不得从事其他执法行为，不得对违法行为人作出行政处罚或者行政强制措施决定。"因此，交通协管员没有独立的执法资格，不得从事其他执法行为，更不得对违法行为人作出行政处罚。

临海市东亚纸业有限公司与临海市人民政府行政处罚案②

裁判要旨：人民政府设立的环境污染整治工作领导小组办公室(以下简称整治办)不具有独立的法人资格，本身不具有环境行政执法主体资格。整治办作出的责令相对人限期停产的通知仅依据省、市关于造纸行业整治提升政策精神和市印染造纸制革化工等行业整治提升方案的要求，未援引相关的法律法规依据，系适用法律法规错误。整治办以自己名义作出责令停产的通知缺乏职权依据。

① 四川省高级人民法院(2017)川行申 224 号。

② 浙江省高级人民法院(2015)浙行终字第 116 号。

第四十三条　【行政执法人员回避制度】执法人员与案件有直接利害关系或者有其他关系可能影响公正执法的，应当回避。

当事人认为执法人员与案件有直接利害关系或者有其他关系可能影响公正执法的，有权申请回避。

当事人提出回避申请的，行政机关应当依法审查，由行政机关负责人决定。决定作出之前，不停止调查。

条文注释

本条是关于执法人员回避情形以及回避决定作出前不停止调查的规定。

回避制度源于英国普通法中自然公正原则，利害关系人必须回避，是各国普遍采用的一项法律原则。我国《公务员法》、《刑事诉讼法》、《行政诉讼法》和《民事诉讼法》中均有关于回避制度的规定。行政回避制度是指，行政主体或执法人员同其所处理的事务有利害关系时，或者有其他关系可能影响公正执法的，应另行指定其他行政主体或执法人员调查、处理该事务的制度。回避制度的主要目的在于保证行政处罚案件能够得到客观、公正的调查、处理，防止偏私，保障公正。行政处罚行为既要保障实体的结果公正，又要保障程序的形式公正。

本次修订对2017年《行政处罚法》第37条第3款规定的回避制度进一步进行了完善。

其一，扩大和细化了回避的情形。一是存在执法人员与案件有直接利害关系或者有其他关系可能影响公正执法情形的，执法人员均应当自行主动回避。二是除执法人员主动回避外，当事人认为执法人员与案件有直接利害关系或者有其他关系可能影响公正执法情形的，也有权申请回避。当事人申请回避应当以书面形式，并说明理由。所谓与本案有直接利害关系，是指执法人员是本案当事人，或者是本案当事人的近亲属，行政处罚结果可能对其权益产生影响。所谓有其他关系，是指上述利害关系之外的关系，如朋友、师生、同学关系等，执法人员可能利用其关系影响对案件的公正处理。

其二,明确对当事人的回避申请应当依法进行审查。当事人提出回避申请后,行政机关应对当事人申请回避的理由依法进行调查核实。经审查,当事人申请回避的理由成立的,应另行指定其他执法人员调查、处理行政事务。

其三,明确规定回避决定作出前,不停止调查或者实施行政处罚。根据该条文规定,当事人申请回避的,审查主体未作出回避决定的,执法人员不得擅自停止调查或者实施行政处罚。

适用要点

执法人员与当事人有直接利害关系的,应履行法定的回避义务,未回避的可能会导致所取得的证据不能作为行政处罚的证据。如该证据是行政处罚的重要依据,则该处罚决定将失去主要事实依据,可能最终会被认定为无效。《行政诉讼法》第70条中规定,具体行政行为违反法定程序的,判决撤销或者部分撤销,并可以判决被告重新作出具体行政行为;《最高人民法院关于行政诉讼证据若干问题的规定》第56条规定:“法庭应当根据案件的具体情况,从以下方面审查证据的真实性:……(四)提供证据的人或者证人与当事人是否具有利害关系……”第57条规定:“下列证据材料不能作为定案依据:(一)严重违反法定程序收集的证据材料……”

本条仅规定了回避的情形,对回避申请审查主体、审查时间未进行明确,亦未对回避决定作出前的行政执法行为效力等问题进行明确。本法虽未明确回避申请的审查主体,根据《刑事诉讼法》、《行政诉讼法》和《民事诉讼法》中关于回避制度的规定的原则和精神,一般行政执法人员的回避应由行政首长决定;行政首长的回避,应由上一级行政机关决定。行政机关对回避申请一般应在3日内审查完毕,并作出相应的口头或书面回避决定,审查期限不宜过长。至于回避决定作出前的行政执法行为是否有效的问题应由行政机关根据情况而定,如不存在徇私舞弊等情形的,之前作出的行为应为有效。

关联法规

《行政诉讼法》第55条;《最高人民法院关于审判人员在诉讼活

动中执行回避制度若干问题的规定》第1、2条;《治安管理处罚法》第81条;《公安机关办理行政案件程序规定》第17、18条;《海关办理行政处罚案件程序规定》第11条

案例指引

赵恩风与济南市公安局历城区分局治安行政处罚案①

裁判要旨:当行政执法人员既是行政处罚案件承办人,又是行政处罚案件的当事人时,可以认定执法人员与案件有直接利害关系。此时执法人员应当自行提出回避申请,其应该回避而未回避的,将导致作出的行政处罚决定程序违法。

第四十四条　【行政机关的告知义务】行政机关在作出行政处罚决定之前,应当告知当事人拟作出的行政处罚内容及事实、理由、依据,并告知当事人依法享有的陈述、申辩、要求听证等权利。

条文注释

本条是关于行政机关作出行政处罚前应履行告知义务的规定。

行政相对人在行政处罚过程中的知情权、参与权和监督权是现代行政法治的一项重要原则。当事人在行政处罚过程中,应当享有的权利可以分为程序性权利与救济性权利。程序性权利包括被告知的权利和辨认身份的权利;救济性权利包括受到损害有获得赔偿的权利、不服行政处罚决定有申请行政复议或者提起行政诉讼的权利。本条涉及的是保障当事人被告知的程序性权利。正当程序原则是最低限度的程序正义要求。

作出行政处罚前的告知义务是行政机关的法定义务,告知程序

① 山东省济南市中级人民法院(2014)济行终字第27号。

是行政处罚的必经程序。当事人享有被告知的权利,即当事人有了解行政机关给予行政处罚的违法事实、证据以及法律依据等情况的权利。事实上,从法律规定的行政处罚程序来看,当事人被告知的权利贯穿于行政处罚的全过程。依照本法规定,未履行告知义务即作出行政处罚的,将因违反法定程序被撤销或被确认为违法行为。

行政机关应履行如下告知义务:一是无论是适用简易程序还是适用普通程序,行政机关在作出行政处罚决定前,应告知当事人拟作出的行政处罚内容及行为人违法事实,给予行政处罚的理由,实施行政处罚依据的法律、法规。二是行政机关在作出行政处罚决定前,应告知当事人依法享有的陈述、申辩、要求听证等权利。无论是适用简易程序,还是适用普通程序,当事人都享有陈述权和申辩权,行政机关均应履行告知义务,并听取当事人的陈述和申辩意见。本次修订本条文的重要变化是对当事人享有的权利进行了列举,并且特别列明当事人享有听证权,行政机关在作出处罚决定前应告知当事人有要求听证的权利。行政机关告知听证权后,当事人要求听证的,是否组织听证由行政机关根据案件需要决定。但如果是属于本法第63条规定的重大、复杂行政处罚案件,当事人收到听证告知书后要求听证的,行政机关必须组织听证。

适用要点

由于行政处罚具有很强的惩戒性、强制性和制裁性,故《行政处罚法》要求行政机关作出行政处罚必须严格按照法律规定的权限、适用情形和履行必要的程序方能实施行政处罚,同时赋予当事人多项权利以保护自己的合法权益不受侵犯,这也是对行政机关依法行政的有效监督。当事人在行政处罚中,享有以下权利:(1)知情权。本条规定的行政机关在作出行政处罚决定之前,应当告知当事人拟作出的行政处罚内容及事实、理由、依据,并告知当事人依法享有的权利,否则依据本法第62条规定,行政机关及其执法人员未保障当事人该项权利的,不得作出行政处罚决定。(2)陈述、申辩权。本法第7条第1款规定,公民、法人或者其他组织对行政机关所给予的行政处罚,享有陈述权、申辩权。行政机关依据本法第45条的规定必须听取当事人陈述、申辩,否则依据本法第62条规定,行政机关及其执法人员不得作出行政处罚决定。(3)申请听证的权利。听证程序是行政处罚法中一项重要的程序,申请听证亦是当事人享有的一项重要权利,当事人可以通过该程序充分发表意见并提供证据材料。本法第63条明确规定了行政机关适用听证程序的行政处罚种类。(4)申请行政复议和提起行政诉讼的权利。根据本法第7条第1款的规定,行政当事人对行政机关作出的行政处罚决定不服的,有权依申请复议或者提起行政诉讼。本法通过各相关条款规定了行政机关应告知当事人复议、诉讼的权利,在处罚决定书中载明复议、诉讼的途径,期限和机关。《行政复议法》和《行政诉讼法》对此作出专门的规定。(5)请求行政赔偿的权利。根据本法第7条第2款,当事人因行政机关违法给予行政处罚受到损害的,有权依法提出赔偿要求。《国家赔偿法》对此作出专门的规定。

本条规定的当事人的知情权和陈述权、申辩权是重要的基础权利,是行政机关依法处罚的基础和保障。而当事人陈述权、申辩权的行使,贯穿于行政处罚全过程,适用于一切行政处罚案件。本法第44、45、62~64条均是对当事人在行政处罚中享有的程序性权利保障的规定。其中第44条规定的是行政机关履行告知义务时应在告知书中列明的告知事项和当事人在行政处罚中应享有的权利,第45、62~64条则是对当事人享有陈述权、申辩权、听证权的落实和保障的具体规定。

关联法规

《治安管理处罚法》第94条;《公安机关办理行政案件程序规定》第167条

案例指引

黄泽富、何伯琼、何熠与四川省成都市金堂工商行政管理局行政处罚案①

裁判要旨：当事人有了解行政机关给予行政处罚的违法事实、证据以及法律依据等情况的权利，行政机关对行政相对人作出没收较大数额涉案财产的行政处罚决定时，未告知当事人有要求举行听证的权利或者未依法举行听证的，人民法院应当认定该行政处罚决定违反法定程序。

朱伟与甘肃省白银市公安局、甘肃省白银市人民政府行政处罚及行政复议案②

裁判要旨：行政机关在已知相对人联系方式、地址，且尚无有效证据证明其在无法履行告知义务的情况下，迳行以公告方式送达行政处罚告知书，不符合法定程序。同时，行政机关在公告中告知相对人享有陈述权和申辩权，该权利告知方式未能通过更有效送达方式让相对人知晓，变相致使相对人不能及时行使陈述权和申辩权，不利于对行政相对人合法权益的保护。

第四十五条　【当事人的陈述权和申辩权】当事人有权进行陈述和申辩。行政机关必须充分听取当事人的意见，对当事人提出的事实、理由和证据，应当进行复核；当事人提出的事实、理由或者证据成立的，行政机关应当采纳。

行政机关不得因当事人陈述、申辩而给予更重的处罚。

---

① 四川省成都市中级人民法院成行终字第228号。

② 兰州铁路运输法院（2020）甘7101行初113号。

条文注释

本条是关于保障当事人陈述权和申辩权的规定。

陈述权和申辩权是当事人享有的重要权利,当事人有权为自己的行为进行陈述、说明、解释和辩解。行政处罚应遵循公开公正原则,保障当事人行使陈述权和申辩权是行政处罚程序正当的要求。行政机关在作出行政处罚决定之前,应当给予当事人陈述意见和申辩的机会,特别是行政处罚决定会对当事人产生不利影响时,不能片面认定事实,必须听取当事人的意见,保障当事人行使陈述权和申辩权。

一是当事人在行政处罚决定作出前的任何阶段均享有陈述权和申辩权。陈述,是指当事人说明自己对行政处罚的意见和看法,同时也可以提出有利于自己的主张和证据。申辩,是指当事人进行辩解,反驳对方不利于自己的意见和证据。

二是行政机关必须充分听取当事人的意见。听取当事人的陈述和申辩是行政机关必须履行的法定义务。在适用简易程序时,执法人员当场作出行政处罚决定之前,应听取当事人对事实的陈述与申辩,以及当事人对行政处罚的意见。在适用普通程序时,执法人员告知当事人即将作出的行政处罚的事实、法定依据和处罚决定等内容后,必须听取当事人对事实的陈述与申辩,对当事人的陈述和申辩应当制作笔录,由执法人员和当事人签名或者盖章。笔录是行政机关作出行政处罚决定的依据之一。未经当事人陈述和申辩,行政机关不得给予当事人任何行政处罚。如果当事人明确放弃陈述权、申辩权的,或者以其行为表示放弃的,行政机关可以不听取当事人的陈述和申辩直接作出行政处罚决定。

三是行政机关对当事人提出的事实、理由和证据,应当进行全面复核。当事人提出的事实、理由或者证据经行政机关复核成立的,应当予以采纳。当事人提出事实、理由和证据,既包括其是否有违法行为、是否应受到行政处罚的事实、理由和证据,也包括其违法行为情节较轻、应受较轻处罚的事实、理由和证据。

四是行政机关不得因当事人陈述、申辩而给予更重的处罚。当事人作出违法行为后,无论其是否积极配合调查,陈述、申辩意见是否合理充分,行政机关均不得因为当事人为自己陈述、申辩而随意加重处罚。

适用要点

“陈述权”,是指当事人就行政机关据以作出行政处罚所涉及的相关事实向行政机关进行陈述的权利。“申辩权”,是指当事人对行政机关提出的对其不利的指控,依据其所掌握的证据、了解的事实并依据相关法律规定,向行政机关提出抗辩和反驳,以消灭或减轻行政机关对其不利的指控的权利。当事人享有的陈述权、申辩权与当事人享有的知情权、听证权、救济权一样都属于行政处罚中的程序性权利,是行政处罚程序中最主要、最基本的权利。按照程序正义的理念要求,该权利的正确行使对当事人具有重要意义,行政机关及其执法人员必须给予充分尊重和保障。对于当事人提出的事实、理由和证据,行政机关及其执法人员有职责和义务进行复核,当事人提出的事实、理由或者证据能够依法成立的,应当予以采纳,更不得因当事人陈述、申辩而滥用行政职权加重对当事人的处罚,否则将会导致行政处罚决定无法发挥其正常的惩治效果。

行政机关及其执法人员应从以下几方面保障当事人的陈述权、申辩权:一是在告知程序中明确告知权利,可在告知书中特别提醒当事人应在一定期限内进行陈述或提交相应证据材料。若当事人口头陈述、申辩的,执法人员应制作笔录,如实记录当事人意见,并由当事人签字确认。若当事人表示提交书面意见的,应告知其提交书面意见的途径和接收方式。二是对当事人的陈述、申辩意见进行实质性复核,全面核实当事人提出的事实、理由和证据是否成立。复核结束应出具书面意见,不予采纳当事人意见、证据的应说明理由。

特别需要说明的是,陈述和申辩是当事人享有的重要程序性权利,剥夺当事人陈述权、申辩权,或者未为当事人行使权利提供保障的,当事人在收到行政机关作出的行政处罚决定后可申请行政复议或提起行政诉讼,要求撤销行政处罚或确认行政处罚违法。

关联法规

《治安管理处罚法》第94条

案例指引

倪文革与上海市公安局静安分局交通警察支队行政处罚决定案①

裁判要旨：行政机关在作出处罚之前，告知当事人拟作出行政处罚决定的事实、理由及依据，并听取当事人的陈述和申辩，是行政处罚的法定程序。行政处罚事先告知笔录的时间与作出处罚决定是在同一天的，当事人有理由怀疑行政机关是先对其作出了行政处罚决定，而后才对其进行告知。行政机关不能举证证明其在作出处罚决定之前告知并听取当事人陈述和申辩的，该行政处罚行为因程序违法而应予以撤销。

济南闽隆经贸有限公司与济南槐荫区食品药品监督管理局行政处罚案②

裁判要旨：行政机关履行告知和听取当事人陈述和申辩的职责，并在听取当事人陈述、申辩的基础上，经过自由裁量对处罚种类进行调整，虽然案涉行政处罚决定书罚款数额在行政处罚事先告知书确定的基础上有所下调，但这是行政机关在听取当事人的陈述、申辩之后，经过自由裁量，作出较之前更轻的行政处罚，陈述、申辩权利的意义已经实现，且该处罚决定书中认定的违法事实、采信的证据、处罚的种类和幅度以及法律适用均没有改变，保障了行政相对人权利的行使，不能认定行政机关没有告知相对人处罚内容，程序违法。

① 上海市第二中级人民法院（2001）沪二中行终字第62号。

② 山东省济南市槐荫区人民法院（2018）鲁0104行初10号。

汉寿县肖家湾环保砖厂与湖南省汉寿县人民政府取缔关闭砖厂行政处罚、强制拆除砖厂行政强制执行及行政赔偿案①

裁判要旨：在行政处罚程序中，行政机关没有证据证明其在行政处罚过程中听取当事人的陈述、申辩，也没有证据证明其告知当事人申请行政复议、提起行政诉讼的权利和期限的，应认定该行政处罚违反法定程序，应予撤销或确认违法。

第四十六条 【证据的种类及适用规则】证据包括：

（一）书证；

（二）物证；

（三）视听资料；

（四）电子数据；

（五）证人证言；

（六）当事人的陈述；

（七）鉴定意见；

（八）勘验笔录、现场笔录。

证据必须经查证属实，方可作为认定案件事实的根据。

以非法手段取得的证据，不得作为认定案件事实的根据。

条文注释

本条是关于行政处罚证据的种类及适用规则的规定。

行政处罚证据，是指能够证明行政违法案件真实情况的客观事实。证据是查明案件事实的重要手段，在行政处罚中，证据就是行政处罚机关依法作出行政处罚决定、实施具体行政行为的事实根据。

① 最高人民法院(2019)最高法行申10067号。

1. 证据的种类

(1)书证。书证,是指以文字、符号、图形所记录或者表达的思想内容,证明案件事实的书面材料。书证是最常见、最重要的证据形式。

(2)物证。物证,是指用外形、特征、质量、属性等说明部分或者全部的案件事实的物品。物证具有较强的客观性、特定性和不可替代性。

(3)视听资料。视听资料,是指运用录音、录像等科学技术手段记录下来的音像资料。

(4)电子数据。电子数据,是指以数字化形式存储、处理、传输的数据。随着电子技术特别是计算机和互联网技术的发展,电子数据在行政处罚中发挥的作用也越来越大。

(5)证人证言。证人证言,是指证人以口头或者书面方式就自己所了解的案件事实向行政机关作出的陈述。

(6)当事人的陈述。当事人的陈述,是指当事人就自己所经历的案件事实,向执法人员所作的叙述。

(7)鉴定意见。鉴定意见,是指鉴定机构或者人民法院指定具有专门知识或者技能的人,对行政案件中出现的专门性问题,通过分析、检验、鉴别等方式作出的书面意见。

(8)勘验笔录、现场笔录。勘验笔录,是指执法人员对能够证明案件事实的物证就地进行分析、检验、勘查后作出的记录。现场笔录,是指行政机关对行政违法行为当场处理而制作的书面材料。勘验笔录是对现场或物品静态的全面综合的勘查、检验记录,而现场笔录着重于对执法过程和处理结果的记录。

2. 证据的适用规则

证据是查明事实、分清是非的基础,是依法执法、公正执法的基石与保障。证据制度是行政处罚程序的核心制度。只有依照法律、法规和行政规章规定的程序收集并查证属实的证据材料,才能作为行政处罚认定案件事实的证据。

(1)证据必须查证属实

行政机关应全面、客观、公正地调查、收集证据,从客观存在的证据材料出发，根据不同证据种类的特点，实事求是地进行分析，甄别真伪。未经查证属实的证据材料，不得作为认定案件事实的根据。

(2)调查、收集证据需符合法定程序

行政执法人员在调查、收集证据过程中应依照法定程序进行。未按法定程序调查、收集的，即以非法手段取得的证据，不能作为行政处罚的证据。

适用要点

本条是此次修订新增加的内容，本法首次对证据的种类进行列举，并对证据的适用规则进行明确。该条文列举的证据种类共有八种，这与《行政诉讼法》第33条第1款规定的证据种类保持一致。相较于传统证据分类，本法与《行政诉讼法》一样将电子证据作为证据类型的一种。

根据《最高人民法院关于适用〈中华人民共和国行政诉讼法〉的解释》第43条的规定，具有下列情形之一的，应认定为以非法手段取得的证据：(1)严重违反法定程序收集的证据材料；(2)以违反法律强制性规定的手段获取且侵害他人合法权益的证据材料；(3)以利诱、欺诈、胁迫、暴力等手段获取的证据材料。根据非法证据排除原则，以非法手段取得的证据，即使是能够证明违法行为存在的关键证据，也不得作为认定案件事实的根据。

程序合法是依法行政的必然要求，证据的收集要严格依照法定的程序。笔录是行政机关在作出具体行政行为时就有关事项当场所作的记载。根据《最高人民法院关于行政诉讼证据若干问题的规定》第15条的规定，笔录一般要载明时间、地点和事件等内容，并由执法人员和当事人签名。当事人拒绝签名或者不能签名的，执法人员应当注明原因。现场笔录在证据中属于优势证据，所以行政机关在制作现场笔录的时候一定要现场制作，仔细审慎，从客观的角度记录事实，事后补做的笔录不能作为定案依据。当事人拒绝签名或者不能签名的，应当注明原因。有其他人在现场的，可由其他人签名。若当事人拒绝在笔录上签名，制作笔录的行政机关没有在笔录上注明原因,现场也没有见证人在笔录上签名的话,严格来讲,此类笔录不符合法律规定,是瑕疵证据,根据瑕疵证据作出的处罚决定面临被法院撤销或者确认违法的风险。

行政机关在收集证据的过程中,使用"执法圈套"取证一直是比较有争议性的问题。"执法圈套",就是行政机关通过采用利诱性手段或者设下圈套,诱使行政相对人实施违法行为,从而收集有关证明该行为违法的证据,并以此为依据作出行政决定。这种执法方式本质上严重扰乱了行政管理的秩序,在行政机关的取证活动中不可取。

关联法规

《行政诉讼法》第 33 条;《最高人民法院关于适用〈中华人民共和国行政诉讼法〉的解释》第 43 条;《最高人民法院关于行政诉讼证据若干问题的规定》

案例指引

唐继云与遂宁市交通运输局道路运输管理处道路运输行政处罚案①

裁判要旨:行政机关执法人员在调查或者进行检查时,对当事人或者有关人员的询问须有两名以上执法人员共同参与,对当事人分别询问时,不能只由一名执法人员参加,否则属调查程序违法。

第四十七条　【行政执法全过程记录制度】行政机关应当依法以文字、音像等形式,对行政处罚的启动、调查取证、审核、决定、送达、执行等进行全过程记录,归档保存。

① 四川省遂宁市中级人民法院(2019)川 09 行终 63 号。

条文注释

本条是关于行政执法全过程记录制度的规定。

行政执法全过程记录制度是本次修订新增的制度，是行政机关改革中的一项重要制度。

行政执法全过程记录制度，是指行政机关依法通过文字、音像等形式，对行政执法过程中执法程序启动、调查取证、审核、决定、送达、执行等全过程进行跟踪记录，实时留痕，并全面系统归档保存，做到执法全过程留痕和可回溯管理。行政执法全过程记录制度是促使行政机关合法有效执法、维护执法人员和行政相对人的合法权益的保证。行政处罚程序中做到执法过程全记录需符合以下几项要求：

一是完善文字记录及规范行政处罚文书格式。文字记录是以纸质文件或电子文件形式对行政执法活动进行全过程记录的方式。行政机关要严格按照执法文书的要求规范制作，对行政处罚的重要事项和关键环节做到记录合法规范、客观全面、及时准确。

二是规范音像记录。音像记录是通过照相机、录音机、摄像机、执法记录仪、视频监控等记录设备，实时对行政执法过程进行记录的方式。根据《国务院办公厅关于全面推行行政执法公示制度执法全过程记录制度重大执法决定法制审核制度的指导意见》要求，查封扣押财产、强制拆除等直接涉及人身自由、生命健康、重大财产权益的现场执法活动和执法办案场所，行政机关应当推行全程音像记录；对现场执法、调查取证、举行听证、留置送达和公告送达等容易引发争议的行政执法过程，则应根据实际情况进行音像记录。

三是严格记录归档，发挥记录作用。行政机关应推行执法全过程记录信息化建设，加强对台账和法律文书的制作管理，执法过程中形成的文字、音像记录资料应严格按照有关法律、法规和档案管理规定归档保存，确保所有执法行为有据可查。

适用要点

《国务院办公厅关于全面推行行政执法公示制度执法全过程记录制度重大执法决定法制审核制度的指导意见》要求各级行政执法

机关全面推行“三项制度”(包括行政执法公示制度、执法全过程记录制度、重大执法决定法制审核制度),在行政处罚、行政强制、行政检查、行政征收征用、行政许可等行政执法活动中有效规范行政行为。但该意见的内容多是一些原则性规定和总体要求,具体实施细节还需要行政机关根据行政执法行为的类别、阶段等不同情况,具体明确记录的内容和方式,以及对文字、音像记录的存储、使用和管理等内容予以明确。各级行政机关为落实“三项制度”,专门制定了相应的实施方案或配套办法。例如,住房和城乡建设部印发了《全面推行行政执法公示制度执法全过程记录制度重大执法决定法制审核制度实施方案》,规定有效运用记录,充分发挥全过程记录信息对案卷评查、执法监督、评议考核、舆情应对、行政决策和健全社会信用体系等工作的积极作用。对记录信息进行统计分析,总结典型案例,发现和改进行政执法薄弱环节,依法公正维护执法人员和行政相对人的合法权益。建立健全记录信息调阅监督制度。再如,江苏省人民政府印发了《江苏省全面推行行政执法公示制度执法全过程记录制度重大执法决定法制审核制度实施方案》。实践中,适用本条文规定时,还要结合各级行政机关相应的具体规定。

关联法规

《城市管理执法办法》第 28 条;《推行行政执法公示制度执法全过程记录制度重大执法决定法制审核制度试点工作方案》;《国务院办公厅关于全面推行行政执法公示制度执法全过程记录制度重大执法决定法制审核制度的指导意见》;《全面推行行政执法公示制度执法全过程记录制度重大执法决定法制审核制度实施方案》;《江苏省全面推行行政执法公示制度执法全过程记录制度重大执法决定法制审核制度实施方案》

案例指引

陈莉与徐州市泉山区城市管理局行政处罚案①

裁判要旨：行政处罚关系到相对人权利的减损或义务的增加，所以应当合法合情地作出决定。行政机关应当通过文字或音像等形式记录处罚全过程并归档保存，确保所有执法行为有据可查。

第四十八条 【行政处罚决定信息公开】具有一定社会影响的行政处罚决定应当依法公开。

公开的行政处罚决定被依法变更、撤销、确认违法或者确认无效的，行政机关应当在三日内撤回行政处罚决定信息并公开说明理由。

条文注释

本条是关于行政处罚决定信息依法公开的规定。

行政处罚决定公开属于全面推行行政执法公示制度的一项重要内容。向社会公开行政处罚信息，有利于督促行政机关依法行政，是提高行政执法透明度、增强行政执法公信力的重要保障。

行政执法公开制度包含三个层面的公开，分别是事前公开、事中公开和事后公开。本条规定的行政处罚决定公开属于事后公开。行政处罚决定公开制度主要包含以下两个方面的内容：

一是具有一定社会影响的行政处罚决定信息应依法及时公开。行政处罚决定公开包含执法主体、执法对象、违法事实、作出行政处罚决定的日期、处罚结论的公开以及其他应当公开的信息。行政机关应遵循“准确及时、便民高效”原则，以公开为常态，以不公开为例外。资源环境、市场监管、食品药品安全、安全生产、交通运输等社会

① 参见《最高人民法院公报》2003年第6期。

关注度比较高的行政处罚信息更应当依法主动公开。行政机关可以主动公开行政处罚决定书的摘要信息，也可以主动公开行政处罚决定书的全文。根据《国务院办公厅关于全面推行行政执法公示制度执法全过程记录制度重大执法决定法制审核制度的指导意见》的规定，行政处罚的执法决定信息应在处罚决定作出之日起7个工作日内公开，接受社会监督，但法律、行政法规另有规定的除外。行政处罚内容涉及国家秘密、商业秘密、个人隐私信息，损害国家政治、经济安全，影响社会稳定的，应排除在公开范围之外。目前，行政机关已基本建立了统一的信息公示平台，多数省级机关在全省范围内制定了统一的信息公开制度，对公开的主体、内容、标准、方式和程序进行了细化和明确。

二是行政机关应健全处罚决定信息公开发布、撤销和更新机制。为保证公示信息的准确性和指导性，行政机关发现已公开的行政处罚决定被依法变更、撤销、确认违法或者确认无效的，应在3日内向信息公示平台撤回处罚决定等相关信息，并公开说明撤回的理由。

适用要点

《政府信息公开条例》第20条规定，行政机关应当主动公开包含实施行政处罚、行政强制的依据、条件、程序以及行政机关认为具有一定社会影响的行政处罚决定等在内的15类信息。本法此次修改增加了本条规定，是对行政执法公示制度改革在法律层面的确认。根据本条规定，具有一定社会影响的行政处罚决定应当依法公开，除此之外的行政处罚决定则未作强制性规定。何为具有一定社会影响的行政处罚决定，目前尚无明确意见，有待在司法实践和行政实践中进一步明确。一般认为，适用普通程序作出的行政处罚决定属于具有一定社会影响的行政处罚决定。也有学者建议行政处罚决定应全部纳入公开范围，除涉及国家秘密、商业秘密或个人隐私的处罚决定外，无论是否属于具有一定社会影响，均应公开。

关联法规

《政府信息公开条例》第20条；《国务院办公厅关于全面推行行

政执法公示制度执法全过程记录制度重大执法决定法制审核制度的指导意见》

第四十九条 【重大突发事件从快处理、从重处罚】发生重大传染病疫情等突发事件，为了控制、减轻和消除突发事件引起的社会危害，行政机关对违反突发事件应对措施的行为，依法快速、从重处罚。

条文注释

本条是关于发生重大传染病疫情等突发事件，行政机关从快处理、从重处罚的规定。

本条是本次法律修订新增加的内容，首次对发生重大传染病疫情等突发事件，行政机关从快处理、从重处罚进行了明确规定，为行政机关控制、减轻和消除突发事件引起的社会危害，对违反突发事件应对措施的违法行为进行从快处理、从重处罚提供了法律依据。

从快处理，是指在行政执法工作中，对与重大传染病疫情等突发事件有关的违法案件要优先加快处理，尽力缩短案件办理时间，切实提高办案效率。具体可以从以下几方面提高对违法案件的处理效率：(1)可以简化立案流程，对于核查符合立案条件的，经行政机关负责人口头批准后，可以当场立案、当场调查取证；(2)在不违反法律、行政法规的情况下，可以根据需要简化听证程序，引导听证参加人选择网上视频、电话、提交证据材料等便捷听证方式参与听证；(3)压缩办案时限，压缩核查时限，简化集体讨论方式；(4)积极运用电子送达、在线听取当事人陈述和申辩等简便迅捷的方式；(5)灵活高效送达，除行政处罚决定书外，经受送达人同意，可以采用电子方式送达执法文书，并通过拍照、截屏、录音等予以记录。

从重处罚，是指对违反重大传染病疫情等突发事件管理秩序的违法行为，考虑到其特殊危害性，在依法可以选择的处罚种类和处罚幅度内，适用较重、较多的处罚种类或者较高的处罚幅度。例如，非法交易野生动物及其制品、制假售假口罩等防护用品等违法行为，在依法可以选择的处罚种类和处罚幅度内顶格处罚。

适用要点

针对违反行政管理秩序的行为，行政机关在适用本条规定依法从快处理、从重处罚时，要特别注意两个前提条件：一是已经发生重大传染病疫情或突发事件，严重影响公众健康，行政机关为了控制、减轻和消除突发事件引起的社会危害而采取了相应的积极应对措施，但行政相对人拒不配合、拒不执行，违反了行政管理秩序，应受到相应的行政处罚。二是必须坚持法治原则。行政机关在坚持依法办案的前提下，在依法可以选择的处罚种类和处罚幅度内，适用较重、较多的处罚种类或者较高的处罚幅度进行处罚，其中罚款的数额应当为从最低限到最高限这一幅度中较高的30%部分。

关联法规

《传染病防治法》；《治安管理处罚法》；《突发公共卫生事件应急条例》；《突发事件应对法》

案例指引

邓军生与中山市公安局、中山市人民政府行政处罚决定及行政复议决定案①

裁判要旨：在发生重大传染病疫情期间，对于事实清楚、情节严重的违法行为可依法快速、从重作出行政处罚。

第五十条　【保护国家秘密、商业秘密或者个人隐私义务】行政机关及其工作人员对实施行政处罚过程中知悉的国家秘密、商业秘密或者个人隐私，应当依法予以保密。

① 广东省中山市第一人民法院（2020）粤2071行初311号。

条文注释

本条是关于行政机关及其工作人员在行政处罚过程中对获悉的国家秘密、商业秘密或者个人隐私具有保护义务的规定。

在实施行政处罚过程中，行政机关及其工作人员往往更容易获知国家秘密和获得作为行政相对人的法人或者其他组织的商业秘密或者个人隐私。这就要求行政机关及其工作人员要严格保守秘密，不能失密泄密，更不能以密谋私。

根据本条规定，执法人员的保密义务客体包括国家秘密、商业秘密和个人隐私三种。对于上述秘密，行政机关及其工作人员应当履行保密义务，不得遗失、泄露。

国家秘密，是指关系国家安全和利益，依照法定程序确定，在一定时间内只限一定范围人员知悉的事项。保守国家秘密是一切国家机关、武装力量、政党、社会团体、企事业单位和公民的基本义务，更是对行政机关及其工作人员忠于党、忠于国家、忠于人民的要求，《保守国家秘密法》和《公务员法》均对保守国家秘密作出了明确规定。

商业秘密，是指不为公众所知悉，能为权利人带来经济利益，具有实用性并经权利人采取保密措施的技术信息和经营信息。保护商业秘密的一个重要方面就是要求行政机关对其获得的行政相对人的商业秘密予以保密，防止其他行政相对人获得、使用和泄露。我国许多涉及行政管理的法律都明确规定行政机关有保守当事人的商业秘密的义务。行政机关或者其工作人员泄露或者许可他人使用相对人的商业秘密，给相对人造成损失的，受害人依法有权请求国家赔偿。构成犯罪的，还将承担相应的刑事责任。

个人隐私，是指个人生活中不愿公开或者不愿为他人知悉的秘密或个人信息。隐私权是自然人享有的对其个人的、与公共利益无关的个人信息、私人活动和私有领域进行支配的一种人格权，我国法律、法规早已确定个人隐私保护原则。保护个人隐私，要求行政机关及其工作人员在执法过程中，注重对在案件调查处理过程中获知的自然人姓名、出生日期、身份证件号码、个人生物识别信息、住址、电话号码等信息予以保密。

适用要点

关于国家秘密、商业秘密和个人隐私应受保护的问题，在本法多个条文中均有体现，贯穿于行政处罚的全过程。保守国家秘密、商业秘密或者个人隐私是行政机关及其工作人员的一项基本义务。根据本条的规定，行政机关及执法人员在行政调查和检查过程中，对涉及国家秘密、商业秘密、个人隐私的证据，在收集、保管和运用时应严格遵循案件调查需要，对其知悉的国家秘密、商业秘密和个人隐私应予保护，将知悉的秘密限定在最小范围，不得私自泄露、公开或以密谋私；涉及国家秘密、商业秘密或者个人隐私，依法应予以保密的，听证一律不公开进行；行政处罚决定涉及国家秘密、商业秘密或者个人隐私的，不得公开行政处罚决定信息。

依据《保守国家秘密法》第 9 条以及第 48 条的规定，执法人员特别需要注意的是，在微信办公日趋发展的情况下，在用手机、笔记本电脑等移动端紧急传达、汇报工作时务必注意相关内容是否涉及国家秘密。关于“个人隐私”的内涵和边界，目前学术界存在争论，个人信息资料不完全属于隐私的范畴。但在行政案件办理中，执法部门和执法人员获取的关于自然人的信息通常不涉及隐私权中敏感隐私的实际情况，本条规定的个人隐私保护在实践中亦主要通过保护个人信息来实现，具体可参照《网络安全法》对“个人信息”的界定。在执法实践中，执法人员应注重对在案件调查过程中获知的自然人姓名、出生日期、身份证件号码、个人生物识别信息、住址、电话号码等信息的保密。

关联法规

《公务员法》第 14 条；《保守国家秘密法》第 3、9、48 条；《政府信息公开条例》第 14、15 条；《市场监督管理行政处罚程序暂行规定》第 18 条；《网络安全法》第 45 条

案例指引

杨志龙与曲靖市麒麟区市场监督管理局
质量监督检验检疫行政管理案①

裁判要旨：行政处罚决定书可能涉及行政相对人的商业秘密或者个人隐私，甚至可能是国家秘密，因此行政机关在决定公开前应当对行政处罚决定书进行必要的审查，否则，可能造成依法不能公开的政府信息予以公开，将可能承担法律责任。

第二节　简易程序

第五十一条　【行政机关当场处罚】违法事实确凿并有法定依据，对公民处以二百元以下、对法人或者其他组织处以三千元以下罚款或者警告的行政处罚的，可以当场作出行政处罚决定。法律另有规定的，从其规定。

条文注释

本条是关于行政机关可以当场作出行政处罚决定的规定。

当场处罚，是指行政机关适用简易程序，对事实清楚、情节简单、后果轻微的行政违法行为给予当场处罚的行政行为。对部分案件正确适用简易程序实施当场处罚，将大大提高行政效率，促进节约社会管理成本。

实施当场处罚须满足特定的条件，具体如下：

一是违法事实确凿。当事人确有违法事实，并且能够证明当事人具有违法行为的证据确实清楚、充分，无须进一步调查取证的，执法人员可以适用简易程序，当场作出处罚决定。对违法事实没有查

① 云南省曲靖市中级人民法院(2018)云03行终43号。

清或证据不足的，不得给予行政处罚。

二是有法定依据。法律、行政法规、地方性法规、规章均可作为行政处罚的依据，没有法定依据的，行政机关不得进行行政处罚。

三是符合本法规定的行政处罚的种类和幅度。可以当场作出决定的行政处罚的种类仅限于罚款和警告，除此之外，行政机关不得当场作出处罚决定。同时，当场作出决定的行政处罚还必须符合法定幅度。此次修订后的条文将对公民个人当场处罚的罚款数额从50元以下提高到200元以下，对法人或其他组织当场处罚的罚款数额从1000元以下提高到3000元以下。即行政机关只能在200元限额内对公民个人当场作出罚款决定，只能在3000元限额内对法人或者其他组织当场作出罚款决定，超出法定限额的，不得当场作出处罚决定。

与普通程序相比，当场处罚程序最大的特点是没有固定证据的要求，其遵循的步骤、方式比较简单，程序更加简化。现场执法人员对违法事实、适用法律进行综合评估后，认为符合当场处罚条件的，可以当场作出处罚决定。认为不符合当场处罚条件或者还需要进一步调查取证的，应当适用普通程序，全面、客观、公正地调查、收集有关证据；必要时，依照法律、法规的规定，还可以进行检查。

当然，无论是简易程序还是普通程序，当事人均享有陈述权和申辩权。当事人对当场作出的行政处罚决定不服的，可以依法申请行政复议或者提起行政诉讼。

适用要点

适用本条规定时，应注意关于当场作出处罚决定是否等于现场立即作出行政处罚的争论。本条中的“当场”主要是指执法人员查明违法事实后，且符合简易程序标准的，执法人员可以直接作出处罚决定，无须经行政机关负责人、集体讨论等程序。理论界也有观点认为，当场不等于现场，实施行政处罚时，当场作出的处罚决定并不一定必须在案发现场或案发当天作出。根据《现代汉语词典》（商务印书馆第7版），“当场”的含义为“就在那个地方和那个时候”，结合词语的本义及本法的其他条文内容，本条中的“当场”应理解为“现场”更为妥帖。

同时,本条还规定,“法律另有规定的,从其规定”。《道路交通安全违法行为处理程序规定》第43条第1款规定:“对违法行为人处以警告或者二百元以下罚款的,可以适用简易程序。”同时第44条规定:“适用简易程序处罚的,可以由一名交通警察作出,并应当按照下列程序实施:(一)口头告知违法行为人违法行为的基本事实、拟作出的行政处罚、依据及其依法享有的权利;(二)听取违法行为人的陈述和申辩,违法行为人提出的事实、理由或者证据成立的,应当采纳;(三)制作简易程序处罚决定书;(四)处罚决定书应当由被处罚人签名、交通警察签名或者盖章,并加盖公安机关交通管理部门印章;被处罚人拒绝签名的,交通警察应当在处罚决定书上注明;(五)处罚决定书应当当场交付被处罚人;被处罚人拒收的,由交通警察在处罚决定书上注明,即为送达。交通警察应当在二日内将简易程序处罚决定书报所属公安机关交通管理部门备案。”即在道路交通管理领域,公安机关适用简易程序作出行政处罚的,可以由一名警察作出。这是因为在交通管理领域,交通违法行为多发频发,基层执法人员管辖范围广,而人力资源相对薄弱,对于一些违法事实确凿的案件应采取更加简化的操作方式,从而节约行政资源。即使采用更为简便的行政处罚程序,同样也需要保障当事人的知情权、陈述权、申辩权等权利,遵循相应的法定程序。

关联法规

《治安管理处罚法》第100、101条;《道路交通安全违法行为处理程序规定》第43、44条

案例指引

廖宗荣与重庆市公安局交通管理局第二支队道路交通管理行政处罚决定案①

裁判要旨:当场给予行政相对人罚款200元的行政处罚时,可以适用简易程序,由一名交通警察实施。

① 参见《最高人民法院公报》2007年第1期。

第五十二条　【行政机关当场处罚需履行法定手续】执法人员当场作出行政处罚决定的，应当向当事人出示执法证件，填写预定格式、编有号码的行政处罚决定书，并当场交付当事人。当事人拒绝签收的，应当在行政处罚决定书上注明。

前款规定的行政处罚决定书应当载明当事人的违法行为，行政处罚的种类和依据、罚款数额、时间、地点，申请行政复议、提起行政诉讼的途径和期限以及行政机关名称，并由执法人员签名或者盖章。

执法人员当场作出的行政处罚决定，应当报所属行政机关备案。

条文注释

本条是关于行政机关当场作出行政处罚决定需履行法定手续的规定。

执法人员当场作出行政处罚决定的，应当遵循一定的程序，并依法履行法定手续。

(1)向违法行为人表明执法身份。了解执法人员的执法身份，是当事人应有的权利。执法人员对当事人当场作出行政处罚决定时，必须向当事人出示其合法的执法身份证件，表明其执法身份和执法的合法性。执法身份证件包括专门的执法资格证以及工作证等，不能以穿着的制服代替出示执法证件。

(2)收集证据并听取陈述和申辩。执法人员根据现场实际情况，收集证明违法行为的证据，口头告知拟作出行政处罚决定的事实、理由和依据，告知当事人享有陈述权、申辩权。执法人员应充分听取当事人的陈述和申辩意见，当事人提出的事实、理由或者证据成立的，应当采纳。

(3)填写并交付当场处罚决定书。对当场处罚使用的行政处罚决定书，应当有预定的格式、编有号码。行政处罚决定书中必须载明相关事项，主要包括：当事人的姓名或者法人名称、住所，违法行为的事实、情节，行政处罚的种类和依据，罚款数额、时间、地点，申请行政复议、提起行政诉讼的途径和期限以及行政机关名称。处罚决定书应由执法人员签名或者盖章后交付被处罚当事人。当事人拒绝签收的，应当在行政处罚决定书上注明。有被侵害人的，还应将处罚决定书副本同时抄送给被侵害人。行政处罚决定书是被处罚人依法申请行政复议或者提起行政诉讼的依据。

(4)执法人员当场作出行政处罚决定后，必须依法及时向其所在的行政机关备案。为保护被处罚当事人的合法权益，行政机关接到报备材料后应对有关材料进行审查，审查当场处罚决定是否合法、违法事实是否清楚。如发现问题，应及时予以纠正。法律、法规对备案的时间有具体规定的，遵循其规定。例如，《治安管理处罚法》第 101 条第 3 款规定："当场作出治安管理处罚决定的，经办的人民警察应当在二十四小时内报所属公安机关备案。"

适用要点

本条规定的是当场处罚程序的步骤，以及作出当场处罚决定应当履行的法定手续。与修订前的条文相比，此次修订增加了当事人拒绝签收的办法、明确规定处罚决定书上必须载明行政处罚的种类、申请行政复议或者提起行政诉讼的途径和期限等内容。

行政执法人员当场作出行政处罚决定的，应当向当事人出示执法证件。《交通运输行政执法证件管理规定》第 5 条规定："交通运输行政执法人员在执行公务时，应当出示交通运输行政执法证件。未取得交通运输行政执法证件的，一律不得从事交通运输行政执法工作。"

另外，不论是行政机关执法人员当场作出行政处罚决定，还是行政机关负责人或者经集体讨论作出行政处罚决定，都是以该行政机关的名义作出的，执法人员系代表该行政机关行使法定行政管理职权，行政机关对其工作人员负有监督的职责，履行备案手续是行政机关对其执法人员行使监督管理权的表现。

关联法规

《公安机关办理行政案件程序规定》第 36 条;《道路交通事故处理程序规定》第 24 条;《道路交通安全违法行为处理程序规定》第 42、44、46 条;《交通运输行政执法证件管理规定》第 5 条

案例指引

满秋云与黑龙江省建三江农垦公安局扣押车辆及行政赔偿纠纷案①

裁判要旨:行政机关在当场处罚的过程中,既未出示执法身份证件又未出具书面处罚决定,即扣押车辆并且口头罚款,违反了行政处罚法定程序。

盛尊洪与珠海市公安局交通警察支队金湾大队、珠海市人民政府行政处罚、行政复议案②

裁判要旨:行政机关在处罚决定书中没有直接引用相对人能直接识别处罚的法律依据条款而使用违法代码代替是不规范的,穿着执法制服、佩戴执法徽章并不能替代执法证件的出示。

第五十三条　【行政机关当场处罚履行方式】对当场作出的行政处罚决定,当事人应当依照本法第六十七条至第六十九条的规定履行。

条文注释

本条是关于行政机关当场作出的罚款处罚决定如何履行的

---

① 最高人民法院(2014)行监字第 21 号。

② 广东省高级人民法院(2019)粤行申 2735 号。

规定。

因本法第 67 ~ 69 条已根据情形分别进行了详细规定，在此不再赘述，详见本法第 67 ~ 69 条的条文注释。

适用要点

适用本条规定时应结合相应条文，注意区分第 67 ~ 69 条分别对应的不同履行方式。其中，第 67 条是关于罚缴分离的规定；第 68 条是关于当场收缴罚款情形的规定；第 69 条是关于边远地区当场收缴罚款的规定。

关联法规

《罚款决定与罚款收缴分离实施办法》

第三节 普通程序

第五十四条 【处罚前调查取证程序】除本法第五十一条规定的可以当场作出的行政处罚外，行政机关发现公民、法人或者其他组织有依法应当给予行政处罚的行为的，必须全面、客观、公正地调查，收集有关证据；必要时，依照法律、法规的规定，可以进行检查。

符合立案标准的，行政机关应当及时立案。

条文注释

本条是关于行政机关进行行政处罚前调查取证程序的规定。

行政机关给予行政处罚，必须查明事实，以事实为根据。除可以当场作出的行政处罚外，行政机关发现公民、法人或者其他组织有依法应当给予行政处罚的行为的，在作出行政处罚决定前，应当调查、收集证据。调查取证是行政机关对所要实施行政处罚的违法行为进行了解、核实和收集证据的过程，是作出行政处罚决定的前提和基础。

行政机关调查取证应注意以下几个环节：

(1)两名及以上执法人员进行调查或检查。本法第 42 条第 1 款规定:“行政处罚应当由具有行政执法资格的执法人员实施。执法人员不得少于两人,法律另有规定的除外。”根据该款规定,行政机关在调查或检查时,执法人员不得少于两人。调查程序中制作的询问笔录或现场笔录应由两名以上执法人员签名。

(2)执法人员出示证件表明身份。办案人员调查取证时,应出示执法证件以表明身份。根据本法第 55 条第 1 款的规定,执法人员不出示执法证件的,当事人或者有关人员有权拒绝接受调查或者检查。

(3)执法人员主动回避或依申请回避。执法人员在首次调查时应告知当事人有陈述权、申辩权,以及申请执法人员回避的权利。存在本法第 43 条第 1 款规定情形的,执法人员应当主动回避。

(4)全面、客观收集证据。有关证据的种类,本法第 46 条已经进行了规定,执法人员应依法收集证据。行政机关在调查收集证据时,应当做到全面、客观、公正。这就要求执法人员从实际情况出发,不能先入为主地收集证据。既要收集当事人实施违法行为的证据,也要收集对当事人有利的证据;既要收集书面证据,也要收集口头证据。收集的证据应当符合法律、法规或规章关于证据的规定,并经查证属实。

(5)必要时,依照法律、法规的规定进行检查。执法人员在调查、收集证据的过程中,如有必要,可以依照法律、法规的规定,对当事人的人身、住所等进行检查,对涉嫌违法的物品或者场所进行检查。

(6)符合立案标准的,行政机关应当及时立案。当场处罚案件无须立案,可直接作出处罚决定。除当场作出行政处罚决定的外,执法人员发现当事人存在违法违规行为或者有违法违规行为确切线索,符合立案标准的,应当及时予以行政处罚立案,并启动调查程序。

适用要点

本条第 2 款是本次修订新增加的关于立案程序的规定。除当场作出的行政处罚外,行政机关认为符合立案标准的,应当及时立案,本条对行政处罚立案提出了明确的要求。除依法可以当场作出的行政处罚外，行政执法机关通过举报、其他机关移送、上级机关交办等途径，发现公民、法人或其他组织有依法应当处以行政处罚的行政违法行为，应及时办理立案审批手续，并作出是否立案的决定。对于决定立案的，应当指定两名以上执法人员负责调查处理。

本条对于行政处罚案件"及时立案"的期限未作明确规定，但在有关具体法律规范中已有规定。例如，根据《市场监督管理行政处罚程序暂行规定》第17条的规定，立案的期限包括两种时限：(1)一般情况下为7个工作日。即工商行政管理机关应当自收到投诉、申诉、举报和其他机关移送、上级机关交办的材料之日起7个工作日内予以核查，并决定是否立案。(2)特殊情况下为15个工作日。即在线索材料所涉及的情况复杂，工商行政管理机关难以在7日内确定是否立案的情况下，可以延长至15个工作日作出是否立案的决定。根据本法第76条第2款的规定，行政机关对符合立案标准的案件不及时立案的，由上级行政机关或者有关机关责令改正，对直接负责的主管人员和其他直接责任人员依法给予处分。

关联法规

《治安管理处罚法》第79条；《行政诉讼法》第34条

案例指引

张向平与三亚市吉阳区综合行政执法局行政处罚案①

裁判要旨：行政机关在作出行政处罚前，应当全面履行调查取证责任，对当事人提出的异议应仔细记录，询问核实，充分听取当事人的意见，全面、客观、公正地收集证据并调查核实，视情况要求当事人提供相关证明材料，经调查后违法事实仍不清的，不得给予行政处罚。

① 海南省高级人民法院(2020)琼行再1号。

第五十五条 【执法人员调查中应出示证件及调查对象配合义务】执法人员在调查或者进行检查时,应当主动向当事人或者有关人员出示执法证件。当事人或者有关人员有权要求执法人员出示执法证件。执法人员不出示执法证件的,当事人或者有关人员有权拒绝接受调查或者检查。

当事人或者有关人员应当如实回答询问,并协助调查或者检查,不得拒绝或者阻挠。询问或者检查应当制作笔录。

条文注释

本条是关于行政机关在调查程序中应出示执法证件及调查对象具有配合义务的规定。

根据本法第42条规定,行政处罚应当由不少于两人的具有行政执法资格的执法人员实施。在行使调查或者检查的职权时,执法人员应当主动向当事人或者有关人员出示表明其执法身份的证件。办案人员调查取证时出示执法证件,既是表明身份的一种体现,也是落实行政执法公示制度的要求。在委托调查的情况下,执法人员更应当告知身份,并向被调查对象告知受委托进行调查的事实。行政机关执法人员执法证件上应载明持证人姓名、照片、工作单位、行政执法的类别、证件有效期限、证件编号、印章等信息。随着信息科技的发展,执法证件上还可以载明持证人基本信息二维码,方便当事人或者相关人员通过系统查询或通过手机扫描证件二维码,获取执法人员基本信息。

根据本法规定,执法人员未主动出示执法证件的,当事人或者有关人员有权要求执法人员出示执法证件,执法人员不出示执法证件的,当事人或者有关人员有权拒绝接受调查或者检查。执法人员在调查或者进行检查时未出示证件的,行政调查行为可能因违反法定程序被确认为违法,执法人员也将因违反规定受到纪律处罚。

执法人员为查清事实,可以向当事人及相关人员进行调查。在调查取证的过程中,执法人员、当事人或者其他有关人员应当履行相应义务。在执法人员进行调查、检查时,当事人或者有关人员应当予以配合和协助,如实回答询问,不作虚伪陈述,不得隐瞒信息或者提供虚假信息,不得阻挠执法人员的调查工作,不得销毁或者转移有关证据。执法人员在进行询问或者检查时,应当制作笔录。笔录制作完成后应当交被询问人核对,执法人员和当事人均应在核对无误的笔录上签字。必要时,可以采取拍照、录像等方式记录现场情况。

适用要点

调查检查的程序一般包括传唤、询问相对人,询问证人,勘验、检查、鉴定、提取其他证据,制作有关笔录等。根据本条的规定,在此过程中需注意以下几方面:(1)执法人员调查中出示证件义务属于行政执法公示制度中事中公示方式,但关于执法人员出示执法证件的方式,本法没有具体规定。实践中需要行政机关予以明确并统一规范。(2)对相对人询问之前,办案人员应当做好充分准备,认真审阅案件的有关材料,熟悉案件和适用的法律、法规和规章,确定需要通过询问查明的问题,必要时应制作询问提纲,以保证询问能够有目的、有计划、有步骤地进行。(3)一般程序的询问笔录或者检查笔录是行政人员作出行政处罚决定时的事实依据,因此制作询问笔录或者检查笔录应符合全面、客观、公正记录的要求。

当事人或相关人员往往为了逃避处罚而不接受调查询问,或不如实回答执法人员的询问,但这并不影响行政处罚的实施;若执法人员收集的其他证据确实充分的,仍然可以依法作出相应的处罚决定。若当事人或相关人员故意隐瞒信息,或拒不协助、配合调查或者检查的,行政机关可依据相关规定进行处罚,情节严重、构成犯罪的,依法追究相应的刑事责任。

关联法规

《治安管理处罚法》第82、85、87条;《专利行政执法办法》第38条

案例指引

王国起与中国电信集团公司邯郸市分公司陵西大街营业厅、河北省邯郸市知识产权局专利行政处理纠纷案①

裁判要旨：管理专利工作的部门调查收集证据应当制作笔录。笔录应当由执法人员、被调查的单位或者个人签名或者盖章。被调查的单位或者个人拒绝签名或者盖章的，执法人员应在笔录上注明。被调查的单位或者个人拒绝签名或者盖章，执法人员未将此情况在笔录上注明的，该调查笔录不能成为作出行政处罚决定的依据。

第五十六条 【取证方法和程序】行政机关在收集证据时，可以采取抽样取证的方法；在证据可能灭失或者以后难以取得的情况下，经行政机关负责人批准，可以先行登记保存，并应当在七日内及时作出处理决定，在此期间，当事人或者有关人员不得销毁或者转移证据。

条文注释

本条是关于行政机关可以采用抽样取证的方法收集证据以及特定情形下对证据先行登记保存的规定。

抽样取证是执法人员根据案件具体情况，自行或委托有资质的第三方对涉案物品进行检验或鉴定，并根据检验或鉴定报告作出是否处罚的依据。该条自1996年3月17日《行政处罚法》首次出台，到历经2009年8月27日、2017年9月1日两次修正，均一直沿用未再变更。《行政处罚法》未对抽样取证作出具体的程序规定，《公安机关办理行政案件程序规定》第109条对抽样取证方式进行了明确

① 最高人民法院(2017)最高法行申7302号。

规定,抽样取证应当采取随机的方式,抽取样品的数量以能够认定本品的品质特征为限。抽样取证时,应当对抽样取证的现场、被抽样物品及被抽取的样品进行拍照或者对抽样过程进行录像。对抽取的样品应当及时进行检验。经检验,能够作为证据使用的,应当依法扣押、先行登记保存或者登记;不属于证据的,应当及时返还样品。样品有减损的,应当予以补偿。《市场监督管理行政处罚程序暂行规定》第28条第1款规定,市场监督管理部门抽样取证时,应当通知当事人到场。办案人员应当制作抽样记录,对样品加贴封条,开具清单,由办案人员、当事人在封条和相关记录上签名或者盖章。行政机关可以参照《公安机关办理行政案件程序规定》《市场监督管理行政处罚程序暂行规定》的相关规定抽样取证。

针对证据可能灭失或以后难以取得的情形,本法规定,可对该证据先行保存,前提是履行相应的行政审批手续,即经行政机关负责人批准方能采取先行登记保存措施或者解除先行登记保存措施,并应在抽样取证之日起7日内作出处理决定。如行政机关未在7日内作出处理决定,该行为构成程序违法。抽样取证属于强制措施的一种,当事人或者有关人员有配合、协助抽样取证的义务,对执法人员所提问题应如实回答不作虚假陈述,不阻挠执法人员调查,不销毁或者转移证据等。如不履行上述配合、协助义务,执法人员有权以妨害执法为由追究当事人或者相关人员的法律责任。

适用要点

抽样取证是行政机关在执法过程中收集证据的一种重要方式,严格规范抽样取证的程序和方式是保证行政行为合法性的应有之义。规范抽样取证的程序和方式需注意如下问题:(1)抽样取证的实施机关,除法律、法规和规章另有规定外,必须由执法机关实施;(2)抽样取证的方式,对抽样机构或者方式有规定的,应当委托相关机构或者按规定方式抽取样品;(3)抽样取证现场应有当事人参加;(4)听取抽样取证当事人的陈述和意见;(5)执法人员应制作抽样记录、物品清单并对相关样品等加贴封条;(6)执法人员、当事人应在封条和相关记录上签字或盖章,当事人拒绝签字或盖章的,不影响抽样取证的效力。

关联法规

《旅游行政处罚办法》第33条

案例指引

姜某与江苏省东台市质量技术监督局
质量监督行政强制案①

裁判要旨：行政机关对符合登记保存的证据，可以先行登记保存，并应当在7日内及时作出处理决定。如行政机关未在7日内作出处理决定，该行为构成程序违法；在此期间，行政机关无权作出扣押现金的决定。行政机关已扣押现金的，应将现金返还给行政相对人。

第五十七条　【处罚决定】调查终结，行政机关负责人应当对调查结果进行审查，根据不同情况，分别作出如下决定：

（一）确有应受行政处罚的违法行为的，根据情节轻重及具体情况，作出行政处罚决定；

（二）违法行为轻微，依法可以不予行政处罚的，不予行政处罚；

（三）违法事实不能成立的，不予行政处罚；

（四）违法行为涉嫌犯罪的，移送司法机关。

对情节复杂或者重大违法行为给予行政处罚，行政机关负责人应当集体讨论决定。

条文注释

本条是执法人员在调查终结并将调查结果提交行政机关负责人审查后，根据不同情况分别作出决定。具体决定的种类有以下三种：

(1)作出处罚决定。违法行为经查证，事实清楚、证据确实充

① 江苏省东台市人民法院(2007)东行初字第0021号。

分、程序合法、行政相对人确应受到行政处罚的,行政机关应根据其违法行为的事实、性质、情节及社会危害程度作出行政处罚决定。对情节复杂或者重大违法行为给予行政处罚,行政机关负责人应当集体讨论决定。

(2)不予行政处罚。此处的不予行政处罚包括本条第1款第2项和第3项,第2项的不予处罚包括不予行政处罚和免予行政处罚两种。不予处罚,是指某个行为具备行政违法行为的绝大部分外观形式,只是由于主体、主观、情节或者社会危害性上的特殊性,而被法律免除了该行为的违法性,在法律上不认为是违法,因而不给予行政处罚。① 免予处罚,是指某一行为具有违法性,应当给予行政处罚,但由于存在法定事由而免予行政处罚。不予处罚与免予处罚的适用情形有所不同。不予处罚针对的是某一行为不完全具备行政行为的构成要件,或者虽然在形式上具备了行政违法行为的构成要件,但由于存在法定事由而使该行为的违法行为得以消除。② 本条第1款第3项所述的不予处罚是指违法事实不能成立,当事人的行为不具有违法性或虽具违法性但已过法定时效。

(3)移送司法机关。本条有修订,将原来的"违法行为已构成犯罪的,移送司法机关"修订为"违法行为涉嫌犯罪的,移送司法机关"。相对于已构成犯罪,涉嫌犯罪更能体现出未经人民法院依法判决,对任何人都不得确定有罪的罪刑法定原则。《行政执法机关移送涉嫌犯罪案件的规定》第8条规了移送审查的条件、程序及处理结果,表述上亦用"涉嫌"。

对情节复杂或者重大违法行为给予行政处罚,行政机关的负责人应当集体讨论决定,未经负责人集体讨论决定的,可能会因程序违法而被撤销。《市场监督管理行政处罚程序暂行规定》第54条第2款规定:"对下列情节复杂或者重大违法行为给予较重行政处罚的案件,应当由市场监督管理部门负责人集体讨论决定:(一)拟罚款、

① 曹康泰:《行政处罚法教程》,中国法制出版社2011年版,第98页。

② 曹康泰:《行政处罚法教程》,中国法制出版社2011年版,第97页。

没收违法所得和非法财物价值数额较大的案件;(二)拟责令停产停业、吊销许可证或者执照的案件;(三)涉及重大安全问题或者有重大社会影响的案件;(四)调查处理意见与审核意见存在重大分歧的案件;(五)市场监督管理部门负责人认为应当提交集体讨论的其他案件。"但该规定未对"情节复杂或者重大违法行为给予行政处罚"作具体表述。一般来说,案件情况复杂、违法行为情节严重、涉案人员或者单位众多、涉案金额较大(各区域酌定)的案件,可被视为情节复杂或者重大违法行为给予行政处罚的情形。

适用要点

行政机关负责人集体讨论程序在行政委托执法时如何适用,能否一并委托给受委托的组织是集体讨论程序的难点。一种观点认为,受委托组织负责人集体讨论决定与上位法相抵触,可被视为没有履行行政机关负责人讨论程序,所作出的处罚决定程序违法,应予撤销。另一种观点认为,法律法规或其他规范性文件并未规定部分委托,即在行政机关作出行政处罚决定时,应由委托机关负责人集体讨论决定。

集体讨论的内容包括程序和实体两个方面。程序方面包括调查程序是否合法,有无超过法定期限,有无保障当事人陈述、申辩及听证等权利;实体方面包括对违法事实的认定是否清楚,定性是否准确,法律依据是否充分,处罚意见是否适当等。讨论实行少数服从多数原则。

第五十八条　【特定事项法制审核制度】有下列情形之一,在行政机关负责人作出行政处罚的决定之前,应当由从事行政处罚决定法制审核的人员进行法制审核;未经法制审核或者审核未通过的,不得作出决定:

(一)涉及重大公共利益的;

(二)直接关系当事人或者第三人重大权益,经过听证程序的;

（三）案件情况疑难复杂、涉及多个法律关系的；

（四）法律、法规规定应当进行法制审核的其他情形。

行政机关中初次从事行政处罚决定法制审核的人员，应当通过国家统一法律职业资格考试取得法律职业资格。

条文注释

本条是关于行政处罚法制审核的情形及法制审核人员资质要求的规定，细化了法制审核人员及程序，系新增条款，将2017年《行政处罚法》第38条第3款移作本条第2款。

重大执法决定法制审核制度是国务院办公厅印发的《关于全面推行行政执法公示制度执法全过程记录制度重大执法决定法制审核制度的指导意见》（以下简称《指导意见》）中规定的“三项制度”之一。针对法制审核机构不健全、审核力量不足、审核工作不规范等问题《指导意见》主要从明确审核机构、审核范围、审核内容、审核责任等四个方面，对法制审核机构的确定、审核人员的配备、重大行政执法行为标准的界定、法制审核的内容和程序、相关人员的责任等作出了规定。“三项制度”的制定和全面推行，将有效规范行政执法行为，促进严格、规范、公正、文明执法。本条细化了法制审核程序，列明适用情形，明确未经法制审核或者审核未通过的不得作出行政处罚决定，具体为：

1. 细化了必须进行法制审核的情形

一是涉及重大公共利益的。此种情形决定往往涉及人数众多，可能造成重大社会影响或引发社会风险。二是直接关系当事人或者第三人重大权益，经过听证程序的。结合本法关于听证程序的规定来看，其设置都是为了更好地保证行政机关合法行政，保障相对人的权益。三是案件情况疑难复杂、涉及多个法律关系的。案件情况疑难复杂的标准，可以参照本法第57条第2款，该类案件有别于一般案件和单一法律关系的案件，对此类案件查清事实、精准把握法律关系需要更加审慎，因此进行法制审核尤显必要。四是关于法制审核情形的兜底条款。法律不能穷尽社会事由，兜底条款可为后续立法留有空间。

2. 明确了法制审核人员的资质

法律职业资格的演变有一个渐进发展的过程，2002年以前，法律职业资格考试根据职业不同，分为律师资格考试、法院或者检察院系统组织的考试；2002～2017年，取得法律职业资格应当通过国家司法考试；2018年后，取得法律职业资格应当通过国家统一法律职业资格考试。2018年4月28日司法部公布的《国家统一法律职业资格考试实施办法》第2条第2款规定："初任法官、初任检察官，申请律师执业、公证员执业和初次担任法律类仲裁员，以及行政机关中初次从事行政处罚决定审核、行政复议、行政裁决、法律顾问的公务员，应当通过国家统一法律职业资格考试，取得法律职业资格。"

适用要点

适用本条时，须注意行政处罚程序中法制审核的节点。行政处罚过程中的法制审核节点有三个：一是调查终结后，初步处罚意见作出前；二是初步意见作出后，处罚告知前；三是处罚告知后，当事人行使救济前。上述三个节点，都是行政机关负责人作出决定之前，程序上均不违法。完整的法制审核是要覆盖上述三个节点，但基于行政效率，在当事人放弃部分权利（例如陈述权、申辩权）时，可以考虑不再进行法制审核。

关联法规

《推行行政执法公示制度执法全过程记录制度重大执法决定法制审核制度试点工作方案》；《国家统一法律职业资格考试实施办法》第2条

案例指引

高青县华美家具店与淄博市生态环境局高青分局环境管理行政处罚案①

裁判要旨：行政机关提供任职证明等证据，证明参与行政处罚的法制审核人员在2018年1月1日前已从事法制审核工作的，不应被认定为违反法定程序。

第五十九条　【行政处罚决定书的制作和内容】行政机关依照本法第五十七条的规定给予行政处罚，应当制作行政处罚决定书。行政处罚决定书应当载明下列事项：

（一）当事人的姓名或者名称、地址；

（二）违反法律、法规、规章的事实和证据；

（三）行政处罚的种类和依据；

（四）行政处罚的履行方式和期限；

（五）申请行政复议、提起行政诉讼的途径和期限；

（六）作出行政处罚决定的行政机关名称和作出决定的日期。

行政处罚决定书必须盖有作出行政处罚决定的行政机关的印章。

条文注释

本条是关于制作行政处罚决定书以及行政处罚决定书法定内容的规定。

行政机关作出行政处罚，必须制作处罚决定书并依法向当事人送达。行政处罚决定书包括如下内容：一是主体的基本情况。主体是自然人的要注明其身份信息、职业信息、工作单位等；主体是法人或其他组织的，要注明其住所地、统一社会信用代码、法定代表人等。

① 山东省淄博市中级人民法院(2019)鲁03行终85号。

二是违法事实及证据。违法事实是处罚的前提和基础,可罚性是对违法性的再评价,认定违法事实必须坚持行为的违法性及可罚性的双重结合。违法行为的证据之间能够相互印证,足以证明违法事实。三是行政处罚的种类和依据。本法第9条规定了行政处罚的种类,行政机关在发现当事人违法行为后,根据违法行为的性质、情节及社会危害程度,决定对当事人处以一种或多种行政处罚,同时提供处罚依据。四是履行方式和期限。履行方式有自动履行和强制执行两种。自动履行的要根据本法和《罚款决定与罚款收缴分离实施办法》的规定履行。对不自动履行的当事人,行政机关(有强制执行权的机关除外)可以申请人民法院强制执行。五是救济途径。向上一级机关申请复议或向同级人民政府申请复议,也可以提起行政诉讼,无论是申请复议或提起行政诉讼,都必须在法定的期限内。《行政复议法》第9条第1款规定:"公民、法人或者其他组织认为具体行政行为侵犯其合法权益的,可以自知道该具体行政行为之日起六十日内提出行政复议申请;但是法律规定的申请期限超过六十日的除外。"在行政复议前置情况下,逾期申请行政复议将会导致丧失行政诉讼的起诉权,即当事人将面临既丧失行政复议申请权,又丧失行政诉讼起诉权的双重/叠加风险。六是行政机关署名及日期。行政机关的署名和日期有两个作用:一是让当事人知晓行政机关是否具有管辖权、申请复议/诉讼对应的机关/法院;二是判断处罚是否超期、程序是否违法及明确行使救济权利的期限等。行政处罚决定书要加盖作出行政处罚决定的行政机关印章,没有加盖印章的属程序违法,应予撤销。简易程序的处罚,行政机关一般都印制盖有公章的空白格式处罚单,现场填写后,再由执法人员签名。

适用要点

行政处罚决定书是行政执法机关对当事人进行行政处罚最重要的法律文书,一经送达即具有法律效力,非经法定程序不得擅自变更、撤销或任意停止执行。如果发现决定书有错误,应根据错误的不同作如下处理:一是笔误(如编号、日期、错字等)。对于笔误,应由行政机关作出说明,重新制作并送达给当事人,无须再次履行告知程序。二是事实和证据认定错误。此为重大错误，应先撤销处罚决定，回归到查处前的状态，再另行对违法事实进行查处，完善相关证据，重新作出处罚决定；但须把握时间节点，即在当事人申请行政复议或提起行政诉讼之前。三是处罚种类及幅度、法律适用存在问题。对此应收回处罚决定，重新制作处罚决定书，并履行告知当事人具有陈述申辩、听证等权利。四是程序方面存在问题。如果属于程序违法，则应收回并重新制作处罚决定，再履行处罚告知等程序。五是管辖错误。对此应撤销处罚决定，移送有管辖权的部门处理。

关联法规

《治安管理处罚法》第 96 条；《安全生产违法行为行政处罚办法》第 30 条

案例指引

胡太荣与赣州市章贡区人民政府房屋拆迁行政强制案①

裁判要旨：行政机关作出处罚决定书时，务必履行对行政相对人救济性权利的告知义务，避免侵害相对人的程序权利，更不能损害其行使实体权利。

陈超与济南市城市公共客运管理中心行政处罚案②

裁判要旨：行政处罚决定书作为行政机关对当事人作出处罚的书面证明，应当明确具体地记载处罚作出的事实依据，包含认定违法事实的时间、地点、经过、情节等事项。

---

① 江西省高级人民法院(2019)赣行终 460 号。

② 山东省高级人民法院(2018)鲁行申 538 号。

第六十条　【行政处罚期限】行政机关应当自行政处罚案件立案之日起九十日内作出行政处罚决定。法律、法规、规章另有规定的，从其规定。

条文注释

本条是关于行政处罚办案期限的规定，系新增条款。

行政处罚期限，也可称为办案期限，是指从立案之日起到作出行政处罚决定的期间。行政处罚决定的执行期间不计入办案期限。设定办案期限是行政执法效率原则的体现，也是行政管理的需要。行政立法的目的是不仅要保障行政机关有效实施行政管理，而且要保护公民、法人或其他组织的合法权益。《行政处罚法》在本次修订前没有对办案期限作出规定，仅规定了处罚的时效期间，即违法行为在2年内未被发现的，不再给予行政处罚，法律另有规定的除外。本次修订有两大亮点：一是统一了具体的办案期限；二是增加了法律、法规、规章另有规定的，从其规定。本次修订前，关于行政机关的办案期限，散见于法律、法规和规章中，如《治安管理处罚法》第99条规定，公安机关办理治安案件的期限，自受理之日起不得超过30日；案情重大、复杂的，经上一级公安机关批准，可以延长30日。为了查明案情进行鉴定的期间，不计入办理治安案件的期限。《市场监督管理行政处罚程序暂行规定》第57条规定，适用一般程序办理的案件应当自立案之日起90日内作出处理决定。因案情复杂或者其他原因，不能在规定期限内作出处理决定的，经市场监督管理部门负责人批准，可以延长30日。案情特别复杂或者有其他特殊情况，经延期仍不能作出处理决定的，应当由市场监督管理部门负责人集体讨论决定是否继续延期，决定继续延期的，应当同时确定延长的合理期限。案件处理过程中，中止、听证、公告和检测、检验、检疫、鉴定等时间不计入前款所指的案件办理期限。《环境行政处罚办法》第55条规定，环境保护行政处罚案件应当自立案之日起的3个月内作出处理决定。案件办理过程中听证、公告、监测、鉴定、送达等时间不计入期限。根据《立法法》的规定，法律优先于法规和规章，故在《行政处罚法》生效后，原法规和规章与《行政处罚法》办案期限相抵触的部分，将优先适用《行政处罚法》。同时，若仅依据法律而排斥法规、规章，则会限缩法律适用的范围；适度放开法律的适用范围，有利于法条之间的衔接与融合。

适用要点

本条规定了行政处罚的办案期限，在本次修订前，对听证、公告、监测、鉴定、送达等时间是否能计入办案期限未作明确规定。不计入办案期限的法理依据是《行政诉讼法》第 101 条，该条规定："人民法院审理行政案件，关于期间、送达、财产保全、开庭审理、调解、中止诉讼、终结诉讼、简易程序、执行等，以及人民检察院对行政案件受理、审理、裁判、执行的监督，本法没有规定的，适用《中华人民共和国民事诉讼法》的相关规定。"本次修订直接规定，法律、法规、规章另有规定的，从其规定。也即可以直接引用法规、规章的规定，若法规、规章仍没有规定的，则可参照民事诉讼的有关规定。另需注意的是，参照民事诉讼的有关规定只是规定人民法院在行政诉讼案件审理程序方面可以参照，并未规定在案件实体处理方面也可以参照。

关联法规

《治安管理处罚法》第 99 条；《环境行政处罚办法》第 55 条；《市场监督管理行政处罚程序暂行规定》第 57 条

案例指引

潘某泉与江苏省新沂市公安局治安行政处罚案①

裁判要旨：对于相对人赌博行为应当给予行政处罚，但行政机关应当遵守法定办案期限。行政机关在无正当理由的情况下，超出法定期限对相对人作出行政处罚，违反法定程序，属于滥用职权，该行政处罚决定应予撤销。

① 江苏省徐州市中级人民法院(2008)徐行终字第 170 号。

第六十一条　【行政处罚决定书的送达】行政处罚决定书应当在宣告后当场交付当事人；当事人不在场的，行政机关应当在七日内依照《中华人民共和国民事诉讼法》的有关规定，将行政处罚决定书送达当事人。

当事人同意并签订确认书的，行政机关可以采用传真、电子邮件等方式，将行政处罚决定书等送达当事人。

条文注释

本条是关于行政处罚决定书送达的规定。

行政处罚决定书的送达，是指行政机关按照法定程序和方式将行政处罚决定书送交给当事人的行为。行政机关送达行政执法文书，必须以法定程序和方式进行；未按法定程序和方式送达的，不产生送达的法律效力。本条表述的行政处罚决定书的送达方式，主要包括直接送达、留置送达、委托送达、邮寄送达、转交送达、公告送达和电子送达七种。需要注意的是，行政机关将行政处罚决定书送达当事人时，应遵循以下规定：

(1)送达行政处罚决定书须有送达回证，受送达人在送达回证上的签收日期为送达日期。

(2)送达行政处罚决定书，应当直接送交受送达人。受送达人是公民的，本人不在则交他的同住成年家属签收；受送达人是法人或者其他组织的，应当由法人的法定代表人、其他组织的主要负责人或者该法人、组织负责收件的人签收；受送达人有诉讼代理人的，可以送交其诉讼代理人签收；受送达人已向人民法院指定代收人的，送交代收人签收。

(3)受送达人或者他的同住成年家属拒绝接收行政处罚决定书的，送达人可以邀请有关基层组织或者所在单位的代表到场，说明情况，在送达回证上记明拒收事由和日期，由送达人、见证人签名或者盖章，把行政处罚决定书留在受送达人的住所，即视为送达。

(4)受送达人下落不明，或者用其他方式无法送达的，公告送达。自发出公告之日起，经过60日即视为送达。公告送达，应在案卷中记明原因和经过。

相较于修订前的《行政处罚法》,本条纳入了电子送达的方式,若当事人同意并签订确认书,行政机关可通过“传真、电子邮件”等媒介载体送达行政处罚决定书。电子送达的无形性、技术性、即时性、实用性等特征,正好可以解决传统送达方式费用高、工作量大等难题,其作为新的送达方式,为解决传统的送达困难提供了很好的突破口,提高了送达的质量和效率。

适用要点

行政执法实践中,行政处罚主体可以通过传真、电子邮件等方式送达行政处罚决定书。但考虑到立法目的,我们可以将既满足法律规定条件,又能完成送达任务的信息化送达方式作为电子送达的途径,比如短信、网页或者通讯软件。[①] 但鉴于电子送达主体的内部条件限制、送达客体的复杂状况和送达方式未形成统一标准等问题,使电子送达制度的适用产生一定争议,进而要求我们在实践中必须严格遵守电子送达的程序:(1)对于电子送达存在的一些安全隐患,行政机关应该主动进行阐述,避免因电子送达出现故障而引发其他问题;(2)要明确使用电子送达需要满足的一些条件,以及可以使用这种方式的范围,将不适合采用这种送达方式的当事人排除在外;(3)对于适合用电子送达的当事人,在征得当事人同意之后方可进行电子送达。同时,对于电子送达成功与否的标准理解也需综合考察:一是要把牢牢把握电子送达当事人同意的主观前提条件;二是需认可必要情形下的推定送达。

关联法规

《公安机关办理行政案件程序规定》第161条第2款、第172条第3款;《市场监督管理行政处罚程序暂行规定》第73~75条;《道路交通安全违法行为处理程序规定》第44条第1款第5项,第48条第6项,第55、56条;《道路旅客运输及客运站管理规定》第91条;《海上海事行政处罚规定》第63条

① 江国华:《司法改革方法论》,载《湖北社会科学》2019年第7期。

案例指引

俞飞与无锡市城市管理行政执法局处罚案①

裁判要旨：行政机关以张贴的方式，将行政处罚事先告知书、行政处罚决定书送达原告。行政机关未按照法律规定的方式送达，致使行政相对人陈述、申辩的权利被剥夺。故送达方式不合法，不能视为送达。

朱伟与甘肃省白银市人民政府行政处罚及行政复议案②

裁判要旨：公安机关在已经获取相对人的联系方式、地址，且尚无有效证据证明其在无法履行告知义务的情况下，径行以公告方式送达行政处罚告知，送达方式不合法，不能视为送达。

第六十二条　【不得做出行政处罚决定的情形】行政机关及其执法人员在作出行政处罚决定之前，未依照本法第四十四条、第四十五条的规定向当事人告知拟作出的行政处罚内容及事实、理由、依据，或者拒绝听取当事人的陈述、申辩，不得作出行政处罚决定；当事人明确放弃陈述或者申辩权利的除外。

条文注释

本条是关于不得做出行政处罚决定的情形的规定。

依法履行告知义务是行政机关作出行政处罚行为时的必经程序，它体现了依法行政原则，也保障了行政相对人的各项实体性权

① 江苏省无锡市中级人民法院(2010)锡行终字第43号。

② 兰州铁路运输法院(2020)甘7101行初113号。

利和程序性权利。行政告知具有附属性,其是附属在具体行政处罚行为之内的程序性内容,是对行政处罚行为合法合理性的完善,能在一定程度上将权力关进笼子里。另外,行政告知的合法性还直接影响到作出行政处罚行为的合法性,行政告知的行政主体具有裁量权,行政主体虽然有权选择其认为最合适的告知方式,但它的行使必须遵循法律的要求。

一般而言,行政告知可分为四类,即权利告知、义务告知、措施告知、情况告知。(1)权利告知。其包括行政机关要告知相对人其作出行政行为后,相对人拥有的权利,如进行行政复议和行政诉讼的权利、要求举行听证的权利、进行陈述及申辩的权利。(2)义务告知。其是指告知行政相对人后,相对人要履行的义务、承担的法律责任,例如行政处罚决定书中相对人的附加法律义务。(3)措施告知。其是指行政机关告知行政相对人其作出的行政行为决定后,行政机关将会针对相对人采取什么样的措施。(4)情况告知。行政机关对案件事实的认定和依据的法律条文都要明确告知相对人。①

相较于修订前,本条在措词上进行微调,使本条的表述与实务更契合也更符合新法的表述逻辑,有助于与相关法律法规的衔接。

适用要点

实践中,违反行政告知的法定程序主要包括以下三种情况:

(1)全部未告知相对人,即行政机关在行政处罚时未告知相对人应当知道的内容,或虽然告知了但由于程序严重违法而被认定为没有告知,如法律规定必须当面告知的,行政机关采用公告的形式告知。

(2)行政告知的对象错误,这既包括行政主体错误,又包括行政对象错误。行政主体错误是指行政主体不适格,行政主体不适格会直接导致行政行为的无效。行政对象错误包括实际通知中的对象错误和决定书中的书写错误,对象错误会造成行政处罚行为不产生

① 参见胡延广、赵一博、曹勇:《行政告知的司法审查》,“依法行政和法治政府建设——第九届法治河北论坛”会议论文,2018 年 7 月于河北省石家庄市。

法律上的约束力。

(3)行政主体没有遵循法定程序进行告知，主要包括告知超出时限、缺少主要步骤、步骤的顺序颠倒。

就此，行政机关在作出行政处罚时，要自觉履行行政告知义务，一是要明确行政处罚告知的对象，除了行政行为的直接相对人，必要时也包括间接相对人和其他不特定的公民、法人及其他组织；二是要明确行政处罚告知的内容，行政机关应当将行政处罚的内容完整告知行政相对人；三是要合理适用告知的形式，行政机关履行其告知义务的形式应由行政处罚所涉及的事项及对象特点决定；四是要准确把握行政告知的时间；五是要明确界定行政告知的合法要件，即告知主体无瑕疵和被告知的行政行为必须以法定程序到达行政相对人。

关联法规

《治安管理处罚法》第94、98条；《道路交通安全法实施条例》第108条；《海关办理行政处罚案件程序规定》第46、60～61条

案例指引

格尔木市自然资源局、格尔木市人民政府与格尔木锦熙丰餐饮管理有限公司土地行政处罚及行政复议案①

裁判要旨：行政机关在作出行政处罚决定之前，应当履行法定的程序。一是全面、客观、公正地调查、收集证据；二是告知行政相对人作出行政处罚决定的事实、理由及依据，并告知相对人依法享有的权利；三是听取相对人的意见，若意见成立应当采纳；四是经调查，确有应受行政处罚的违法行为的，根据情节轻重及具体情况，作出行政处罚决定。按照此程序作出的行政处罚决定才能成立。

① 青海省高级人民法院(2020)青行终49号。

第四节 听 证 程 序

第六十三条 【行政处罚听证程序的适用范围】行政机关拟作出下列行政处罚决定，应当告知当事人有要求听证的权利，当事人要求听证的，行政机关应当组织听证：

(一)较大数额罚款；

(二)没收较大数额违法所得、没收较大价值非法财物；

(三)降低资质等级、吊销许可证件；

(四)责令停产停业、责令关闭、限制从业；

(五)其他较重的行政处罚；

(六)法律、法规、规章规定的其他情形。

当事人不承担行政机关组织听证的费用。

条文注释

本条是关于行政处罚听证程序适用范围的规定。

行政处罚听证程序是在听取当事人陈述、申辩基础上查明事实以保证行政处罚真实性、谨慎性的法定环节，其适用范围主要是对当事人不利的重大行政处罚决定，如较大数额罚款、责令停产停业等。行政处罚听证程序的权利告知主体和费用承担主体是行政机关，启动主体是当事人。符合法定听证程序申请条件的当事人申请听证的，行政机关不得以任何理由拒绝组织听证。符合本条规定的听证程序适用范围内的行政处罚决定，行政机关未告知或当事人要求听证而行政机关未组织听证的，属于程序违法，应予以撤销。

本条采用不完全列举的方式具体规定了法定有权申请听证的行政处罚类型，以财产罚、资格罚、行为罚的顺序进行分项列举，并设置兜底条款以便明确法律适用。较大数额罚款与“没收较大数额违法所得、没收较大价值非法财物”同属于财产罚，两者属于财产罚中处罚较重的一类行政处罚，因地方经济实力与特点的不同，法律对

“较大数额”“较大价值”没有明确具体的规定，具体适用时应根据各部委和地方政府的相关规定。“没收较大数额违法所得、没收较大价值非法财物”是新增情形，其与“较大数额罚款”同是对于财产的剥夺，对于当事人利益的损害程度具有相当性，因此，为保证行政处罚听证程序的完善性，将“没收较大数额违法所得、没收较大价值非法财物”纳入行政处罚听证程序的适用范围。“降低资质等级、吊销许可证件”属于资格罚的一种，两者都是对违法行为人权利或资格的取消，是关系到违法行为人切身利益的重大处罚决定。“责令停产停业、责令关闭、限制从业”属于行为罚，是对违法行为人从事某种生产经营活动或行业的禁止，属于较重的行政处罚之一，对此类行政处罚决定设定听证程序，有利于实现行政处罚的审慎性，保障当事人的权利。

相较于新法修订前，本条将有权申请听证的行政处罚类型进行细化并具体列举，增加了“没收较大数额违法所得、没收较大价值非法财物”“降低资质等级”“限制从业”等情形，并纳入“法律、法规、规章规定的其他情形”。一方面扩大了行政处罚听证程序的范围，充分保障当事人的权利；另一方面增加行政机关作出较重的行政处罚决定的程序要求，保证行政处罚的合法性和合理性。

适用要点

听证程序的目的是解决对于违法事实的争议、提高行政处理效率，如果当事人对于违法事实没有异议，可以在行政机关已经告知听证权利的前提下不申请听证程序。本条在适用时，应特别注意各项的标准问题：(1)“较大数额罚款”的标准，因各部委及地方政府对“较大数额罚款”的规定不一，具体适用时应参照相应规范。例如，《中国银保监会行政处罚办法》第60条对于“较大数额的罚款”进行了具体解释，根据部门级别的处罚幅度对单位与个人分别设定“较大数额的罚款”的标准。(2)“没收较大数额违法所得、没收较大价值非法财物”中“较大数额”“较大价值”参照“较大数额罚款”的相关标准。(3)兜底条款中“其他较重的行政处罚”的轻重程度应是相同或高于前4项，不能低于前4项的标准。(4)注意区分法律、法规、规章规定需要听证的其他情形，如《治安管理处罚法》规定需告知听证权利的行政处罚类型为吊销许可证和2000元以上的罚款。

关联法规

《治安管理处罚法》第98条；《国务院关于贯彻实施〈中华人民共和国行政处罚法〉的通知》第5条；《公安机关办理行政案件程序规定》第123条；《审计法实施条例》第50条；《中国银保监会行政处罚办法》第60条；《交通运输行政执法程序规定》第76条；《互联网信息内容管理行政执法程序规定》第33条；《农业行政处罚程序规定》第59条；《自然资源听证规定》第19条；《旅游行政处罚办法》第38条；《烟草专卖行政处罚程序规定》第44条；《林业行政处罚听证规则》第5条；《中国证券监督管理委员会行政处罚听证规则》第5条；《海关行政处罚实施条例》第49条

案例指引

黄泽富、何伯琼、何熠与四川省成都市金堂工商行政管理局行政处罚案①

裁判要旨：拟作出行政处罚决定之前，未依法告知当事人有要求举行听证的权利或者未依法举行听证的，属于程序违法，应予以撤销。

第六十四条　【行政处罚的听证程序】听证应当依照以下程序组织：

（一）当事人要求听证的，应当在行政机关告知后五日内提出；

（二）行政机关应当在举行听证的七日前，通知当事人及有关人员听证的时间、地点；

① 四川省成都市中级人民法院（2006）成行终字第228号。

（三）除涉及国家秘密、商业秘密或者个人隐私依法予以保密外，听证公开举行；

（四）听证由行政机关指定的非本案调查人员主持；当事人认为主持人与本案有直接利害关系的，有权申请回避；

（五）当事人可以亲自参加听证，也可以委托一至二人代理；

（六）当事人及其代理人无正当理由拒不出席听证或者未经许可中途退出听证的，视为放弃听证权利，行政机关终止听证；

（七）举行听证时，调查人员提出当事人违法的事实、证据和行政处罚建议，当事人进行申辩和质证；

（八）听证应当制作笔录。笔录应当交当事人或者其代理人核对无误后签字或者盖章。当事人或者其代理人拒绝签字或者盖章的，由听证主持人在笔录中注明。

条文注释

本条是关于行政处罚听证程序的规定。

听证是指行政机关在作出行政处罚决定之前听取当事人的陈述和申辩、由听证程序参加人相互进行质问辩论和反驳，从而进一步查明事实的活动。其是当事人行使陈述权和申辩权的方式之一，行政处罚直接关系到公民、法人和其他组织的人身、财产等合法权利，为了保证行政机关对当事人作出公正合法的处罚决定，因此需要充分听取当事人的意见，防止单方面认定案件事实，保证有效地维护被处罚对象的合法权益。由此，本法明确规定了听证程序。

根据本条规定，听证程序需按照以下程序有序进行：

(1)听证需由当事人要求，而且当事人提出听证要求应当是在行政机关对案件已经调查终结且未作出行政处罚决定之前，由行政机关通知当事人到场，告知当事人已经查明的违法事实、处罚的法律依据和拟将给予的行政处罚等事项。当事人对行政机关告知的事项有不同意见，并且与行政机关的认定不能一致，亦即有重大分歧的，当事人可以提出听证要求。当事人要求听证的，应当在行政机关告知后5日内提出,过时则不可再提出。

(2)在当事人提出听证要求后,由行政机关提前7日通知当事人及相关听证人员举行听证的时间与地点,以保证当事人有充足的时间准备听证相关事宜。

(3)除涉及国家秘密、商业秘密或者个人隐私等依法予以保密的案件外,当事人要求听证的,听证应当公开举行。以此遵循了行政处罚的公开原则,保证听证的公开性。

(4)为保证听证的公平正义,听证由行政机关指定的非本案调查人员,即行政机关内部与本案无关人员主持;当事人认为主持人与案件有直接利害关系的,有权申请回避。行政机关对于当事人提出的回避申请,应当予以审核,如若发现主持人确实不符合法律规定,应当予以回避,应另行指定听证主持人。

(5)当事人可以自己参加听证,为自己申辩;也可以委托1~2人代理参加听证,为当事人作出辩护。代理人可以是当事人的近亲属,也可以是当事人聘请的律师。

(6)听证举行时,当事人及其代理人没有正当理由而拒绝出席听证或者未经许可中途退出听证的,视为当事人放弃听证权利,行政机关终止听证。

(7)听证是为了使当事人充分行使申辩权,弄清事实。在听证过程中,由行政机关提出当事人的违法行为,并出具事实证据材料和提出行政处罚意见;当事人可就行政机关提出的事实以及相关问题进行回答,出示相关证据、进行申辩;行政机关和当事人可以就各自出示的证据的真实性以及合法性进行讨论;在此之后,当事人作最后的陈述。通过进行上述听证程序,以确保行政机关作出正确的行政处罚。

(8)听证结束后,应当制作听证笔录,以作为行政处罚的依据之一;也可作为在当事人不服行政处罚决定而提出行政诉讼时,行政机关向人民法院提供的证据之一。听证笔录制作完成后,应在听证后当场交由当事人审验核查。当事人认为无误后,听证主持人、当事人或者其代理人应当在听证笔录上签字或者盖章。当事人或者其代理人拒绝签字或者盖章的，由听证主持人在笔录中注明。

适用要点

适用本条需注意以下几点：(1)当事人提出听证要求的时间，应该是行政机关对案件已经调查终结、作出行政处罚决定之前，如果当事人对行政机关告知的事项有不同意见，并且与行政机关的认定不能一致，当事人可以提出听证要求。(2)只有涉及国家秘密、商业秘密和个人隐私的案件要依法予以保密，其他案件只要组织听证都应当公开举行。(3)行政机关应当指定本机关的行政人员作为听证主持人，但不能指定听证案件的调查人员作为主持人。另外，对于当事人提出的回避申请，行政机关应当予以审核，认为确实不符合法律规定的，应当予以回避，并另行指定。(4)在听证程序中，负责审查的行政机关调查人员负主要举证责任，提供当事人违法的事实和证据，当事人进行申辩和质证。

关联法规

《市场监督管理行政处罚听证暂行办法》第15、20、22、25、28条；《国家外汇管理局行政处罚办法》第50条第1款，第52、59、60条；《人民检察院民事诉讼监督规则(试行)》第59～63条；《公安机关办理行政案件程序规定》第127、133、136～137、149、152条

第六十五条 【听证笔录及处罚决定】听证结束后，行政机关应当根据听证笔录，依照本法第五十七条的规定，作出决定。

条文注释

本条是关于听证笔录及处罚决定的规定。

举行听证是为了更好地了解事件的真相，保障当事人的合法权益不受侵犯，同时保证行政机关作出行政处罚决定的正确性。一般情况下，行政听证的步骤是：首先，行政机关就其调查的违法行为对当事人进行指控，并出具证据材料以及提出处罚的意见。其次，当事人可以就行政机关指控的事实和相关的问题进行陈述和申辩，发表自己的意见；然后行政机关与当事人就各自出示证据的真实性进行

辩论。最后，辩论结束后，双方进行陈述总结。在整个听证的过程中，行政机关应当认真听取当事人的陈述和申辩，并制作笔录，笔录应当交当事人核对无误后签字或者盖章。当事人拒绝签名的，由听证主持人在笔录中注明。为了保证听证程序的公正性，听证主持人不能事先参与当事人违法事件的调查，否则会有先入为主的观点；当事人有正当理由，可以申请更换听证主持人，行政机关应当认真核实，以确保听证程序的实质公平。

听证结束后，行政机关负责人在复核听证笔录，确保听证笔录真实的基础上，根据听证笔录，依照本法第 57 条的规定，分别作出不同的决定：违法行为轻微，依法可以不予行政处罚的，不予行政处罚；违法事实不能成立的，不予行政处罚；如果违法行为涉嫌犯罪，则需要移交司法机关处理；对情节复杂或者重大违法行为给予行政处罚，行政机关负责人应当集体讨论决定。听证结束后制作的听证报告书应当包含的内容有：案由、参加的基本情况、时间、地点、简单经过、案件事实、处理意见和建议。

根据本条规定，组织听证必须在行政处罚决定作出前。实践中常常出现行政机关未组织听证，就提前作出处罚决定，使组织听证程序沦为形式主义的情况。如果当事人在接到可以要求组织听证的通知，而当事人明示放弃听证或者到规定期限不要求听证，行政机关可以不组织听证。

适用要点

在具体适用听证程序时，需要注意以下几点：(1)履行听证的程序要求，包括听证的顺序要求、记录要求等。对于组织听证的安排应当按照本法第 5 章第 4 节的规定进行。行政机关在听证结束后，按照本法第 57 条的规定，作出决定。(2)不能因为组织听证影响行政效率。根据第 63 条的规定，行政机关在拟作出涉及较大数额罚款，没收较大数额违法所得、没收较大价值非法财物，降低资质等级、吊销许可证件，责令停产停业、责令关闭、限制从业和其他较重的行政处罚时，应当在作出行政处罚决定前，主动告知当事人有要求听证的权利。根据第 64 条的规定，当事人在行政机关告知其有听证权利后5日内不提出听证要求的,行政机关可以不组织听证,不能使行政处罚久拖,影响行政处罚的效率。(3)行政机关作出行政处罚决定,要求以听证记录为依据,行政处罚的决定要充分考虑听证过程中当事人提出的意见和申辩,不能因为当事人申辩从而给予更重的行政处罚。

关联法规

《行政许可法》第48条;《国家外汇管理局行政处罚办法》第61条;《环境保护行政许可听证暂行办法》第30条

第六章　行政处罚的执行

第六十六条　【履行期限】行政处罚决定依法作出后，当事人应当在行政处罚决定书载明的期限内，予以履行。

当事人确有经济困难，需要延期或者分期缴纳罚款的，经当事人申请和行政机关批准，可以暂缓或者分期缴纳。

条文注释

本条是关于行政处罚决定作出后，当事人的履行期限条款（全额缴纳、暂缓履行、分期缴纳）的规定。

本条将2017年《行政处罚法》第44条和第52条整合为一条，将当事人履行期限的一般规定和特别规定分两款列出，既符合行政处罚的效率原则，也照顾了特定群体当事人的实际经济困难，体现人文关怀。

行政处罚决定的履行期限是当事人履行行政处罚决定书载明义务的限定日期，履行期限既可以表现为具体日期，如明确当事人于具体的某年月日前或者月底前履行；也可以表述为一段期间，如限定当事人在行政处罚决定生效之日起数日内履行特定义务。

行政处罚决定书应当载明当事人的违法行为，处罚种类和依据、罚款数额、时间、地点，当事人救济途径及行政机关名称等内容，故履行期限是行政处罚决定书应当载明的内容之一。当然，根据行政处罚种类的不同，有的行政处罚决定书未明确或无须明确具体的履行期限。行政处罚决定作出后自送达当事人之日起生效，当事人则应自收到处罚决定书之日起开始履行行政处罚决定确定的义务；行政处罚决定书明确了具体履行期限的，当事人应当在规定的履行期限内及时履行。若履行期限表述为当事人必须在收到处罚决定书之日起一段时日内履行，这涉及履行期限的起算问题，即自当事人收到处罚决定书之次日开始计算。而《行政处罚法》对于行政处罚决定书何时送达当事人有明确规定，分为两种：一种是简易程序，当场作出行政处罚的应当当场交付当事人。另一种是普通程序，宣告后当场交付当事人；当事人不在场的，应在7日内送达当事人。对于行政处罚决定书的送达方式则应当适用《民事诉讼法》规定的几种法定送达方式：直接送达、留置送达、委托送达、邮寄送达、转交送达、公告送达等。

如当事人确实存在经济困难，无法按期履行行政处罚决定书确定的缴纳罚款的义务，则可以向作出处罚决定的行政机关提出延期或者分期缴纳罚款的申请，该申请必须经行政机关审核批准后才可延期或者分期履行；否则行政机关可依法向人民法院申请强制执行。

适用要点

行政机关在作出行政处罚决定时，应明确履行期限，并在处罚决定书中载明当事人的履行期限，防止当事人在履行义务时产生歧义和不必要的争议。行政机关在作出行政处罚决定后应积极履行程序性义务，如及时将处罚决定书送达当事人，这也是行政机关严格规范执法和提高行政管理效率的必然要求。

被行政处罚的当事人，对处罚决定有异议，可通过申请行政复议或者提起行政诉讼的方式维护自身合法权益；但根据本法第73条第1款的规定，申请行政复议或者提起行政诉讼的，行政处罚不停止执行，法律另有规定的除外。故当事人应特别注意处罚决定书中履行期限的规定，防止延期履行或被强制履行后增加履行成本。对于罚款这一行政处罚决定的履行，本条赋予了经济确有困难的当事人享有延期或者分期缴纳的权利，并明确了具体的程序要求。

关联法规

《安全生产违法行为行政处罚办法》第59条；《气象行政处罚办法》第38条；《著作权行政处罚实施办法》第38条；《环境行政处罚办法》第60、64条；《烟草专卖行政处罚程序规定》第52条

案例指引

刘应礼与庆元县公安局行政处罚案①

裁判要旨：被处罚人可以申请暂缓履行行政处罚决定书确定的义务，但应当依照法定程序提出申请并经行政机关批准。

第六十七条　【罚缴分离原则】作出罚款决定的行政机关应当与收缴罚款的机构分离。

除依照本法第六十八条、第六十九条的规定当场收缴的罚款外，作出行政处罚决定的行政机关及其执法人员不得自行收缴罚款。

当事人应当自收到行政处罚决定书之日起十五日内，到指定的银行或者通过电子支付系统缴纳罚款。银行应当收受罚款，并将罚款直接上缴国库。

条文注释

本条确定了作出罚款决定的行政机关与收缴罚款的专门机构相分离的原则，并明确了缴纳罚款的期限和方式。

本条增加支付的方式，将2017年《行政处罚法》中的“到指定的银行缴纳罚款”修改为“到指定的银行或者通过电子支付系统缴纳罚款”。这不仅顺应了时代趋势，更便于当事人履行罚款缴纳义务。电子商务的快速发展及通信技术的应用，使电子支付逐渐成为快捷支付方式并成为传统支付行业的有力补充。为保障电子商务各方主体的合法权益，规范电子商务行为，维护市场秩序，促进电子商务持续健康发展，2018年《电子商务法》，首次在法律层面对电子支付作出具体规定，明确电子支付服务提供者和用户的权利义务，电子

① 浙江省丽水市中级人民法院(2001)丽中行终字第38号。

支付指令和支付安全管理的具体要求,如何处理错误支付、未授权支付等有关重要问题。在行政处罚法中引入电子支付系统,不但节省了当事人缴纳罚款的时间,避免了不及时支付产生的额外费用,也提高了行政机关执法的效率。

本法对罚缴分离作了原则规定,为加强对罚款收缴活动的监督、保证罚款及时上缴国库提供指导原则;1998 年 1 月 1 日起施行的《罚款决定与罚款收缴分离实施办法》,进一步细化罚款的收取、缴纳流程。根据本条和《罚款决定与罚款收缴分离实施办法》的相关规定,除本法第 68 条规定的可以当场收缴的两种情形(100 元以下罚款和不当场收缴事后难以执行的)以及第 69 条关于在边远、水上、交通不便地区当事人主动提出当场缴纳罚款的情况之外,行政机关均应做到罚缴分离,不得当场收缴。当事人也应按法定期限即自其收到行政处罚决定书之日起 15 日内到指定的银行或者通过电子支付系统缴纳罚款。作出行政处罚决定的行政机关及其执法人员无权自行收缴罚款。依法经过批准的具有代收罚款业务的相关银行应履行收取罚款和将罚款直接上缴国库的义务,任何行政机关、组织或者个人不得以任何形式截留、私分或者变相私分行政罚款。

实行罚款决定与罚款收缴相分离的原则,有利于从制度上杜绝行政机关乱罚滥用现象,有利于加强国家对罚款收缴活动的监督,保证罚款及时上缴国库,防止国有资产的流失。

适用要点

电子商务的快速发展及通信技术的应用,使电子支付逐渐成为快捷支付方式并成为传统支付行业的有力补充。为保障电子商务各方主体的合法权益、规范电子商务行为、维护市场秩序、促进电子商务持续健康发展,2018 年 8 月 31 日第十三届全国人民代表大会常务委员会第五次会议通过《电子商务法》,首次在法律层面对电子支付作出具体规定,明确电子支付服务提供者和用户的权利义务,规范电子支付指令和支付安全管理的具体要求,明确如何处理错误支付、未授权支付等有关问题。在《行政处罚法》中引入电子支付系统,不但节省了当事人缴纳罚款的时间,避免了因不及时支付而产生的额外费用,而且提高了行政机关执法的效率。

关联法规

《罚款决定与罚款收缴分离实施办法》第 1～4 条;《电子商务法》第 53～55 条;《气象行政处罚办法》第 7 条;《治安管理处罚法》第 115 条;《烟草专卖行政处罚程序规定》第 60 条

案例指引

雷喜东诉伊通满族自治县公安局二道派出所及曹海军、单丽云治安行政处罚案①

裁判要旨:《治安管理处罚法》第 91 条规定:"治安管理处罚由县级以上人民政府公安机关决定;其中警告、五百元以下的罚款可以由公安派出所决定。"但根据《行政处罚法》有关规定,除法定情形外,作出行政处罚决定的行政机关及其执法人员不得自行收缴罚款。

第六十八条　【当场收缴罚款情形】依照本法第五十一条的规定当场作出行政处罚决定,有下列情形之一,执法人员可以当场收缴罚款:

(一)依法给予一百元以下罚款的;

(二)不当场收缴事后难以执行的。

条文注释

本条是关于执法人员当场作出行政处罚决定时,特定情形下可以当场收缴罚款的规定。

因罚款不影响当事人的人身自由,又能对违法行为起到较好的惩戒作用,故其是行政处罚中适用相对广泛的一种处罚措施。相较

① 吉林省高级人民法院(2020)吉行申 306 号。

于2017年的《行政处罚法》第47条“二十元以下的罚款”的数额标准,本次修订将该数额上限标准予以适度提高,顺应了社会经济发展水平。由于罚款数额较小,实行当场收缴的制度符合行政效率原则。对于不当场收缴罚款事后将难以执行的,也可以当场收缴,此种情况主要适用于对一些流动经营人员或者在当地没有固定住所的人员作出的罚款决定,不当场执行恐事后执行难度大、执行成本高或者执行不能。

在理解和适用本条规定时,要分清“两个当场”,当场罚款和当场收缴罚款。当场罚款是对当事人当场作出处以一定数额罚款的行政处罚决定;当场收缴罚款是对罚款决定机关与收缴罚款机构相分离原则的一种例外规定,是对罚款行政处罚决定的一种执行措施。按照《行政处罚法》的规定,两种情形下执法人员可以适用当场收缴罚款。《行政处罚法》对当场罚款和当场收缴罚款的法律定义、适用条件、程序要求等方面均存在不同的规定,但这只是概括性原则性规定,有关单行法律、行政法规和规章对其适用条件和程序要求作出了具体的规定,以便相关执法机关合法合理执行。例如,《治安管理处罚法》规定了违反治安管理行为事实清楚,证据确凿,处警告或者200元以下罚款的,可以当场作出治安管理处罚决定;又规定了被处罚人对被处50元以下罚款无异议;或者在边远、水上、交通不便地区作出罚款决定后,被处罚人提出向指定银行缴纳罚款确有困难;或者对在当地没有固定住所的被处罚人,不当场收缴事后难以执行的,人民警察可以当场收缴罚款。结合上述内容,可以更加清晰地理解和适用当场罚款和当场收缴罚款的法律规定。

适用要点

行政机关及其执法人员依照《行政处罚法》的规定,在依法给予100元以下罚款或者不当场收缴事后难以执行的情形下进行的当场收缴罚款,应当按照简易程序,即当场处罚的程序进行。根据本法第51条的规定,适用简易程序的法定条件是:违法事实确凿并有法定依据,对公民处以200元以下、对法人或者其他组织处以3000元以下罚款或者警告的行政处罚的,可以当场作出行政处罚决定。也即一般情况下当场作出行政处罚决定的只能适用简易程序，也只有适用简易程序当场作出行政处罚决定的，才有可能当场收缴罚款。反之，非当场作出行政处罚决定的，均不能当场收缴罚款。对于什么情况属于不当场收缴事后就难以执行的情况，《行政处罚法》《罚款决定与罚款收缴分离实施办法》都没有具体规定。一般情况下，应考虑人员的流动性、在当地有无住所、单位性质等具体情形由行政机关自主判断。

关联法规

《治安管理处罚法》第104条；《气象行政处罚办法》第17条

第六十九条　【边远地区当场收缴罚款】在边远、水上、交通不便地区，行政机关及其执法人员依照本法第五十一条、第五十七条的规定作出罚款决定后，当事人到指定的银行或者通过电子支付系统缴纳罚款确有困难，经当事人提出，行政机关及其执法人员可以当场收缴罚款。

条文注释

本条是关于交通不便地区经当事人提出可以当场收缴罚款的规定。

本条有修订，增加了“电子支付系统”缴纳的规定。现在信息通信技术高度发达，执法装备日益先进，有别于传统的罚款收缴方式，行政机关运用专门的信息软件收缴罚款，当事人可以下载相关软件后通过网银转账、电子支付等多种支付方式进行线上缴纳罚款；但基于特殊国情，地区发展不均衡，通过上述技术方式缴纳罚款并未普及，且对于边远、水上、交通不便地区，如山区、草原牧区等，限于客观自然条件和当事人的文化认知水平，行政机关按照行政处罚简易程序或者一般程序对当事人作出罚款决定后，会遇到当事人到指定银行缴纳罚款或通过电子支付系统缴纳确有困难的情况，在这种情形下，如果当事人提出当场缴纳罚款的要求，执法人员可以当场收缴罚款。即行政机关在查处边远、水上、交通不便地区发生的违法行为时，如作出的罚款决定是对公民处以200元以下的罚款、对法人或者其他组织处以3000元以下的罚款，可以按照本条规定执行。行政机关及其执法人员对当事人处以罚款行政处罚决定后，如果符合本法第68条规定的当场收缴罚款的情形，即适用简易程序给予当事人100元以下罚款或者不当场收缴事后难以执行的，即使当事人处于边远、水上、交通不便地区，执法人员也可以选择直接适用第68条规定的当场收缴罚款，可不必"经当事人提出"。在此种情形下，当事人提出当场缴纳罚款的要求并不是当场收缴罚款的必不可少的要件。

适用要点

适用本条时，需注意三个条件：一是边远、水上、交通不便地区，二是到指定银行或者通过电子支付系统缴纳罚款确有困难，三是必须当事人提出，三个条件缺一不可。将地理位置限定于边远、水上、交通不便地区等特殊区域，主要基于上述区域银行网点较少并且交通不便或是信息技术落后不发达，要求当事人到指定的银行或者通过电子支付系统缴纳罚款确有诸多不便。当事人提出当场缴纳罚款要求，是适用本条当场收缴罚款的另一个必不可少的要件。如果当事人没有提出，即便是在边远、水上、交通不便地区发生违法行为而受到罚款的行政处罚决定，执法人员也不能当场收缴罚款。"在边远、水上、交通不便地区"是客观要件，"经当事人提出"则是主观要件，主客观同时满足才能适用。需要说明的是，"经当事人提出"虽是主观要件，需要当事人主动提出，但行政机关及其执法人员从方便当事人角度出发，可以依职权主动向当事人释明本条法律规定，减轻当事人负担。

关联法规

《治安管理处罚法》第104、105条

第七十条　【罚款收据】行政机关及其执法人员当场收缴罚款的，必须向当事人出具国务院财政部门或者省、自治区、直辖市人民政府财政部门统一制发的专用票据；不出具财政部门统一制发的专用票据的，当事人有权拒绝缴纳罚款。

条文注释

本条是关于当场收缴罚款必须出具专用收据程序的规定。

对当事人缴纳的罚款，无论是行政执法人员当场收缴还是当事人按照规定自行到指定的银行或者通过电子支付系统缴纳的罚款，必须全部上缴财政部门，成为国有资产。收缴罚款时不向被处罚的当事人出具罚款专用票据或者虽然出具了罚款专用票据但系行政机关自行印制而非政府财政部门统一制发的罚款专用票据或者出具的是罚款收据或者其他性质的款项收据，是实践中行政机关滥罚款、乱罚款现象中的突出问题，为行政机关私自建设“小金库”创造了便利条件，也使行政执法人员有贪污、挪用罚款恶念时有机可乘，从而容易造成国有资产的流失。为保证罚款及时如数上缴国库、加强国家对罚款收入的财政管理，行政执法人员或者代收银行在收缴罚款时向当事人出具由财政部门统一制发的专用票据是一项切实有效的措施，这样做可以对罚款进行严格有效控制，减少甚至杜绝滥罚款、乱罚款，防止截留、私分、挪用、贪污罚款等现象的出现。本法修订时将“罚款收据”修改为“专用票据”，将制发专用票据的主体增加了国务院财政部门，系国家更加严格规范了对行政罚款的管控措施。财政部曾于2000年7月4日发布《当场处罚罚款票据管理暂行规定》，目的是贯彻执行《行政处罚法》有关规定，加强对当场处罚罚款票据的管理，保证罚没收入正常缴库。该规定所称的罚款票据，是指中央主管部门及其直属的中央级执法机关按照《行政处罚法》的规定，实施行政处罚需要当场收缴罚款而使用的罚款票据。除法律、法规另有规定外，中央主管部门及其所属单位按照《行政处罚法》规定，实施行政处罚需要当场收缴罚款的，一律按本规定使用财政部监（印）制的罚款票据。

适用要点

无论是当场收缴罚款还是当事人事后缴纳罚款，行政机关及其执法人员都必须出具专用票据，不得以任何理由推脱或者免除该项义务。本条强调行政机关及其执法人员当场收缴当事人罚款时，必须履行向当事人出具专用票据的义务。行政执法人员当场出具的专用票据必须是法定部门统一制发的符合法定形式和内容的专款专用票据，不得以任何理由出具其他性质的专用票据或者收据。如果行政机关及其执法人员不出具专用票据或者出具的是非专用票据，当事人则有权拒绝缴纳罚款，并有权对该违法执法行为予以检举，行政机关直接负责的主管人员和其他责任人员将受到行政处分，情节严重构成犯罪的，还将依法追究其刑事责任。

关联法规

《治安管理处罚法》第 106 条；《当场处罚罚款票据管理暂行规定》第 1 ~ 4 条；《安全生产违法行为行政处罚办法》第 60 条；《气象行政处罚办法》第 18 条

第七十一条 【当场收缴罚款的上缴程序】执法人员当场收缴的罚款，应当自收缴罚款之日起二日内，交至行政机关；在水上当场收缴的罚款，应当自抵岸之日起二日内交至行政机关；行政机关应当在二日内将罚款缴付指定的银行。

条文注释

本条是关于执法人员对当场收缴的罚款上缴程序的规定。

对于行政处罚罚款的收缴，一般实行作出罚款决定的行政机关和收缴罚款机构相分离的原则，即执法机关及其执法人员作出行政处罚决定后不直接收缴罚款，而是由当事人到指定的银行或者通过电子支付系统缴纳。在法定的情形下，对于行政处罚决定作出后即由执法人员当场收缴的罚款，如何上缴至国库，本条作出了具体的程序性规定。执法人员应当自当场收缴罚款之日起 2 日内，将当场收缴的罚款交到的行政机关，行政机关应当自收到执法人员交来的罚款之日起2日内将罚款缴付指定的银行；而对于在水上区域当场收缴的罚款，执法人员应当自抵岸之日起2日内，将在水上当场收缴的罚款交到行政机关，行政机关也应当在2日内将执法人员交来的罚款缴付指定的银行。

执法人员当场收缴罚款，是因为情况特殊无法由指定的金融机构直接收缴罚款，而由执法人员作出的一种代收行为。既然是行政机关的执法人员代收罚款，则执法人员当场收缴罚款后，本法必须对其上缴期限进行限定。因此，执法人员当场收缴罚款后，应当及时交付至行政机关，再由该行政机关统一及时缴付指定银行，这样当事人缴纳的罚款方能及时上缴国库。如此规定既是财务管理的需要，可以防止罚款被执法人员或行政机关违法截留、非法挪用，也有利于树立行政机关的威信和执法人员的形象。与一般财务会计制度关于财会人员应当将所收现金在当日缴付银行的规定不同，本条规定的法定期限实际是允许罚款自收缴之日起4日内缴付指定的银行，立法时应是考虑到了行政执法人员执法任务重、工作量大的实际情况。特别应当注意的是，在水上当场收缴的罚款，执法人员交付其所在行政机关的起算日期应当自抵岸之日起开始计算，而非执法人员收缴罚款之日起计算，这主要是考虑到水上执法的特殊性。

适用要点

执法机关对于行政罚款这一执法手段的运用极为广泛，执法人员当场收缴罚款，如果不对收缴罚款的上缴明确其流程和期限，实践中若受利益驱动，容易导致行政机关及其执法人员截留、贪污、挪用。本条已明确规定了罚款上缴的流程和期限，行政机关及其执法人员在实践中应严格按照规定的程序执行。一方面，行政机关应当加强对执法人员的廉政建设和业务培训，健全对行政处罚的监督制度，规范和保证该条规定的实施，防止违法违纪甚至犯罪行为的发生；另一方面，若发生了行政机关及其执法人员截留、贪污、挪用罚款的现象，应当积极追缴罚款，对执法人员、直接负责的主管人员和其他责任人员依法予以处分，构成犯罪的依法追究其刑事责任。为了确保执法人员当场收缴的罚款能够及时全部缴付银行，银行内应建立罚款专户存放收缴的罚款，集中上缴国库。

关联法规

《治安管理处罚法》第105条；《安全生产违法行为行政处罚办法》第60条；《气象行政处罚办法》第18条

第七十二条　【执行措施】当事人逾期不履行行政处罚决定的，作出行政处罚决定的行政机关可以采取下列措施：

（一）到期不缴纳罚款的，每日按罚款数额的百分之三加处罚款，加处罚款的数额不得超出罚款的数额；

（二）根据法律规定，将查封、扣押的财物拍卖、依法处理或者将冻结的存款、汇款划拨抵缴罚款；

（三）根据法律规定，采取其他行政强制执行方式；

（四）依照《中华人民共和国行政强制法》的规定申请人民法院强制执行。

行政机关批准延期、分期缴纳罚款的，申请人民法院强制执行的期限，自暂缓或者分期缴纳罚款期限结束之日起计算。

条文注释

本条是关于当事人逾期不履行行政处罚决定的行政机关依法强制执行的规定。

根据本条规定，为了确保行政处罚决定得到充分实现，行政机关在当事人逾期拒不履行行政处罚决定时，依法可以采取的强制执行措施主要有以下三种：(1)加处罚款，当事人逾期不履行罚款决定的，可以对当事人每日按行政处罚决定的罚款数额的3%加处罚款；(2)依法拍卖、处理已经查封、扣押的财物或者划拨冻结的存款、汇款，当事人逾期不履行罚款决定又无任何正当理由的，行政机关可以采取该行政强制措施以抵缴罚款；(3)申请人民法院强制执行，根据现行法律法规的规定，除公安、海关、税务等少数行政机关有强制执行权外，对于没有行政强制执行权的大多数行政机关，当其认为需要强制当事人履行行政处罚决定时,可以向人民法院提出强制执行申请。本条修订时增加了一项兜底条款,即除本条明确的三种行政强制执行措施外,行政机关可以根据法律规定,采取其他行政强制执行方式。同时明确了经行政机关批准延期、分期缴纳罚款的强制执行期限的起算日期。

行政处罚强制执行的方式包括行政机关强制执行和申请人民法院强制执行两种。行政机关强制执行,是指在行政机关依法作出行政处罚决定后,如果当事人在行政处罚决定规定的期限内不依法履行义务,为实现行政处罚决定而采取的强制措施。行政机关强制执行必须依据《行政强制法》的有关规定,由法定的具有行政强制执行权的执行机关遵循法定的执行程序进行,在该程序中亦必须保障当事人的陈述和申辩的权利。申请人民法院强制执行是指没有行政处罚强制执行权的行政机关通过申请人民法院强制执行实现行政处罚决定的内容,人民法院应当适用司法强制执行程序的法律规定依法强制执行。行政机关对于行政处罚强制执行,是自行采取行政处罚强制执行措施还是申请人民法院强制执行,需要根据具体情况处理。

需要注意的是,对于当事人申请并经行政机关批准延期、分期缴纳罚款的,申请人民法院强制执行的期限,不是自行政处罚决定载明的履行期限届满之日起计算,而是自经行政机关批准的暂缓或者分期缴纳罚款期限结束之日起计算。

关于行政机关申请强制执行问题,应严格遵守《行政强制法》和《行政诉讼法》等法律中规定的条件、程序和期限等。

关于行政强制执行的依据。《行政强制法》第13条规定:"行政强制执行由法律设定。法律没有规定行政机关强制执行的,作出行政决定的行政机关应当申请人民法院强制执行。"《行政诉讼法》第97条规定:"公民、法人或者其他组织对行政行为在法定期限内不提起诉讼又不履行的,行政机关可以申请人民法院强制执行,或者依法强制执行。"上述规定明确了两种行政强制执行的主体:一是有法律授权的行政机关可以依法强制执行;二是没有法律授权的行政机关可在法定期限内申请人民法院强制执行。

关于行政强制执行程序和申请期限。《行政强制法》第53条规定，当事人在法定期限内不申请行政复议或者提起行政诉讼，又不履行行政决定的，没有行政强制执行权的行政机关可以自期限届满之日起三个月内，申请人民法院强制执行。2018年《最高人民法院关于适用〈中华人民共和国行政诉讼法〉的解释》第156条规定："没有强制执行权的行政机关申请人民法院强制执行其行政行为，应当自被执行人的法定起诉期限届满之日起三个月内提出。逾期申请的，除有正当理由外，人民法院不予受理。"法律之所以规定了较长的申请期限，是考虑到行政强制执行对行政相对人权益影响大，需要通过司法的执行审查，以最大限度地防止行政强制权的滥用。

适用要点

适用本条需要注意以下几个问题：(1)实践中有的行政处罚决定需要强制执行，主要针对那些需要当事人履行而当事人不主动履行的行政处罚决定，例如罚款、没收违法所得、责令关闭、责令停产停业、行政拘留等；有的行政处罚决定则不需要强制执行，如警告、通报批评等，行政机关主动为之即可。(2)强制执行主体应是有权对行政处罚实施强制执行的机关。从本条规定来看，当事人逾期不履行行政处罚决定的，作出行政处罚决定的行政机关可以采取措施强制执行，也可以申请人民法院强制执行，其执行主体包括行政机关和人民法院。(3)行政机关采取本条第1款第1项强制措施时，应注意此处加处的"罚款"属于执行罚的罚款而非行政处罚种类中的"罚款"，可以按日反复进行而不受"一事不再罚原则"的限制。(4)行政机关采取本条第1款第2项强制措施时，必须有法律明确授权其在查处违法行为时，可以查封、扣押当事人的财物或者冻结当事人的存款、汇款，并且必须依照法定程序进行。(5)行政机关申请人民法院强制执行的主体必须符合法定条件，行政机关具有强制执行权而法律法规又未规定其可以申请法院强制执行，其就不能向法院申请强制执行；申请人民法院强制执行的期限必须符合法律规定，即对于行政处罚决定申请强制执行的期限，应当优先适用《行政强制法》

第53条规定;申请人民法院强制执行行政处罚决定的,应当符合法律关于管辖法院的规定,一般由申请行政机关所在地的基层人民法院受理;行政机关申请人民法院强制执行应遵循法定程序,即必须向人民法院提交申请执行书、行政处罚决定书以及其他必须提交的材料。

关联法规

《行政强制法》第22~28、34、45~49、53条;《安全生产违法行为行政处罚办法》第59条第1款;《气象行政处罚办法》第38、39条;《自然资源行政处罚办法》第33、36条;《环境行政处罚办法》第61条;《价格违法行为行政处罚规定》第21条;《烟草专卖行政处罚程序规定》第52、55、56条

案例指引

广州迅兴建筑工程有限公司与湘西自治州工商行政管理局行政强制执行案[①]

裁判要旨:行政机关在作出处罚决定之后,针对相对人逾期履行或者不履行的情况,需要有相应的执行措施来保障处罚决定的落实以维护法律权威。在没有相对人自愿履行的情况下,通过相关部门协助扣划罚款的行为就属于典型的行政强制执行行为。

熊天锡与那坡县人民政府强制拆除行政行为违法案[②]

裁判要旨:行政强制措施必须由法律授权的行政机关依职权实施。没有强制执行权力的行政机关应当按规定向人民法院申请强制执行。

① 湖南省高级人民法院(2019)湘行再30号。
② 广西壮族自治区高级人民法院(2019)桂行终737号。

扬州水立方旅游开发有限公司与扬州市自然资源和规划局土地行政处罚案①

裁判要旨：相对人逾期未履行行政处罚决定的，行政机关可按日加处罚款以强调处罚决定的惩罚性。法律规定明确将对公民、法人或者其他组织权利义务不产生实际影响及没有行政法上的约束力的行政行为排除在受案范围之外以避免诉累。

昌江黎族自治县生态环境局与昌江黎族自治县城市管理局行政处罚案②

裁判要旨：行政机关应当依照《行政强制法》的有关规定履行职责，在递交强制执行申请书的同时，提供行政处罚决定作出的事实、理由和依据。

第七十三条　【复议、诉讼期间行政处罚不停止执行】当事人对行政处罚决定不服，申请行政复议或者提起行政诉讼的，行政处罚不停止执行，法律另有规定的除外。

当事人对限制人身自由的行政处罚决定不服，申请行政复议或者提起行政诉讼的，可以向作出决定的机关提出暂缓执行申请。符合法律规定情形的，应当暂缓执行。

当事人申请行政复议或者提起行政诉讼的，加处罚款的数额在行政复议或者行政诉讼期间不予计算。

① 江苏省高级人民法院(2020)苏行再1号。
② 海南省高级人民法院(2019)琼行审复1号。

条文注释

本条是关于行政复议、行政诉讼期间行政处罚决定不停止执行，符合法律规定情形可暂缓执行及当事人申请行政复议或提起行政诉讼期间加处罚款不予计算的规定。

公民、法人或者其他组织因违法行为受到行政处罚是国家行使行政管理职能的具体体现，但并非所有的行政处罚决定都事实清楚，证据确实充分。“无救济既无处罚”“一切不受监督的权力必然导致腐败”，国家在赋予行政机关处罚权的同时，也给予当事人维护自身合法权益的救济途径。依照《行政复议法》和《行政诉讼法》的规定，当事人如果对行政机关作出的行政处罚决定不服，有权申请行政复议或者提起行政诉讼，通过这两种行政处罚的救济方式，纠正行政处罚决定的错误和行政机关的违法行为，从而保障当事人合法权益不受侵害。然而，行政处罚决定一经作出即具有法律上的执行力和强制力，在行政处罚未被依法予以撤销或者变更之前，行政机关和当事人原则上都应受该行政处罚决定的约束。故根据本条第 1 款规定，当事人即便对行政处罚决定不服，行使救济权利申请复议或提起诉讼，除非符合法律规定的特殊情形，否则行政处罚决定并不因此停止执行。

本条第 2 款是关于“暂缓执行”的规定。对涉及限制人身自由的行政处罚决定不服，在申请行政复议或者提起行政诉讼时，可以申请暂缓执行的法律渊源可以溯及至《治安管理处罚法》第 107 条，该条规定，被处罚人不服行政拘留处罚决定，申请行政复议、提起行政诉讼的，可以向公安机关提出暂缓执行行政拘留的申请。公安机关认为暂缓执行行政拘留不致发生社会危险的，由被处罚人或者其近亲属提出符合《治安管理处罚法》第 108 条规定条件的担保人，或者按每日行政拘留 200 元的标准交纳保证金，行政拘留的处罚决定暂缓执行。

关于当事人申请行政复议或者提起行政诉讼期间，加处罚款的数额在行政复议或者行政诉讼期间是否应予计算的问题，一直是理论界颇具争议的一个问题。第一种观点基于行政处罚决定一经作出即具有执行力和强制力的考量,认为当事人不履行缴纳罚款义务产生的法律后果即每日按罚款数额的3%加处罚款的责任应当由其自行承担。第二种观点认为,不停止执行是原则,需不需要加处罚款应允许作例外规定。因为基于国家意志先定力理论推定,行政处罚决定作出即具有法律拘束力,但当事人申请行政复议或提起行政诉讼后,行政处罚决定是否合法是由复议机关或人民法院决定,审查和诉讼的时间并非当事人能够把握。从公平合理原则考虑,行政复议或行政诉讼期间不应计算加处罚款,加处罚款的时间应当自当事人申请行政复议或提起行政诉讼时暂停计算,待行政复议或行政诉讼最终结果出来后继续计算。本条第3款内容即采纳了第二种观点,从立法上消弭了分歧,确保法律的统一实施。

适用要点

行政处罚决定在当事人申请行政复议或者提起行政诉讼期间,不停止执行是一般原则,既然“法律另有规定的除外”,也就是在一定情况下,复议机关和人民法院也可以作出停止执行的裁定。《行政复议法》第21条规定:“行政复议期间具体行政行为不停止执行;但是,有下列情形之一的,可以停止执行:(一)被申请人认为需要停止执行的;(二)行政复议机关认为需要停止执行的;(三)申请人申请停止执行,行政复议机关认为其要求合理,决定停止执行的;(四)法律规定停止执行的。”《行政诉讼法》第56条规定:“诉讼期间,不停止行政行为的执行。但有下列情形之一的,裁定停止执行:(一)被告认为需要停止执行的;(二)原告或者利害关系人申请停止执行,人民法院认为该行政行为的执行会造成难以弥补的损失,并且停止执行不损害国家利益、社会公共利益的;(三)人民法院认为该行政行为的执行会给国家利益、社会公共利益造成重大损害的;(四)法律、法规规定停止执行的。”根据上述法律规定,行政机关作出的行政处罚决定可以在以下三种情况下停止执行:(1)行政机关认为需要停止执行;(2)行政复议机关或者人民法院裁定停止执行;(3)法律、法规有其他停止执行的规定。

关联法规

《行政诉讼法》第56条;《行政复议法》第21条;《行政强制法》第34条;《治安管理处罚法》第107条;《烟草专卖行政处罚程序规定》第54条;《著作权行政处罚实施办法》第38条;《安全生产违法行为行政处罚办法》第59条第2款

案例指引

王力源与三亚市综合行政执法局行政强制拆除案①

裁判要旨:法律规定对于行政处罚不服提起行政复议或者行政诉讼的,在复议机关撤销原行政行为或者法院未经判决认定该处罚违法之前,该行政处罚仍具有法律效力。也就是说,当事人对行政处罚决定提起行政复议、诉讼并不能成为停止行政强制执行的法定事由。

刘和仙与龙里县人民政府房屋行政强制案②

裁判要旨:作出责令限期拆除违法建筑的行政处罚决定后,未待当事人申请行政复议和提起行政诉讼的法定期限届满便作出强制拆除违法建筑的决定,严重侵害了当事人救济性权利的有效行使。虽然该行政行为因为具有不可撤销性而仅确认违法,在事实上没有产生不同结果,但是其本质上是行政机关对权力的滥用,也违背了本法保障相对人合法权益的立法目的。

---

① 海南省高级人民法院(2017)琼行终663号。

② 贵州省高级人民法院(2017)黔行终605号。

第七十四条 【罚没非法财物的处理】除依法应当予以销毁的物品外,依法没收的非法财物必须按照国家规定公开拍卖或者按照国家有关规定处理。

罚款、没收的违法所得或者没收非法财物拍卖的款项,必须全部上缴国库,任何行政机关或者个人不得以任何形式截留、私分或者变相私分。

罚款、没收的违法所得或者没收非法财物拍卖的款项,不得同作出行政处罚决定的行政机关及其工作人员的考核、考评直接或者变相挂钩。除依法应当退还、退赔的外,财政部门不得以任何形式向作出行政处罚决定的行政机关返还罚款、没收的违法所得或者没收非法财物拍卖的款项。

条文注释

本条是关于罚款、没收的违法所得或者没收非法财物拍卖的款项必须全部上缴国库及不得与行政机关及其工作人员的考核、考评挂钩的规定。

行政法中并未对"非法财物"准确界定,通说认为,"非法财物"是指违法行为人所占有的违禁品和实施违法行为的工具、物品,不包括加工、生产的产品和经营的商品。《公安机关办理行政案件程序规定》第194条第1款规定,对在办理行政案件中查获的下列物品应当依法予以收缴:(1)毒品、淫秽物品等违禁品;(2)赌具和赌资;(3)吸食、注射毒品的用具;(4)伪造、变造的公文、证件、证明文件、票证、印章等;(5)倒卖的车船票、文艺演出票、体育比赛入场券等有价票证;(6)主要用于实施违法行为的本人所有的工具以及直接用于实施毒品违法行为的资金;(7)法律、法规规定可以收缴的其他非法财物。

违法所得,是指相对人违反法律法规或实施了法律法规的禁止性行为,或未履行法定义务而获得的收入。没收违法所得,是指有权机关(行政机关或司法机关)依法对相对人或犯罪行为人违法取得的收入,依照法定程序,运用国家强制力予以剥夺的处罚方式。行政领域的“违法所得”与刑法的“违法所得”有一定的区别。关于前者，《工商行政管理机关行政处罚案件违法所得认定办法》明确了违法所得的一般认定标准和特殊认定标准。一般认定标准为：违法所得＝当事人违法生产、销售商品或者提供服务所获得的全部收入－当事人直接用于经营活动的适当的合理支出。违法生产商品的违法所得按违法生产商品的全部销售收入扣除生产商品的原材料购进价款计算。违法销售商品的违法所得按违法销售商品的销售收入扣除所售商品的购进价款计算。违法提供服务的违法所得按违法提供服务的全部收入扣除该项服务中所使用商品的购进价款计算。《环境行政处罚办法》第77条承继了该法律精神。特殊认定标准为：销售收入或全部收入。针对的是一些社会危害性大或违法成本不易计算的违法行为，如为违法行为提供便利条件等。关于后者，司法解释之间的界定和认定标准不同造成实践中有分歧。一种观点认为，法律逻辑之间应相互衔接，不宜出现不同标准，应统一适用《工商行政管理机关行政处罚案件违法所得认定办法》，即与行政法意义上的“违法所得”的一般标准相衔接。另一种观点认为，应指通过实施犯罪直接或间接取得的一切财物，包括违禁品和供犯罪所用的本人财物，都应当予以没收。依据是《刑法》第64条的规定。

拍卖是由专门的拍卖机构接受委托，依照一定规则通过公开叫价竞购的方式，将货物转让给出价最高者。该种处理非法财物的方式公开透明、竞争性强，有利于社会公众对行政机关进行有效监督，促进廉政、防止腐败。对于行政机关依法没收的其他非法财物，具有公开拍卖条件和适宜公开拍卖的，必须按照国家规定公开拍卖。对于不适宜公开拍卖的非法财物，如文物、枪支弹药、毒品、易腐鲜活品、特许经营物资等，应根据其不同的性质和用途，由行政机关按照国家有关规定，采取不同的方式及时处理。但无论采取哪一种方式处理非法财物，行政机关都必须将没收非法财物拍卖的款项、罚款和没收的违法所得全部上缴国库，任何行政机关或者个人不得以任何形式截留、私分或者变相私分。为了杜绝这一现象，国家明确了罚没收入与行政经费“收支两条线”的财政政策，即行政机关罚没收入全部上缴国库,财政经费由财政部门另行拨款。但实践中又出现了罚没收入上缴国库后,财政部门以种种形式向行政机关返还款项,且返还款项数额与上缴罚没款数额挂钩的现象。故本条作出针对财政部门不得以任何形式向作出行政处罚决定的行政机关返还罚款、没收的违法所得或者没收非法财物拍卖的款项的禁止性规定,避免"收支两条线"政策形同虚设。

本条修订时新增了执法责任制,即罚款、没收的违法所得或者没收非法财物拍卖的款项,不得同作出行政处罚决定的行政机关及其工作人员的考核、考评直接或者变相挂钩。若将行政机关的罚没收入同行政机关及其工作人员的考核、考评挂钩,因为关乎到行政机关及其工作人员的切实利益,实践中同样会产生乱罚滥罚的弊端,所以必须严厉禁止该种做法。

适用要点

本条规定了行政机关对没收的非法财物如何变现和处理,以及罚没收入必须上缴国库,同时规定行政机关、相关工作人员、国家财政部门不得为的禁止性行为。对于行政机关依法没收的非法财物,应当予以销毁、公开拍卖或者按照国家有关规定处理。我国没有一个专门规定销毁、公开拍卖或处理非法物品的法律,对于不同的物品,应依据不同的法律法规规定。根据《烟草专卖行政处罚程序规定》第59条的规定,依法查获的霉坏变质的烟草制品不得上市流通。烟草专卖行政主管部门采取销毁等处理措施的,应当符合国家有关规定,并经上一级烟草专卖行政主管部门批准。需要强调的是,依照本条规定,任何行政机关或者个人截留、私分或者变相私分罚没款项,或者将罚没款项与行政机关及其工作人员的考核、考评相挂钩,或者财政部门向行政机关返还罚没款项,均将依法追缴,并追究直接负责的主管人员或者其他直接责任人员的行政责任,构成犯罪的,依法追究刑事责任。

关联法规

《公安机关办理行政案件程序规定》第194条;《工商行政管理机关行政处罚案件违法所得认定办法》第2~6条;《环境行政处罚

办法》第77条;《气象行政处罚办法》第40条;《烟草专卖行政处罚程序规定》第60条第2款

第七十五条　【行政处罚监督制度】行政机关应当建立健全对行政处罚的监督制度。县级以上人民政府应当定期组织开展行政执法评议、考核,加强对行政处罚的监督检查,规范和保障行政处罚的实施。

行政机关实施行政处罚应当接受社会监督。公民、法人或者其他组织对行政机关实施行政处罚的行为,有权申诉或者检举;行政机关应当认真审查,发现有错误的,应当主动改正。

条文注释

本条是关于行政处罚监督制度的规定。

行政处罚是行政机关依法进行行政管理的必不可少的重要组成部分,虽然在一定程度上起到制止、惩处行政违法行为的作用,但行政处罚中乱罚滥罚、越权处罚、徇私枉法等侵害公民、法人或其他组织合法权益的现象不可避免,故对行政处罚权建立切实有效的监督机制是现代法治社会的必然要求。

行政处罚监督,是指为了保障行政处罚的正确实施,依法享有行政处罚监督权的国家机关、社会组织和公民对行政机关及其执法人员在行政处罚设定、实施和适用等情况下的行为实施的监督,主要包括行政处罚的行政监督和行政处罚的群众监督。行政监督是行政体系的内部监督,由行政机关自身实施的经常性的对行政机关及其执法人员的执法活动实施监察和督导的活动。行政监督的监督机关主要包括:(1)国务院对行政处罚的监督,如可以改变不适当的规章、决定和命令;(2)国务院所属各部门对各级政府职能部门的监督,如有权纠正错误的行政处罚决定;(3)上级人民政府对下级人民政府、本级人民政府对下属各职能部门、上级人民政府所属职能部门对下级人民政府所属职能部门实施的行政处罚进行监督。关于县级以上人民政府对行政处罚的监督检查方式,本条明确“应当定期组织开展行政执法评议、考核”,但实际上县级以上人民政府对行政处罚的监督方式还包括三种类型:一是复议监督,即行政复议程序;二是复查监督,即当事人对已经生效的行政处罚决定不服请求再复查;三是监察监督,即行政监察部门针对行政相对人提出检举或控告的处罚行为进行了解审查。行政处罚的群众监督是行政体系的外部监督,由公民、法人或者其他组织对行政机关作出的行政处罚决定进行申诉或者检举,行政机关应当认真审查,发现确有错误的,应主动改正。行政处罚的群众监督亦是宪法赋予公民的一项基本权利,公民对于任何国家机关和国家工作人员的违法渎职行为都享有提出申诉、控告或者检举的权利,故群众监督亦是实现人民当家作主的具体体现。

适用要点

关于本条的适用要注意:行政处罚的行政监督与群众监督是行政处罚监督制度的两个重要方面,相辅相成、不可分割。但这两种监督机制也是不同的,行政监督具有国家强制力,能够直接产生相应的法律后果,而群众监督不具有国家强制力,不直接产生相应的法律后果,只有当群众监督的意见被采纳后,才具有法律上的强制力,产生相应的法律后果。人民群众对行政处罚的监督主要采取以下几种形式进行:一是直接对行政机关及其执法人员提出建议、批评、控告、检举,若权利受到侵犯而造成损失,还具有要求国家赔偿的权利;二是通过信访途径对行政机关及其执法人员实施的违法渎职行为进行申诉、控告、检举,如国务院发布《信访条例》对信访工作进行了具体规定;三是通过工会、共青团、妇联、政协和各民主党派等社会组织、团体及报纸杂志、广播电视等舆论工具批评、揭发、监督行政机关及其执法人员的违法渎职行为;四是人民群众通过提起行政诉讼的方式,由人民法院审查具体行政处罚行为的合法性和合理性。

关联法规

《治安管理处罚法》第114条;《自然资源行政处罚办法》第39条;《气象行政处罚办法》第43条;《烟草专卖行政处罚程序规定》第61~64条

案例指引

郸城县公安局与史善芝行政处罚案①

裁判要旨：行政机关因程序或文字瑕疵而撤销原处罚决定，不涉及实体问题，故基于相同事实和理由再次作出处罚决定并不构成重复作出行政行为，只是对其作出的行政行为的自查自纠。

薛朝辉与江苏省住房和城乡建设厅、中华人民共和国住房和城乡建设部不履行法定职责、行政复议案②

裁判要旨：相对人的权利救济需要遵守法律规定的程序，在经过行政复议和诉讼程序后又就同一事实进行信访，认为行政机关不受理事项是不履行行政职责而提起诉讼的，法院驳回起诉并无不当。

孙六焕与北京市昌平区应急管理局（原北京市昌平区安全生产监督管理局）行政处罚决定案③

裁判要旨：行政机关对行政处罚决定自行纠错后重新进行调查并作出处罚决定的办案期限应当重新开始起算。

① 河南省高级人民法院（2019）豫行再138号。
② 江苏省高级人民法院（2018）苏行终1303号。
③ 北京市高级人民法院（2019）京行申430号。

甘同英与枣庄市国土资源局履行法定职责案①

裁判要旨：行政机关因处罚对象或内容等出现错误，自查发现的可以撤销处罚决定。在经过重新调查、勘验后，重新作出行政处罚决定。

① 山东省高级人民法院(2017)鲁行申237号。

第七章　法 律 责 任

第七十六条　【违法行政处罚实施人员的法律责任】行政机关实施行政处罚,有下列情形之一,由上级行政机关或者有关机关责令改正,对直接负责的主管人员和其他直接责任人员依法给予处分:

(一)没有法定的行政处罚依据的;

(二)擅自改变行政处罚种类、幅度的;

(三)违反法定的行政处罚程序的;

(四)违反本法第二十条关于委托处罚的规定的;

(五)执法人员未取得执法证件的。

行政机关对符合立案标准的案件不及时立案的,依照前款规定予以处理。

条文注释

本条是关于违法行政处罚实施人员的法律责任的规定。

有观点认为,本条是关于行政机关违法实施行政处罚的法律责任的规定,这是不够准确的。事实上,行政机关违法实施行政处罚的法律责任是导致行政处罚法律关系设定的权利义务不产生,如本法第 38 条规定的,没有法定依据的行政处罚无效。而本条规定的是,实施违法行政处罚的主管人员和其他直接责任人员承担行政机关内部的行政处分责任。

(1)没有法定的行政处罚依据的。即行政处罚的依据必须依法设立并且公布,没有法律规定,或者法律法规超越权限范围规定,或者制定后不公布的,都不得作为行政处罚依据。

(2)擅自改变行政处罚种类、幅度的。本法第 2 章对行政处罚的种类、幅度依照各层级的法律规定有明确要求，行政机关在适用这些法律时，应严格遵守这些规定，在法律规定的种类和幅度内对违法行为人实施行政处罚。

(3)违反法定的行政处罚程序的。行政处罚遵循正当程序是处罚法定原则的基本要求。本法规定了管辖、回避、申辩陈述、听证等法定程序，行政机关在实施行政处罚时，必须严格按照本法规定的行政处罚程序进行处罚。

(4)违反委托处罚的规定的。本法第20条规定了行政处罚可以委托实施，委托后不得再委托；第21条规定了受委托组织必须符合的具体条件。因此，行政机关缺乏依据自行委托其他组织实施行政处罚的，或者委托不符合法定条件的组织或者个人实施行政处罚的，抑或受委托组织再委托其他组织或者个人实施行政处罚的，都会触发本条规定的法律责任。

(5)执法人员未取得执法证件的。执法人员需通过培训与考核后方能持证上岗，对执法人员进行证件管理，有助于严格管理执法队伍、提高执法水平。相反，如未取得执法证件，则需按照本条承担相应责任。

(6)对符合立案标准的案件不及时立案的。触发本条对应的行政处分责任共有两款，共有两大类：第一类是前5项列举的行政机关违法乱处罚行为，即“乱作为”；第二类则是行政机关违法不处罚，即“不作为”，也即对本该立案查处的违法行为放任不究。这两种行为都是违反行政处罚法定原则的具体表现。

适用要点

本条对违法行政处罚实施人员的法律责任的规定是不完全列举。一方面，本条未规定的其他违法行政处罚行为，责任人员依然有可能承担行政处分责任。如根据《公务员法》的相关规定，公务员有违纪违法行为的，可以依据《公务员法》给予警告、记过、记大过、降级、撤职乃至开除处分。另一方面，违法行政处罚不仅仅会导致责任人员承担行政处分责任，还可能承担刑事责任。如本条列举的无依据处罚、超越依据处罚，完全符合《刑法》第397条规定的滥用职权罪的罪状描述，即国家机关工作人员故意逾越职权，不按或违反法律决定、处理其无权决定、处理的事项，只要情节严重，就可以按滥用职权罪追究刑事责任。同样地，本条第 2 款规定的对符合立案标准的案件不及时立案的行为，可能符合《刑法》第 397 条规定的玩忽职守罪，即工作严重不负责任，不认真履行法定职责，如造成公共财产、国家和人民利益重大损失的后果。

需要说明的是，本条规定的行政处分，是行政监督。对于行政处罚的监督，除了行政监督之外，另有司法监督、社会监督等监督形式。

关联法规

《公务员法》第 59～65 条；《刑法》第 397 条

案例指引

鲁潍（福建）盐业进出口有限公司苏州分公司与江苏省苏州市盐务管理局盐业行政处罚案①

裁判要旨：在已经制定行政法规的情况下，地方政府规章只能在行政法规规定的给予行政处罚的行为、种类和幅度的范围内作出具体规定。地方性法规和地方性规章对未办理工业盐准运证的经营单位设定行政处罚，应当遵守《行政处罚法》所确立的原则和规定。

第七十七条　【违法使用单据的法律责任】行政机关对当事人进行处罚不使用罚款、没收财物单据或者使用非法定部门制发的罚款、没收财物单据的，当事人有权拒绝，并有权予以检举，由上级行政机关或者有关机关对使用的非法单据予以收缴销毁，对直接负责的主管人员和其他直接责任人员依法给予处分。

① 苏州市金阊区人民法院（2009）金行初字第 0027 号。

条文注释

本条是关于违法使用单据的法律责任的规定。

本法第70条规定,行政机关及其执法人员当场收缴罚款的,必须向当事人出具国务院财政部门或者省、自治区、直辖市人民政府财政部门统一制发的专用票据;不出具财政部门统一制发的专用票据的,当事人有权拒绝缴纳罚款。该条规定了给予行政罚款的,行政机关出具合规票据的法定义务,本条则是对违反这一义务的责任规定,并且针对罚款与没收财物一并作出了规定,即本法第70条规定的出具合规单据义务,不仅适用于罚款,也适用于没收财物。本条规定的违法行为表现形式分两类:一是不使用合规单据;二是使用非制式的合规单据。两者都属于未按要求履行合规单据出具义务的行为。本条规定的责任形式分为两种:一是收缴销毁非法单据;二是对责任人员予以行政处分。

本法第9条规定了行政处罚的种类,相较于其他行政处罚种类,罚款与没收是对金钱及财物的处分,比较容易执行,因此行政处罚中最为常见。本条的责任规定意在以下三个方面:一是保护当事人的合法权益。《民法典》已经实施,其中产权保护的理念应当贯彻到行政执法过程中,若不出具合规票据则有权予以拒绝,并且取得合规票据也能够证明物权合法变动。二是限制行政机关超越职权乱设收费、罚没项目,规范行政处罚权。罚没财物票据一般包括银行代收罚款票据、罚款定额票据、罚没款票据、没收物资票据。票据虽然简单,但对于遏制乱罚款行为却是有效的举措之一,有的地方除将罚款与没收财物纳入票据管控之外,还包括暂扣款物。三是以票据管理控制罚没款物,将罚没款物纳入财政预算,防止行政机关将收费和罚没收入坐支或者与部门的经费划拨同职工奖金、福利挂钩,甚至挥霍滥用收费和罚没收入的现象出现。

适用要点

出具合规票据的义务,早在1993年《中共中央办公厅、国务院办公厅关于转发财政部〈关于对行政性收费、罚没收入实行预算管理的规定〉的通知》中就已明确,行政性收费收入和罚没收入应作为国家财政收入，纳入预算管理，也就是说，罚没收入的使用支出由财政部门而不是行政执法部门决定。

本条除规定当事人可以拒绝缴纳罚款外，还可以就罚没过程中违规使用单据行为进行检举，这两点实际上是当事人的权利救济措施，虽然本条规定在“法律责任”一章中，并且有责任人员的行政处分规定，但对当事人而言，拒绝缴纳罚款或者上缴财物才是本条的亮点所在。需要说明的是，违规出具罚没票据并不影响行政处罚的法律效力，已经作出的行政处罚决定依然有效，只是不得付诸执行。已经执行的，该收缴罚款的行为本身是违法行政行为，可诉可救济，但应区分不出具票据的违法收缴行为与行政处罚两个不同的行政行为。

第七十八条　【违反罚缴分离的法律责任】行政机关违反本法第六十七条的规定自行收缴罚款的，财政部门违反本法第七十四条的规定向行政机关返还罚款、没收的违法所得或者拍卖款项的，由上级行政机关或者有关机关责令改正，对直接负责的主管人员和其他直接责任人员依法给予处分。

条文注释

本条是关于违反罚缴分离的法律责任的规定。

关于罚缴分离原则的确立，本法有两条具体规定：一是根据本法第67条规定，作出罚款决定的行政机关应当与收缴罚款的机构分离，除当场收缴的罚款外，作出行政处罚决定的行政机关及其执法人员不得自行收缴罚款，该规定确立了罚缴分离制度。二是根据本法第74条规定，财政部门不得以任何形式向作出行政处罚决定的行政机关返还罚款、没收的违法所得或者没收非法财物拍卖的款项。罚没收入由财政部门返还行政机关，看似表面罚缴分离，实则是变相返还，还是实质上的罚缴一体，该种行为具有一定的隐蔽性，亦为本法所禁止。需要说明的是，判断财政部门是否属于向行政机关返还罚款，其标准就是是否纳入预算管理，返还的款项是否先入国库。

行政机关依法作出罚款的行政处罚决定后，一般情况下被处罚人应持行政处罚决定书到指定银行缴纳罚款。但是考虑到便民及罚款的实际执行，本法也规定了几种执法人员可以当场收缴罚款的情形：一是本法第68条规定的100元以下罚款及不当场收缴事后难以执行的情形；二是本法第69条规定的在边远、水上、交通不便地区，当事人到指定的银行或者通过电子支付系统缴纳罚款确有困难并经当事人提出的情形。上述情形是罚缴分离的例外，但是执法人员应当自收缴罚款之日起2日内交至行政机关，行政机关在2日内缴付银行。

罚缴分离制度使作出行政处罚的主体本身不经手保管款项，而由相对人直接缴纳至代收机构，减少了经过行政机关转手再缴付银行的二手环节，一方面减少了相对人与罚款机关之间的对立冲突，另一方面也减少了罚款在中间环节被截留私分的风险。

本条规定了两种责任形式：一是责令改正，二是行政处分。需要注意的是，处分对象不仅包括行政机关，还包括变相返还罚款的财政部门，此时实施处分的机关就是实施返还的机关的上级财政部门或者其他部门。

适用要点

《违反行政事业性收费和罚没收入收支两条线管理规定行政处分暂行规定》第11条规定："违反罚款决定与罚款收缴分离的规定收缴罚款的，对直接负责的主管人员和其他直接责任人员给予记大过或者降级处分。"而依照《行政机关公务员处分条例》第6条的规定，行政机关公务员处分的种类依次为：警告、记过、记大过、降级、撤职、开除。违反罚缴分离规定的惩戒措施没有警告、记过，直接给予记大过或者降级处分，这从侧面说明罚缴分离是行政处罚中的一项重要制度，惩戒措施也比较严厉。

罚缴分离制度中除行政机关外，另一重要主体是代收机构，理论上来说代收机构并不完全是保险箱，只是截留私分的可能性相较于行政机关大大降低。根据《罚款决定与罚款收缴分离实施办法》第6条的规定，行政机关应当同代收机构签订代收罚款协议。因此，若代收机构不依约履行代收义务,行政机关可依据代收罚款协议追究其违约责任。此外,需要注意罚缴分离中代收机构不是行政主体,特别是当事人逾期缴纳罚款,行政处罚决定书明确需要加处罚款的,代收机构应当按照行政处罚决定书加收罚款,此时代收机构就有加算和加收义务,但本质上,逾期加收的罚款义务不是代收机构确定的,故其不是行政主体,当事人不得将代收机构作为被告提起复议或者诉讼。

关联法规

《罚款决定与罚款收缴分离实施办法》;《罚没财物管理办法》

案例指引

高振明与玛纳斯县公安局交通警察大队公安行政处罚案①

裁判要旨:作出罚款决定的行政机关应当与收缴罚款的机构分离,除法律规定当场收缴的罚款外,作出行政处罚决定的行政机关及其执法人员不得自行收缴罚款。行政机关不能证明属于当场不收缴罚款事后难以追缴的情况的,其直接收缴原告罚款的行为违法。

张花儿与怀仁市市场监督管理局行政处罚案②

裁判要旨:行政处罚罚款实施罚款决定与罚款收缴分离,是为了加强对罚款收缴活动的监督,保证罚款及时上缴国库,防止行政机关、组织或者个人进行截留、私分或者变相私分。行政处罚相对人表示向代收银行缴纳罚款确有困难,主动委托行政执法人员代为缴纳罚款,执法人员收到罚款的次日即将该笔罚款全额缴至代收机构的

① 新疆维吾尔自治区昌吉回族自治州中级人民法院(2013)昌中行终字30号。
② 山西省朔州市朔城区人民法院(2019)晋0602行初69号。

罚款专属账户上并通知相对人取走罚没款收据。行政执法人员并未将该笔罚没款截留或者私分，并不能导致行政机关作出的行政处罚决定违法。

第七十九条 【截留私分罚没款的法律责任】行政机关截留、私分或者变相私分罚款、没收的违法所得或者财物的，由财政部门或者有关机关予以追缴，对直接负责的主管人员和其他直接责任人员依法给予处分；情节严重构成犯罪的，依法追究刑事责任。

执法人员利用职务上的便利，索取或者收受他人财物、将收缴罚款据为己有，构成犯罪的，依法追究刑事责任；情节轻微不构成犯罪的，依法给予处分。

条文注释

本条是关于截留私分罚没款的法律责任的规定。

本法第 74 条第 2 款规定，罚款、没收的违法所得或者没收非法财物拍卖的款项，必须全部上缴国库，任何行政机关或者个人不得以任何形式截留、私分或者变相私分。本条则是与其相对应的罚则条款。

本条规定了以下几种违法形态。一是截留款物。即不将罚款、没收的违法所得或者已被没收的非法财物的拍卖款项上缴国库，常见的违法情形有：不按照规定将罚没收入纳入单位财务统一核算、管理；不按照规定将罚没收入缴入国库或者预算外资金财政专户；擅自开设银行账户留存罚没收入等。二是私分或者变相私分。私分或者变相私分一般是指以单位名义将上述款物分配给个人，一般经过集体研究。私分或者变相私分经常表现为将截留罚没款物用于吃喝、旅游、送礼、进行娱乐活动和新建、装修办公楼或者培训中心等，还有的使用“小金库”款项提高福利补贴标准或者扩大福利补贴范围、滥发奖金或者实物等。三是收受他人财物，将收缴罚款据为己有，即受贿和贪污行为。本条规定的索取亦为收受他人财物，也就是受贿的表现形式之一。

需要说明的是，相较于罚没款项，罚没财物的管理难度更大。行政机关应当设置政府公物仓对罚没物品实行集中管理，尚不具备条件的可由行政执法机关进行管理，但应建立健全罚没物品保管制度，具体包括建立台账，对文物、文化艺术品及贵金属、珠宝等贵重罚没物品分类保管，并建立安全保卫制度，定期清查盘点库存等。

本条规定的责任形式有三种：第一种是追缴私分款项；第二种是情节轻微尚不构成犯罪的，给予行政处分；第三种是追究刑事责任。

适用要点

对于截留私分罚没款物的行为，中央三令五申予以禁止，相关的法规、规章也比较多。具体有：2000 年 2 月 12 日国务院公布的《违反行政事业性收费和罚没收入收支两条线管理规定行政处分暂行规定》；2010 年 1 月 5 日监察部、人力资源和社会保障部、财政部、审计署联合公布的《设立"小金库"和使用"小金库"款项违法违纪行为政纪处分暂行规定》；2020 年 12 月 17 日财政部公布的《罚没财物管理办法》。同一违法行为，可能同时违反上述法规、规章时，原则上，优先适用上位法。

本条的刑事责任适用比较复杂，往往与多种职务犯罪罪名相关联。本条的规定至少涉及四个罪名：一是单纯的截留行为涉嫌构成滥用职权罪；二是私分行为情节严重的，涉嫌构成私分罚没财物罪；三是索取或者收受他人财物行为涉嫌构成受贿罪；四是将收缴罚款据为己有涉嫌构成贪污罪。需要说明的是，罚没财物属于国有资产的一种，但《刑法》第 396 条第 2 款针对私分罚没财物罪作了专门规定，因此在罪名上不适用私分国有资产罪。《刑法》单设这一罪名，也从侧面表明，对于行政处罚的罚没收入，如果疏于监管则容易滋生腐败，成为职务犯罪的多发领域，因此本条规定的罚则具有现实意义。

关联法规

《罚款决定与罚款收缴分离实施办法》；《罚没财物管理办法》

案例指引

董晓波、潘庆林、郭常庆、李雅楠犯私分罚没财物罪案①

裁判要旨：分管计生统计和"四术"工作的工作人员按规定应将征收的社会抚养费和各类罚款全部上缴财政，计生局返还后用于日常经费开支。但被告作为计划生育工作直接负责的主管人员，违反国家有关规定，将应当上缴财政的计生罚款等截留坐支，并以计划生育工作站的名义以奖金、补助和福利的形式私分给个人，构成私分罚没财物罪。

第八十条　【使用、损毁查封、扣押财物的法律责任】行政机关使用或者损毁查封、扣押的财物，对当事人造成损失的，应当依法予以赔偿，对直接负责的主管人员和其他直接责任人员依法给予处分。

条文注释

本条是关于使用、损毁查封、扣押财物的法律责任的规定。

扣押是一种行政强制措施，行政处罚机关在执法过程中为制止违法行为、防止证据损毁、避免危害发生、控制危险扩大等情形，可以依据《行政强制法》第9条的规定，扣押相对人的财物。例如，行政机关在查处传销活动时，可以扣押涉嫌专门用于传销的产品（商品）、工具、设备、原材料等财物。扣押与罚没财物不同，不是行政处罚种类，而是临时性强制措施。《行政强制法》第25条第1款、第2款规定："查封、扣押的期限不得超过三十日；情况复杂的，经行政机关负责人批准，可以延长，但是延长期限不得超过三十日。法律、行

① 河北省邯郸市中级人民法院（2018）冀04刑终458号。

政法规另有规定的除外。延长查封、扣押的决定应当及时书面告知当事人,并说明理由。"

由于扣押是改变占有状态的临时性措施,所有权并不发生转移,因此行政执法机关扣押后,并不具有使用权,而且行政机关是因自身办案的需要才采取扣押措施,其对扣押物负有保管义务。为此,《行政强制法》第26条作出了进一步规定,对扣押的财物,行政机关应当妥善保管,不得使用或者损毁,造成损失的,应当承担赔偿责任。

实践中,扣押物通常由行政机关交由第三方保管,而不是由自身保管。扣押款物交由第三方保管,实际是按照行政机关的指示执行,如同罚款的罚缴分离制度一样,尽管罚款交由第三方代收机构,第三方代收机构是按照行政机关的指示执行代收,权利义务关系本身产生于行政机关和相对人。同样地,扣押形成的行政强制法律关系尽管出现了保管财物的第三方,但权利义务的主体是行政机关和扣押物所有人,因此,在第三方保管扣押物并且出现损毁的情况下,应当由行政机关先予以赔偿,行政机关先行赔偿后,可以向保管机构依法追偿。为此,《行政强制法》第26条第2款明确规定:"对查封的场所、设施或者财物,行政机关可以委托第三人保管,第三人不得损毁或者擅自转移、处置。因第三人的原因造成的损失,行政机关先行赔付后,有权向第三人追偿。"

适用要点

本条规定的法律责任形式有两种:第一种是向扣押物所有人进行赔偿;第二种是对责任人进行处分。适用赔偿自不必说,出现损毁情形就必须进行赔偿。但对于行政机关使用扣押物,但未造成损失的情形,是否也应对相关责任人员依法给予处分的问题。本书认为,只要有使用扣押物的行为,不论是否造成损失,都应进行处分,理由有二:一是从行政权审慎行使的角度出发,法无规定不可为,法律仅仅规定可以扣押,但没有可使用的具体规定,因此行政机关擅自使用扣押财物的应当追究法律责任。二是2011年出台的《行政强制法》第26条中明文规定,"对查封、扣押的场所、设施或者财物,行政机关应当妥善保管,不得使用或者损毁",从该条文的表述可以看出已经明确禁止使用行为。因此,对行政机关责任人员进行行政处分不限于扣押物损毁情形,也不限于使用并造成损失结果,只要有使用行为,就应当予以处分。

关联法规

《治安管理处罚法》第 89、116 条;《行政强制法》第 62、63 条;《商务行政处罚程序规定》第 55 条;《公务员法》第 61、63 条

第八十一条　【违法行政检查和违法行政强制执行的法律责任】行政机关违法实施检查措施或者执行措施,给公民人身或者财产造成损害、给法人或者其他组织造成损失的,应当依法予以赔偿,对直接负责的主管人员和其他直接责任人员依法给予处分;情节严重构成犯罪的,依法追究刑事责任。

条文注释

本条是关于违法行政检查和违法行政强制执行的法律责任的规定。

行政检查,是指行政机关为实现行政管理职能,对相对人是否遵守法律法规所进行的监督检查活动。行政检查一般是行政处罚的前端开始程序。本法也对行政处罚中的检查行为作出了规定,如第 54 条规定,行政机关依照法律、法规的规定,可以进行检查;第 55 条规定,当事人或者有关人员应当如实回答询问,并协助调查或者检查,不得拒绝或者阻挠。询问或者检查应当制作笔录。

执行措施指的是行政强制执行措施。行政机关作出行政处罚决定后,当事人在决定的期限内不履行义务的,行政机关依法强制执行。依据《行政强制法》第 12 条规定,行政强制执行的方式有加处罚款或者滞纳金,划拨存款、汇款,拍卖或者依法处理查封、扣押的场所、设施或者财物,排除妨碍、恢复原状,代履行及其他强制执行方式。

行政检查一般须进入现场或者直接与相对人面对,例如,《禁止传销条例》第 14 条规定,行政机关可进入涉嫌传销的经营场所和培

训、集会等活动场所,实施现场检查,因此行政检查对相对人的生产、生活有一定影响,甚至会严重影响生产经营活动。行政检查同样须遵循法定原则,如违法造成当事人人身损害或者财产损失的,应当赔偿。目前行政检查没有专门的法律制度予以规定,但《国家赔偿法》第3、4条分别用了“造成公民身体伤害或者死亡的其他违法行为”“造成财产损害的其他违法行为”的表述,足以为违法行政检查造成损害需要赔偿提供法律支撑。

违法行政强制执行程序造成当事人人身损害或财产损失的,《行政强制法》明确规定予以赔偿。该法第68条第1款规定:“违反本法规定,给公民、法人或者其他组织造成损失的,依法给予赔偿。”

本条规定的责任形式有三种:第一种是给予当事人赔偿;第二种是给予责任人行政处分;第三种是追究刑事责任。

适用要点

(1)本条的文义理解同本法第80条,即在给予行政处分的理解上有两种解读。我们认为按照行政权行使法定原则,只要行政机关实施违法行政检查行为或者违法行政强制执行,就可以给责任人员以行政处分,不以给当事人造成损失为前提条件。

(2)关于刑事责任。违法实施行政检查或者强制执行的,涉嫌构成滥用职权罪。滥用职权罪,是指国家机关工作人员故意逾越职权,不按或违反法律规定处理其无权决定、处理的事项,或者违反规定处理公务,致使侵吞公共财产、国家和人民遭受重大财产损失等行为。《最高人民检察院关于渎职侵权犯罪案件立案标准的规定》规定,造成个人财产直接经济损失10万元以上,或者直接经济损失不满10万元,但间接经济损失50万元以上的;造成公共财产或者法人、其他组织财产直接经济损失20万元以上,或者直接经济损失不满20万元,但间接经济损失100万元以上的;虽未达到上述两项数额标准,但上述两项合计直接经济损失20万元以上,或者合计直接经济损失不满20万元,但合计间接经济损失100万元以上的;造成公司、企业等单位停业、停产6个月以上,或者破产的,就可以进行刑事立案追诉。

关联法规

《行政机关公务员处分条例》第21条；《治安管理处罚法》第116、117条；《烟草专卖行政处罚程序规定》第68条

案例指引

兰州市城关区人民政府、兰州市城关区城市管理行政执法局与兰州润波商贸有限公司行政强制拆除案①

裁判要旨：法律规定行政机关在强制拆除违法建筑物之前需要满足当事人既不申请行政复议，又不提起行政诉讼，逾期又不履行拆除违法建筑义务和行政机关依法向社会公告拆除违法建筑事宜且待公告催告履行期满作出强制拆除决定的双重条件。行政机关明知涉案建筑物被法院依法查封而采取强制拆除措施的，属于执行措施违反法律规定。

第八十二条　【以罚代刑的法律责任】行政机关对应当依法移交司法机关追究刑事责任的案件不移交，以行政处罚代替刑事处罚，由上级行政机关或者有关机关责令改正，对直接负责的主管人员和其他直接责任人员依法给予处分；情节严重构成犯罪的，依法追究刑事责任。

条文注释

本条是关于以罚代刑的法律责任的规定。

本法第27条规定，违法行为涉嫌犯罪的，行政机关应当及时将案件移送司法机关，依法追究刑事责任。本条即是对违反该规定的责任设置。本条的理解可以分为两个层次：第一个层次是具体列明

① 甘肃省高级人民法院(2018)甘行终565号。

了违法行为,即以罚代刑,不移交刑事案件。第二个层次是“一删一增”,删除了“拒不纠正”的前置条件,增加了“其他直接责任人员”作为责任承担对象。加大了以罚代刑情形的处罚力度。本条列明了三种责任体系,即责令纠正、行政处分、追究刑事责任。

以罚代刑,是指行政机关执法人员在执法过程中发现了行政违法行为且违法情节已经足够严重,符合刑事立案追诉条件,但应将案件线索移交司法机关追究刑事责任,执法人员却违法不移交,将刑事处罚降格为行政处罚的情形。由于我国实行违法行为二元分立制,同样一个行为依据违法情节的严重性不同,交由不同的办案机关处理,情节严重的,进行刑事追诉;情节一般的,进行行政处罚。以罚代刑危害较大,一方面,违法行为的刑事责任缺位,打击力度不足,不足以抑制行为人再犯,公共利益和社会秩序难以得到有效维护,特别是在与人民群众生活密切相关的领域,人民群众意见较大;另一方面,以罚代刑与执法人员违规执法有关,行政执法机关有案不移,往往是存在“权力寻租”的情形,经常伴随执法人员的受贿、贪污等职务犯罪的出现,社会影响比较恶劣。另外,从侦查机关来看,案件的受理来源一般包括被害人控告、群众举报、自行发现,还有一个很重要的案件来源渠道就是行政机关移送。在税务、证券、食品药品执法领域,行政机关移送刑事案件尤为多见。若行政机关违法不移送案件,则案件来源渠道不畅,直接影响司法机关对违法犯罪的打击力度,法律的威慑效果大打折扣。

以罚代刑本身是徇私舞弊、包庇纵容的表现形式,情节严重的可构成刑事犯罪。《刑法》第402条就专门规定了徇私舞弊不移交刑事案件罪。

适用要点

本条的适用需要关注以下几个方面:一是本次修订取消了2017年《行政处罚法》“牟取本单位私利”的追责要件,扩大了追责范围。事实上违法不移交刑事案件的目的有多种,牟取本单位利益只是其中之一。二是以罚代刑问题涉及对行政权的监督制约。事实上,对行为违法情节的判断究竟是否严重、是否应当刑事追诉,已经具有司法属性，是行政权和司法权的交叉重叠地带。三是党中央对以罚代刑问题高度重视。治理这一问题的根本途径是建立和完善行政执法与刑事司法的衔接机制，亦称“两法衔接机制”，该机制已经被列入“两高”司法改革的重要内容。四是建立和完善行政执法与刑事司法的衔接机制关键是信息共享。“两法衔接”的本质是对行政处罚权的监督制约，摆在首位的一定是知情，不管监督以何种方式、途径进行，有效监督的实现必须依赖于信息的获取，信息的获取是开展监督的基本条件。本法第27条第2款规定，行政处罚实施机关与司法机关之间应当加强协调配合，建立健全案件移送制度，加强证据材料移交、接收衔接，完善案件处理信息通报机制。实践中，有些地方已经在执法机关与司法机关之间建立信息共享机制，司法机关通过该信息共享平台发现和查处了不少有影响力的案件，中央层面也已经建立了“两法衔接”中央信息平台，相信从建立信息共享机制入手，在监察制度、司法改革不断完善推进的趋势下，以罚代刑的问题能够得到有效的治理和解决。

关联法规

《刑法》第402条；《最高人民检察院关于渎职侵权犯罪案件立案标准的规定》第12条

案例指引

胡宝刚、郑伶徇私舞弊不移交刑事案件案①

裁判要旨：诉讼监督是人民检察院依法履行法律监督的重要内容。实践中，检察机关和办案人员应当坚持办案与监督并重，建立健全行政执法与刑事司法有效衔接的工作机制，善于在办案中发现各种职务犯罪线索；对于行政执法人员徇私舞弊，不移送有关刑事案件构成犯罪的，应当依法追究刑事责任。

① （检例第7号）最高人民检察院第二批指导性案例。

第八十三条　【执法人员不作为致损应担责】行政机关对应当予以制止和处罚的违法行为不予制止、处罚，致使公民、法人或者其他组织的合法权益、公共利益和社会秩序遭受损害的，对直接负责的主管人员和其他直接责任人员依法给予处分；情节严重构成犯罪的，依法追究刑事责任。

条文注释

本条是负有制止和处罚违法行为义务的执法人员，不履行法定义务致公民、法人或其他组织合法权益、公共利益和社会秩序遭受损害，应承担相应法律责任的规定。

1. 对单位犯罪中直接负责的主管人员的认定

2001年1月21日，最高人民法院印发的《全国法院审理金融犯罪案件工作座谈会纪要》规定，“直接负责的主管人员，是在单位实施的犯罪中起决定、批准、授意、纵容、指挥等作用的人员，一般是单位的主管负责人，包括法定代表人”。据此，单位犯罪的“直接负责的主管人员”应是具体介入了单位犯罪行为，在单位犯罪过程中起到了组织、指挥、决策作用的人员，且该行为是引发单位实施犯罪的直接原因，这是行为要件。另外，还应具备身份要件：一是被单位任命为有管理职权的人员；二是在单位犯罪中起着组织、指挥、决策作用的具有相应的身份的人员。法定代表人一定是单位犯罪的直接负责人。

2. 对单位犯罪中其他直接责任人员的认定

承上所述，其他直接责任人员的认定标准为：一是单位非领导成员，如单位的管理人员、职工（含聘任、雇佣人员）等。如果不具有单位成员身份的自然人不可能构成单位犯罪中的其他直接责任人员，其参与实施相应的单位犯罪，则与单位之间构成共同犯罪。二是该人员对所实施的犯罪主观上明知，客观上积极参与。三是该人员须在实施单位犯罪过程中起了重要作用，是单位犯罪的行为实施者和积极完成者。若所起作用小且受单位领导指派或安排参与实施了一定犯罪行为的人员，则一般不宜作为直接责任人员追究刑事责任。

适用要点

制止和处罚违法行为是行政机关履行职责的应有之义，是法律确定的应尽义务。执法人员不履行上述义务，则可能会构成行政不作为，进而可能存在渎职现象。本条在修正时删去了“玩忽职守”的表述，玩忽职守为渎职罪的一种，渎职罪是一类犯罪的统称，包括滥用职权罪；玩忽职守罪；徇私舞弊罪；泄露国家秘密罪；徇私枉法罪；私放犯罪嫌疑人、被告人、罪犯罪；司法工作人员玩忽职守罪；司法工作人员徇私舞弊罪；行政执法人员徇私舞弊罪。

关联法规

《刑法》第397条；《最高人民法院、最高人民检察院关于办理渎职刑事案件适用法律若干问题的解释(一)》

案例指引

崔建国环境监管失职案①

裁判要旨：实践中，一些国有公司、企业和事业单位经合法授权从事具体的管理市场经济和社会生活的工作，拥有一定管理公共事务和社会事务的职权，这些实际行使国家行政管理职权的公司、企业和事业单位工作人员，符合渎职罪主体要求；对其实施渎职行为构成犯罪的，应当依照《刑法》关于渎职罪的规定追究刑事责任。

陈根明、林福娟、李德权滥用职权案②

裁判要旨：随着我国城镇建设和社会主义新农村建设逐步深入推进，村民委员会、居民委员会等基层组织协助人民政府管理社会发挥越来越重要的作用。实践中，对村民委员会、居民委员会等基层组织人员协助人民政

① (检例第4号)最高人民检察院第二批指导性案例。

② (检例第5号)最高人民检察院第二批指导性案例

府从事行政管理工作时，滥用职权、玩忽职守构成犯罪的，应当依照《刑法》关于渎职罪的规定追究刑事责任。

罗建华、罗镜添、朱炳灿、罗锦游滥用职权案①

裁判要旨：根据《刑法》的规定，滥用职权罪是指国家机关工作人员滥用职权，“致使公共财产、国家和人民利益遭受重大损失”的行为。实践中，对滥用职权“造成恶劣社会影响的”，应当依法认定为“致使公共财产、国家和人民利益遭受重大损失”。

杨周武玩忽职守、徇私枉法、受贿案②

裁判要旨：一是渎职犯罪因果关系的认定。如果负有监管职责的国家机关工作人员没有认真履行其监管职责，从而未能有效防止危害结果发生，那么，这些对危害结果具有“原因力”的渎职行为，应认定与危害结果之间具有《刑法》意义上的因果关系。二是渎职犯罪同时受贿的处罚原则。对于国家机关工作人员实施渎职犯罪并收受贿赂，同时构成受贿罪的，除《刑法》第 399 条有特别规定的外，以渎职犯罪和受贿罪数罪并罚。

---

① （检例第 6 号）最高人民检察院第二批指导性案例。

② （检例第 8 号）最高人民检察院第二批指导性案例。

第八章　附　　则

第八十四条　【法的对象效力范围】外国人、无国籍人、外国组织在中华人民共和国领域内有违法行为，应当给予行政处罚的，适用本法，法律另有规定的除外。

条文注释

本条是关于法的对象效力范围的规定。

我国采用的是以属地主义为基础，以属人主义、保护主义为补充的原则。属地主义是指法律适用于该国管辖地区内的所有人，无论是本国公民还是外国籍公民等，都受法律约束和平等保护。属人主义是指法律适用于本国公民，无论在国内还是国外，非本国公民即使身在该国领域内也不适用。我国法的对象效力包括两个方面：一是对本国公民的效力。中国公民在中国领域内一律适用中国法律。在中国境外的中国公民，也应遵守中国法律并受中国法律保护。二是对外国人和无国籍人的效力。外国人和无国籍人在中国领域内，除法律另有规定外，适用中国法律。这是国家主权原则的必然要求。保护原则以保护本国利益为标准，凡侵害本国国家或者公民利益的，不论行为人是本国人还是外国人，也不论行为地在本国领域内还是在本国领域外，都适用本国法律。

2021 年修订前并没有外国人、无国籍人、外国组织能否给予行政处罚的明确规定，但根据法理，外国人、无国籍人、外国组织在我国境内违法的，也应该适用本法的规定。而在《行政诉讼法》《行政复议法》等法律中，则有着明确的规定。例如，《行政诉讼法》第 98 条规定："外国人、无国籍人、外国组织在中华人民共和国进行行政诉讼，适用本法。法律另有规定的除外。"第 99 条规定："外国人、无国籍人、外国组织在中华人民共和国进行行政诉讼，同中华人民共和国公民、组织有同等的诉讼权利和义务。外国法院对中华人民共和国公民、组织的行政诉讼权利加以限制的，人民法院对该国公民、组织的行政诉讼权利，实行对等原则。”第 100 条规定：“外国人、无国籍人、外国组织在中华人民共和国进行行政诉讼，委托律师代理诉讼的，应当委托中华人民共和国律师机构的律师。”《行政复议法》第 41 条规定：“外国人、无国籍人、外国组织在中华人民共和国境内申请行政复议，适用本法。”

本条中的“法律另有规定的除外”是指其他法律、法规及其他规范性文件对外国人、无国籍人、外国组织设定行政处罚的，可以适用相关规定。例如，《治安管理处罚法》和《出境入境管理法》就是公安机关作出行政处罚的主要法律依据。

适用要点

我国法律对外国人、无国籍人、外国组织实行同等原则，即外国人、无国籍人和外国组织在我国进行活动，可以和我国公民、组织享有同等的权利义务。同等原则是国际法上一项通行的原则。除同等原则外，还有对等原则。对等原则是指一国司法机关对他国公民、企业和组织的诉讼权利加以限制的，他国司法机关可以对限制国公民、企业和组织的诉讼权利同样加以限制的原则。《刑事诉讼法》第 17 条第 2 款规定：“对于享有外交特权和豁免权的外国人犯罪应当追究刑事责任的，通过外交途径解决。”注意是外交途径而非司法途径。所谓外交特权和豁免权，是指使、领馆及外交人员在履行职务期间享有的不受驻在国法律管辖和其他待遇的权利。1961 年《维也纳外交关系公约》和 1963 年《维也纳领事关系公约》对外交人员的范围及有关特权与豁免都作了具体规定。

关联法规

《行政诉讼法》第 98 ~ 100 条；《行政复议法》第 41 条；《治安管理处罚法》第 4 条第 1 款；《出境入境管理法》；《刑事诉讼法》第 17 条第 2 款

案例指引

孙棣文(STEVEN ZHOU SUN)与北京市公安局等不服治安管理罚款行政处罚决定案①

裁判要旨:外国人违反《出境入境管理法》的规定,签证到期仍非法居留国内,违法行为地公安机关可以依职权作出罚款、行政拘留等行政处罚决定。

廖毅与长沙市公安局天心分局治安处罚案②

裁判要旨:县级以上公安机关对外国人在中华人民共和国领域内发生的违反治安管理的行为有作出行政处罚决定的职权。

第八十五条 【期限】本法中“二日”“三日”“五日”“七日”的规定是指工作日,不含法定节假日。

条文注释

本条是关于本法中的期限是否包含法定节假日的规定。

本条采取列举的方式,首次对本法中的期限是否包含法定节假日作出明确规定。本条所列举的“二日”“三日”“五日”“七日”不含法定节假日,以工作日为计算单位。除此之外的其他期限则包含法定节假日,即以自然日为计算单位。

本法中“二日”的规定,即第71条关于当场收缴罚款后2日内上交与缴付的规定。“三日”的规定,即第48条第2款关于3日内撤回行政处罚决定信息的规定。“五日”的规定,即第64条第1项关于5日内提出听证要求的规定。“七日”的规定,包括第56条关于

① 北京市高级人民法院(2019)京行终2302号。

② 湖南省高级人民法院(2019)湘行终662号。

登记保存证据后7日内作出处理决定的规定、第61条关于7日内将行政处罚决定书送达当事人的规定和第64条第2项关于在举行听证的7日前通知时间、地点的规定。除了上述条文外,本法中其他期间的规定,如第67条中“十五日”的规定、第60条中“九十日”的规定等,均是自然日,包含法定节假日。

本条作如此规定主要是考虑到如下两点:一是将2日、3日、5日、7日这些较短期限规定为工作日,不含法定节假日,是由于期限本身时间较短,如果赶上法定节假日,考虑到行政机关的工作时间,当事人可能会丧失期限利益,显然不公允;二是将相对较长的期限规定为自然日,含法定节假日在内,这一规定不会因时间紧张给行政机关或者当事人带来不便,且如果不含法定节假日,不仅会给计算期满日期带来诸多不便,还会造成期限的实际长短差距加大,不利于对当事人权益的保护。

除本法外,其他行政法律规范关于期限是否包含节假日也有相关规定。例如《行政许可法》中的期限全部为工作日。该法第82条规定:“本法规定的行政机关实施行政许可的期限以工作日计算,不含法定节假日。”《行政强制法》第69条规定:“本法中十日以内期限的规定是指工作日,不含法定节假日。”《行政复议法》第40条第2款规定:“本法关于行政复议期间有关‘五日’、‘七日’的规定是指工作日,不含节假日。”《政府信息公开条例》第26条规定:“属于主动公开范围的政府信息,应当自该政府信息形成或者变更之日起20个工作日内及时公开……”第33条第2款规定:“行政机关不能当场答复的,应当自收到申请之日起20个工作日内予以答复;需要延长答复期限的,应当经政府信息公开工作机构负责人同意并告知申请人,延长的期限最长不得超过20个工作日。”《公安机关办理行政案件程序规定》第35条规定:“期间以时、日、月、年计算,期间开始之时或者日不计算在内。法律文书送达的期间不包括路途上的时间。期间的最后一日是节假日的,以节假日后的第一日为期满日期,但违法行为人被限制人身自由的期间,应当至期满之日为止,不得因节假日而延长。”《治安管理处罚法》第23条规定:“有下列行为之一的,处警告或者二百元以下罚款;情节较重的,处五日以上十日以下拘留,可以并处五百元以下罚款;……聚众实施前款行为的,对首要分子处十日以上十五日以下拘留,可以并处一千元以下罚款。"此处的拘留期间指的是自然日。

适用要点

在适用本条计算期限时还需要注意以下几点:

第一,期限开始当日不计算在期限内,而是从次日起算。

第二,期限规定为工作日的,不含法定节假日,期间遇到法定节假日的,应当予以扣除。期限规定为自然日的,包含法定节假日,期限届满的最后一日是法定节假日的,以法定节假日后的第一日为期限届满的日期。

第三,期限不包括在途时间,相关文书在期满前交邮的,不算过期。所谓在途时间,是指行政机关、当事人通过邮寄递交有关决定、申请的,在途中所用去的时间。确定期满前是否交邮,应当以邮局的邮戳为准,只要邮戳上的时间证明在期间届满前已交付邮局,就不算过期。

第四,"几日内"包含本数,"几日前"不含本数。例如,本法第48条第2款"公开的行政处罚决定被依法变更、撤销、确认违法或者确认无效的,行政机关应当在三日内撤回行政处罚决定信息并公开说明理由"的规定中,撤回的期限包含3日;本法第64条第2项"行政机关应当在举行听证的七日前,通知当事人及有关人员听证的时间、地点"的规定中,提前通知的期限不含7日。

关联法规

《行政许可法》第82条;《行政强制法》第69条;《行政复议法》第40条第2款;《民事诉讼法》第82条;《公安机关办理行政案件程序规定》第35条

第八十六条　【施行日期】本法自2021年7月15日起施行。

条文注释

本条是关于法律生效日期的规定。

法律的时间效力是指法律的生效和失效时间，以及法律对其颁布实施以前的时间有无溯及力的问题。法律生效的时间，指法律从何时起开始产生约束力。《立法法》第57条规定："法律应当明确规定施行日期。"

法律的生效时间主要有以下四种情形：一是法律明文规定该法生效的时间与法律颁布的时间相同。例如，2018年《监察法》第69条规定："本法自公布之日起施行……"二是法律文件中明文规定该法生效的时间，但所规定的生效时间晚于法律颁布的时间，其目的往往是为了做好法律实施前的准备工作。例如，本法第86条规定"本法自2021年7月15日起施行"，而本法颁布的时间是2021年1月22日。三是法律文件中没有明文规定生效时间，按惯例自颁布之日起生效。例如，1982年12月4日通过的《宪法》，从公布之日起即生效。四是法律颁布之后先试行一段时间，通过试行发现法律的缺陷或不足，以便立法机关进行补充修改，再通过法定程序制定为正式的法律文件公布实施，在试行期间，试行法律同正式法律具有同等的法律效力。例如，2017年3月1日起施行的《中国共产党工作机关条例（试行）》。法律的失效时间有五种情形：一是新的法律公布后，原有的法律即丧失效力；二是新的法律取代原有法律，同时宣布旧法作废；三是法律本身规定的有效期届满；四是由有关机关颁发专门文件宣布废止某个法律；五是法律已完成其历史任务而自行失效。

适用要点

本条规定了法律的生效日期，但未规定法律的溯及力。法律的溯及力，指法律施行后，对生效前的行为是否适用的效力。《立法法》第93条规定："法律、行政法规、地方性法规、自治条例和单行条例、规章不溯及既往，但为了更好地保护公民、法人和其他组织的权利和利益而作的特别规定除外。"根据该规定，本法亦采用从旧兼从轻的原则，新法对其颁布施行前的行为，原则上没有追溯的效力。

2004 年 5 月 18 日，最高人民法院印发《关于审理行政案件适用法律规范问题的座谈会纪要》，对“从旧兼从轻”的原则作了进一步具体规定。《最高人民法院关于审理行政案件适用法律规范问题的座谈会纪要》中“三、关于新旧法律规范的适用规则”的规定，根据行政审判中的普遍认识和做法，行政相对人的行为发生在新法施行以前，具体行政行为作出在新法施行以后，人民法院审查具体行政行为的合法性时，实体问题适用旧法规定，程序问题适用新法规定，但下列情形除外：(1)法律、法规或规章另有规定的；(2)适用新法对保护行政相对人的合法权益更为有利的；(3)按照具体行政行为的性质应当适用新法的实体规定的。

关联法规

《立法法》第 93 条

附录

中华人民共和国宪法(节录)

(1982年12月4日第五届全国人民代表大会第五次会议通过　1982年12月4日全国人民代表大会公告公布施行　根据1988年4月12日第七届全国人民代表大会第一次会议通过的《中华人民共和国宪法修正案》、1993年3月29日第八届全国人民代表大会第一次会议通过的《中华人民共和国宪法修正案》、1999年3月15日第九届全国人民代表大会第二次会议通过的《中华人民共和国宪法修正案》、2004年3月14日第十届全国人民代表大会第二次会议通过的《中华人民共和国宪法修正案》和2018年3月11日第十三届全国人民代表大会第一次会议通过的《中华人民共和国宪法修正案》修正)

第三十七条　【人身自由】中华人民共和国公民的人身自由不受侵犯。

任何公民,非经人民检察院批准或者决定或者人民法院决定,并由公安机关执行,不受逮捕。

禁止非法拘禁和以其他方法非法剥夺或者限制公民的人身自由,禁止非法搜查公民的身体。

第三十八条　【人格尊严权】中华人民共和国公民的人格尊严不受侵犯。禁止用任何方法对公民进行侮辱、诽谤和诬告陷害。

第三十九条　【住宅权】中华人民共和国公民的住宅不受侵犯。禁止非法搜查或者非法侵入公民的住宅。

第四十条　【通信自由和秘密权】中华人民共和国公民的通信自由和通信秘密受法律的保护。除因国家安全或者追查刑事犯罪的需要,由公安机关或者检察机关依照法律规定的程序对通信进行检查外，任何组织或者个人不得以任何理由侵犯公民的通信自由和通信秘密。

中华人民共和国立法法（节录）

（2000年3月15日第九届全国人民代表大会第三次会议通过　根据2015年3月15日第十二届全国人民代表大会第三次会议《关于修改〈中华人民共和国立法法〉的决定》修正）

第八条　【全国人大及其常委会专属立法权】下列事项只能制定法律：

（一）国家主权的事项；

（二）各级人民代表大会、人民政府、人民法院和人民检察院的产生、组织和职权；

（三）民族区域自治制度、特别行政区制度、基层群众自治制度；

（四）犯罪和刑罚；

（五）对公民政治权利的剥夺、限制人身自由的强制措施和处罚；

（六）税种的设立、税率的确定和税收征收管理等税收基本制度；

（七）对非国有财产的征收、征用；

（八）民事基本制度；

（九）基本经济制度以及财政、海关、金融和外贸的基本制度；

（十）诉讼和仲裁制度；

（十一）必须由全国人民代表大会及其常务委员会制定法律的其他事项。

第九条　【授权国务院制定行政法规】本法第八条规定的事项尚未制定法律的，全国人民代表大会及其常务委员会有权作出决定，授权国务院可以根据实际需要，对其中的部分事项先制定行政法规，但是有关犯罪和刑罚、对公民政治权利的剥夺和限制人身自由的强制措施和处罚、司法制度等事项除外。

第七十三条　【地方性法规权限】地方性法规可以就下列事项作出规定：

（一）为执行法律、行政法规的规定，需要根据本行政区域的实际情况作具体规定的事项；

（二）属于地方性事务需要制定地方性法规的事项。

除本法第八条规定的事项外，其他事项国家尚未制定法律或者行政法规的，省、自治区、直辖市和设区的市、自治州根据本地方的具体情况和实际需要，可以先制定地方性法规。在国家制定的法律或者行政法规生效后，地方性法规同法律或者行政法规相抵触的规定无效，制定机关应当及时予以修改或者废止。

设区的市、自治州根据本条第一款、第二款制定地方性法规，限于本法第七十二条第二款规定的事项。

制定地方性法规，对上位法已经明确规定的内容，一般不作重复性规定。

第八十条　【部门规章的制定主体、依据和权限范围】国务院各部、委员会、中国人民银行、审计署和具有行政管理职能的直属机构，可以根据法律和国务院的行政法规、决定、命令，在本部门的权限范围内，制定规章。

部门规章规定的事项应当属于执行法律或者国务院的行政法规、决定、命令的事项。没有法律或者国务院的行政法规、决定、命令的依据，部门规章不得设定减损公民、法人和其他组织权利或者增加其义务的规范，不得增加本部门的权力或者减少本部门的法定职责。

第八十二条　【地方政府规章的制定主体、依据和权限范围】省、自治区、直辖市和设区的市、自治州的人民政府，可以根据法律、行政法规和本省、自治区、直辖市的地方性法规，制定规章。

地方政府规章可以就下列事项作出规定：

（一）为执行法律、行政法规、地方性法规的规定需要制定规章的事项；

（二）属于本行政区域的具体行政管理事项。

设区的市、自治州的人民政府根据本条第一款、第二款制定地方政府规章，限于城乡建设与管理、环境保护、历史文化保护等方面的事项。已经制定的地方政府规章，涉及上述事项范围以外的，继续有效。

除省、自治区的人民政府所在地的市，经济特区所在地的市和国务院已经批准的较大的市以外，其他设区的市、自治州的人民政府开始制定规章的时间，与本省、自治区人民代表大会常务委员会确定的本市、自治州开始制定地方性法规的时间同步。

应当制定地方性法规但条件尚不成熟的，因行政管理迫切需要，可以先制定地方政府规章。规章实施满两年需要继续实施规章所规定的行政措施的，应当提请本级人民代表大会或者其常务委员会制定地方性法规。

没有法律、行政法规、地方性法规的依据，地方政府规章不得设定减损公民、法人和其他组织权利或者增加其义务的规范。

中华人民共和国行政复议法

（1999年4月29日第九届全国人民代表大会常务委员会第九次会议通过　根据2009年8月27日第十一届全国人民代表大会常务委员会第十次会议《关于修改部分法律的决定》第一次修正　根据2017年9月1日第十二届全国人民代表大会常务委员会第二十九次会议《关于修改〈中华人民共和国法官法〉等八部法律的决定》第二次修正）

第一章　总　　则

第一条　【立法目的】为了防止和纠正违法的或者不当的具体行政行为，保护公民、法人和其他组织的合法权益，保障和监督行政机关依法行使职权，根据宪法，制定本法。

第二条　【适用范围】公民、法人或者其他组织认为具体行政行为侵犯其合法权益，向行政机关提出行政复议申请，行政机关受理行政复议申请、作出行政复议决定，适用本法。

第三条　【复议机关及其职责】依照本法履行行政复议职责的行政机关是行政复议机关。行政复议机关负责法制工作的机构具体办理行政复议事项，履行下列职责：

（一）受理行政复议申请；

（二）向有关组织和人员调查取证，查阅文件和资料；

（三）审查申请行政复议的具体行政行为是否合法与适当，拟订行政复议决定；

（四）处理或者转送对本法第七条所列有关规定的审查申请；

（五）对行政机关违反本法规定的行为依照规定的权限和程序提出处理建议；

（六）办理因不服行政复议决定提起行政诉讼的应诉事项；

（七）法律、法规规定的其他职责。

行政机关中初次从事行政复议的人员，应当通过国家统一法律职业资格考试取得法律职业资格。

第四条　【复议原则】行政复议机关履行行政复议职责，应当遵循合法、公正、公开、及时、便民的原则，坚持有错必纠，保障法律、法规的正确实施。

第五条　【司法救济】公民、法人或者其他组织对行政复议决定不服的，可以依照行政诉讼法的规定向人民法院提起行政诉讼，但是法律规定行政复议决定为最终裁决的除外。

第二章　行政复议范围

第六条　【复议范围】有下列情形之一的，公民、法人或者其他组织可以依照本法申请行政复议：

（一）对行政机关作出的警告、罚款、没收违法所得、没收非法财物、责令停产停业、暂扣或者吊销许可证、暂扣或者吊销执照、行政拘留等行政处罚决定不服的；

（二）对行政机关作出的限制人身自由或者查封、扣押、冻结财产等行政强制措施决定不服的；

（三）对行政机关作出的有关许可证、执照、资质证、资格证等证书变更、中止、撤销的决定不服的；

（四）对行政机关作出的关于确认土地、矿藏、水流、森林、山岭、草原、荒地、滩涂、海域等自然资源的所有权或者使用权的决定不服的；

（五）认为行政机关侵犯合法的经营自主权的；

（六）认为行政机关变更或者废止农业承包合同，侵犯其合法权益的；

（七）认为行政机关违法集资、征收财物、摊派费用或者违法要求履行其他义务的；

（八）认为符合法定条件，申请行政机关颁发许可证、执照、资质证、资格证等证书，或者申请行政机关审批、登记有关事项，行政机关没有依法办理的；

（九）申请行政机关履行保护人身权利、财产权利、受教育权利的法定职责，行政机关没有依法履行的；

（十）申请行政机关依法发放抚恤金、社会保险金或者最低生活保障费，行政机关没有依法发放的；

（十一）认为行政机关的其他具体行政行为侵犯其合法权益的。

第七条　【规定的审查】公民、法人或者其他组织认为行政机关的具体行政行为所依据的下列规定不合法，在对具体行政行为申请行政复议时，可以一并向行政复议机关提出对该规定的审查申请：

（一）国务院部门的规定；

（二）县级以上地方各级人民政府及其工作部门的规定；

（三）乡、镇人民政府的规定。

前款所列规定不含国务院部、委员会规章和地方人民政府规章。规章的审查依照法律、行政法规办理。

第八条　【申诉及诉讼】不服行政机关作出的行政处分或者其他人事处理决定的，依照有关法律、行政法规的规定提出申诉。

不服行政机关对民事纠纷作出的调解或者其他处理，依法申请仲裁或者向人民法院提起诉讼。

第三章　行政复议申请

第九条　【申请期限】公民、法人或者其他组织认为具体行政行为侵犯其合法权益的,可以自知道该具体行政行为之日起六十日内提出行政复议申请;但是法律规定的申请期限超过六十日的除外。

因不可抗力或者其他正当理由耽误法定申请期限的,申请期限自障碍消除之日起继续计算。

第十条　【复议申请人】依照本法申请行政复议的公民、法人或者其他组织是申请人。

有权申请行政复议的公民死亡的,其近亲属可以申请行政复议。有权申请行政复议的公民为无民事行为能力人或者限制民事行为能力人的,其法定代理人可以代为申请行政复议。有权申请行政复议的法人或者其他组织终止的,承受其权利的法人或者其他组织可以申请行政复议。

同申请行政复议的具体行政行为有利害关系的其他公民、法人或者其他组织,可以作为第三人参加行政复议。

公民、法人或者其他组织对行政机关的具体行政行为不服申请行政复议的,作出具体行政行为的行政机关是被申请人。

申请人、第三人可以委托代理人代为参加行政复议。

第十一条　【复议申请】申请人申请行政复议,可以书面申请,也可以口头申请;口头申请的,行政复议机关应当当场记录申请人的基本情况、行政复议请求、申请行政复议的主要事实、理由和时间。

第十二条　【部门具体行政行为的复议机关】对县级以上地方各级人民政府工作部门的具体行政行为不服的,由申请人选择,可以向该部门的本级人民政府申请行政复议,也可以向上一级主管部门申请行政复议。

对海关、金融、国税、外汇管理等实行垂直领导的行政机关和国家安全机关的具体行政行为不服的,向上一级主管部门申请行政复议。

第十三条　【对其他行政机关具体行政行为不服的复议申请】对地方各级人民政府的具体行政行为不服的,向上一级地方人民政府申请行政复议。

对省、自治区人民政府依法设立的派出机关所属的县级地方人民政府的具体行政行为不服的，向该派出机关申请行政复议。

第十四条　【诉讼或裁决】对国务院部门或者省、自治区、直辖市人民政府的具体行政行为不服的，向作出该具体行政行为的国务院部门或者省、自治区、直辖市人民政府申请行政复议。对行政复议决定不服的，可以向人民法院提起行政诉讼；也可以向国务院申请裁决，国务院依照本法的规定作出最终裁决。

第十五条　【其他机关具体行政行为的复议机关】对本法第十二条、第十三条、第十四条规定以外的其他行政机关、组织的具体行政行为不服的，按照下列规定申请行政复议：

（一）对县级以上地方人民政府依法设立的派出机关的具体行政行为不服的，向设立该派出机关的人民政府申请行政复议；

（二）对政府工作部门依法设立的派出机构依照法律、法规或者规章规定，以自己的名义作出的具体行政行为不服的，向设立该派出机构的部门或者该部门的本级地方人民政府申请行政复议；

（三）对法律、法规授权的组织的具体行政行为不服的，分别向直接管理该组织的地方人民政府、地方人民政府工作部门或者国务院部门申请行政复议；

（四）对两个或者两个以上行政机关以共同的名义作出的具体行政行为不服的，向其共同上一级行政机关申请行政复议；

（五）对被撤销的行政机关在撤销前所作出的具体行政行为不服的，向继续行使其职权的行政机关的上一级行政机关申请行政复议。

有前款所列情形之一的，申请人也可以向具体行政行为发生地的县级地方人民政府提出行政复议申请，由接受申请的县级地方人民政府依照本法第十八条的规定办理。

第十六条　【复议与诉讼的选择】公民、法人或者其他组织申请行政复议，行政复议机关已经依法受理的，或者法律、法规规定应当先向行政复议机关申请行政复议、对行政复议决定不服再向人民法院提起行政诉讼的，在法定行政复议期限内不得向人民法院提起行政诉讼。

公民、法人或者其他组织向人民法院提起行政诉讼，人民法院已经依法受理的，不得申请行政复议。

第四章 行政复议受理

第十七条 【复议的受理】行政复议机关收到行政复议申请后，应当在五日内进行审查，对不符合本法规定的行政复议申请，决定不予受理，并书面告知申请人；对符合本法规定，但是不属于本机关受理的行政复议申请，应当告知申请人向有关行政复议机关提出。

除前款规定外，行政复议申请自行政复议机关负责法制工作的机构收到之日起即为受理。

第十八条 【复议申请的转送】依照本法第十五条第二款的规定接受行政复议申请的县级地方人民政府，对依照本法第十五条第一款的规定属于其他行政复议机关受理的行政复议申请，应当自接到该行政复议申请之日起七日内，转送有关行政复议机关，并告知申请人。接受转送的行政复议机关应当依照本法第十七条的规定办理。

第十九条 【复议之后的行政诉讼】法律、法规规定应当先向行政复议机关申请行政复议、对行政复议决定不服再向人民法院提起行政诉讼的，行政复议机关决定不予受理或者受理后超过行政复议期限不作答复的，公民、法人或者其他组织可以自收到不予受理决定书之日起或者行政复议期满之日起十五日内，依法向人民法院提起行政诉讼。

第二十条 【上级机关责令受理及直接受理】公民、法人或者其他组织依法提出行政复议申请，行政复议机关无正当理由不予受理的，上级行政机关应当责令其受理；必要时，上级行政机关也可以直接受理。

第二十一条 【执行停止事项】行政复议期间具体行政行为不停止执行；但是，有下列情形之一的，可以停止执行：

（一）被申请人认为需要停止执行的；

（二）行政复议机关认为需要停止执行的；

（三）申请人申请停止执行，行政复议机关认为其要求合理，决定停止执行的；

（四）法律规定停止执行的。

第五章 行政复议决定

第二十二条 【书面审查原则及例外】行政复议原则上采取书面审查

的办法，但是申请人提出要求或者行政复议机关负责法制工作的机构认为有必要时，可以向有关组织和人员调查情况，听取申请人、被申请人和第三人的意见。

第二十三条　【复议程序事项】行政复议机关负责法制工作的机构应当自行政复议申请受理之日起七日内，将行政复议申请书副本或者行政复议申请笔录复印件发送被申请人。被申请人应当自收到申请书副本或者申请笔录复印件之日起十日内，提出书面答复，并提交当初作出具体行政行为的证据、依据和其他有关材料。

申请人、第三人可以查阅被申请人提出的书面答复、作出具体行政行为的证据、依据和其他有关材料，除涉及国家秘密、商业秘密或者个人隐私外，行政复议机关不得拒绝。

第二十四条　【被申请人不得自行取证】在行政复议过程中，被申请人不得自行向申请人和其他有关组织或者个人收集证据。

第二十五条　【申请撤回】行政复议决定作出前，申请人要求撤回行政复议申请的，经说明理由，可以撤回；撤回行政复议申请的，行政复议终止。

第二十六条　【复议机关对规定的处理】申请人在申请行政复议时，一并提出对本法第七条所列有关规定的审查申请的，行政复议机关对该规定有权处理的，应当在三十日内依法处理；无权处理的，应当在七日内按照法定程序转送有权处理的行政机关依法处理，有权处理的行政机关应当在六十日内依法处理。处理期间，中止对具体行政行为的审查。

第二十七条　【对具体行政行为合法性的审查处理】行政复议机关在对被申请人作出的具体行政行为进行审查时，认为其依据不合法，本机关有权处理的，应当在三十日内依法处理；无权处理的，应当在七日内按照法定程序转送有权处理的国家机关依法处理。处理期间，中止对具体行政行为的审查。

第二十八条　【复议决定的作出】行政复议机关负责法制工作的机构应当对被申请人作出的具体行政行为进行审查，提出意见，经行政复议机关的负责人同意或者集体讨论通过后，按照下列规定作出行政复议决定：

（一）具体行政行为认定事实清楚，证据确凿，适用依据正确，程序合法，内容适当的，决定维持；

（二）被申请人不履行法定职责的，决定其在一定期限内履行；

（三）具体行政行为有下列情形之一的，决定撤销、变更或者确认该具体行政行为违法；决定撤销或者确认该具体行政行为违法的，可以责令被申请人在一定期限内重新作出具体行政行为：

1. 主要事实不清、证据不足的；
2. 适用依据错误的；
3. 违反法定程序的；
4. 超越或者滥用职权的；
5. 具体行政行为明显不当的。

（四）被申请人不按照本法第二十三条的规定提出书面答复、提交当初作出具体行政行为的证据、依据和其他有关材料的，视为该具体行政行为没有证据、依据，决定撤销该具体行政行为。

行政复议机关责令被申请人重新作出具体行政行为的，被申请人不得以同一的事实和理由作出与原具体行政行为相同或者基本相同的具体行政行为。

第二十九条　【行政赔偿】申请人在申请行政复议时可以一并提出行政赔偿请求，行政复议机关对符合国家赔偿法的有关规定应当给予赔偿的，在决定撤销、变更具体行政行为或者确认具体行政行为违法时，应当同时决定被申请人依法给予赔偿。

申请人在申请行政复议时没有提出行政赔偿请求的，行政复议机关在依法决定撤销或者变更罚款，撤销违法集资、没收财物、征收财物、摊派费用以及对财产的查封、扣押、冻结等具体行政行为时，应当同时责令被申请人返还财产，解除对财产的查封、扣押、冻结措施，或者赔偿相应的价款。

第三十条　【对侵犯自然资源所有权或使用权行为的先行复议原则】公民、法人或者其他组织认为行政机关的具体行政行为侵犯其已经依法取得的土地、矿藏、水流、森林、山岭、草原、荒地、滩涂、海域等自然资源的所有权或者使用权的，应当先申请行政复议；对行政复议决定不服的，可以依法向人民法院提起行政诉讼。

根据国务院或者省、自治区、直辖市人民政府对行政区划的勘定、调整或者征收土地的决定，省、自治区、直辖市人民政府确认土地、矿藏、水流、森林、山岭、草原、荒地、滩涂、海域等自然资源的所有权或者使用权的行政复议决定为最终裁决。

第三十一条　【复议期限】行政复议机关应当自受理申请之日起六十日内作出行政复议决定；但是法律规定的行政复议期限少于六十日的除外。情况复杂，不能在规定期限内作出行政复议决定的，经行政复议机关的负责人批准，可以适当延长，并告知申请人和被申请人；但是延长期限最多不超过三十日。

行政复议机关作出行政复议决定，应当制作行政复议决定书，并加盖印章。

行政复议决定书一经送达，即发生法律效力。

第三十二条　【复议决定的履行】被申请人应当履行行政复议决定。

被申请人不履行或者无正当理由拖延履行行政复议决定的，行政复议机关或者有关上级行政机关应当责令其限期履行。

第三十三条　【不履行复议决定的处理】申请人逾期不起诉又不履行行政复议决定的，或者不履行最终裁决的行政复议决定的，按照下列规定分别处理：

（一）维持具体行政行为的行政复议决定，由作出具体行政行为的行政机关依法强制执行，或者申请人民法院强制执行；

（二）变更具体行政行为的行政复议决定，由行政复议机关依法强制执行，或者申请人民法院强制执行。

第六章　法律责任

第三十四条　【复议机关不依法履行职责的处罚】行政复议机关违反本法规定，无正当理由不予受理依法提出的行政复议申请或者不按照规定转送行政复议申请的，或者在法定期限内不作出行政复议决定的，对直接负责的主管人员和其他直接责任人员依法给予警告、记过、记大过的行政处分；经责令受理仍不受理或者不按照规定转送行政复议申请，造成严重后果的，依法给予降级、撤职、开除的行政处分。

第三十五条　【渎职处罚】行政复议机关工作人员在行政复议活动中，徇私舞弊或者有其他渎职、失职行为的，依法给予警告、记过、记大过的行政处分；情节严重的，依法给予降级、撤职、开除的行政处分；构成犯罪的，依法追究刑事责任。

第三十六条　【被申请人不提交答复、资料和阻碍他人复议申请的处罚】被申请人违反本法规定，不提出书面答复或者不提交作出具体行政行为的证据、依据和其他有关材料，或者阻挠、变相阻挠公民、法人或者其他组织依法申请行政复议的，对直接负责的主管人员和其他直接责任人员依法给予警告、记过、记大过的行政处分；进行报复陷害的，依法给予降级、撤职、开除的行政处分；构成犯罪的，依法追究刑事责任。

第三十七条　【不履行、拖延履行复议决定的处罚】被申请人不履行或者无正当理由拖延履行行政复议决定的，对直接负责的主管人员和其他直接责任人员依法给予警告、记过、记大过的行政处分；经责令履行仍拒不履行的，依法给予降级、撤职、开除的行政处分。

第三十八条　【复议机关的建议权】行政复议机关负责法制工作的机构发现有无正当理由不予受理行政复议申请、不按照规定期限作出行政复议决定、徇私舞弊、对申请人打击报复或者不履行行政复议决定等情形的，应当向有关行政机关提出建议，有关行政机关应当依照本法和有关法律、行政法规的规定作出处理。

第七章　附　　则

第三十九条　【经费来源】行政复议机关受理行政复议申请，不得向申请人收取任何费用。行政复议活动所需经费，应当列入本机关的行政经费，由本级财政予以保障。

第四十条　【期间计算和文书送达】行政复议期间的计算和行政复议文书的送达，依照民事诉讼法关于期间、送达的规定执行。

本法关于行政复议期间有关“五日”、“七日”的规定是指工作日，不含节假日。

第四十一条　【适用范围补充规定】外国人、无国籍人、外国组织在中华人民共和国境内申请行政复议,适用本法。

第四十二条　【法律冲突的解决】本法施行前公布的法律有关行政复议的规定与本法的规定不一致的,以本法的规定为准。

第四十三条　【施行日期】本法自 1999 年 10 月 1 日起施行。1990 年 12 月 24 日国务院发布、1994 年 10 月 9 日国务院修订发布的《行政复议条例》同时废止。

中华人民共和国
行政复议法实施条例(节录)

(2007 年 5 月 29 日国务院令第 499 号公布
自 2007 年 8 月 1 日起施行)

第二十七条　公民、法人或者其他组织认为行政机关的具体行政行为侵犯其合法权益提出行政复议申请,除不符合行政复议法和本条例规定的申请条件的,行政复议机关必须受理。

第二十八条　行政复议申请符合下列规定的,应当予以受理:

(一)有明确的申请人和符合规定的被申请人;

(二)申请人与具体行政行为有利害关系;

(三)有具体的行政复议请求和理由;

(四)在法定申请期限内提出;

(五)属于行政复议法规定的行政复议范围;

(六)属于收到行政复议申请的行政复议机构的职责范围;

(七)其他行政复议机关尚未受理同一行政复议申请,人民法院尚未受理同一主体就同一事实提起的行政诉讼。

中华人民共和国行政诉讼法

（1989年4月4日第七届全国人民代表大会第二次会议通过　根据2014年11月1日第十二届全国人民代表大会常务委员会第十一次会议《关于修改〈中华人民共和国行政诉讼法〉的决定》第一次修正　根据2017年6月27日第十二届全国人民代表大会常务委员会第二十八次会议《关于修改〈中华人民共和国民事诉讼法〉和〈中华人民共和国行政诉讼法〉的决定》第二次修正）

第一章　总　　则

第一条　【立法目的】为保证人民法院公正、及时审理行政案件，解决行政争议，保护公民、法人和其他组织的合法权益，监督行政机关依法行使职权，根据宪法，制定本法。

第二条　【诉权】公民、法人或者其他组织认为行政机关和行政机关工作人员的行政行为侵犯其合法权益，有权依照本法向人民法院提起诉讼。

前款所称行政行为，包括法律、法规、规章授权的组织作出的行政行为。

第三条　【权利与义务】人民法院应当保障公民、法人和其他组织的起诉权利，对应当受理的行政案件依法受理。

行政机关及其工作人员不得干预、阻碍人民法院受理行政案件。

被诉行政机关负责人应当出庭应诉。不能出庭的，应当委托行政机关相应的工作人员出庭。

第四条　【独立行使审判权】人民法院依法对行政案件独立行使审判权，不受行政机关、社会团体和个人的干涉。

人民法院设行政审判庭，审理行政案件。

第五条　【以事实为根据，以法律为准绳原则】人民法院审理行政案件，以事实为根据，以法律为准绳。

第六条　【合法性审查原则】人民法院审理行政案件，对行政行为是否合法进行审查。

第七条　【合议、回避、公开审判和两审终审原则】人民法院审理行政案件，依法实行合议、回避、公开审判和两审终审制度。

第八条　【法律地位平等原则】当事人在行政诉讼中的法律地位平等。

第九条　【本民族语言文字原则】各民族公民都有用本民族语言、文字进行行政诉讼的权利。

在少数民族聚居或者多民族共同居住的地区，人民法院应当用当地民族通用的语言、文字进行审理和发布法律文书。

人民法院应当对不通晓当地民族通用的语言、文字的诉讼参与人提供翻译。

第十条　【辩论原则】当事人在行政诉讼中有权进行辩论。

第十一条　【法律监督原则】人民检察院有权对行政诉讼实行法律监督。

第二章　受案范围

第十二条　【行政诉讼受案范围】人民法院受理公民、法人或者其他组织提起的下列诉讼：

（一）对行政拘留、暂扣或者吊销许可证和执照、责令停产停业、没收违法所得、没收非法财物、罚款、警告等行政处罚不服的；

（二）对限制人身自由或者对财产的查封、扣押、冻结等行政强制措施和行政强制执行不服的；

（三）申请行政许可，行政机关拒绝或者在法定期限内不予答复，或者对行政机关作出的有关行政许可的其他决定不服的；

（四）对行政机关作出的关于确认土地、矿藏、水流、森林、山岭、草原、荒地、滩涂、海域等自然资源的所有权或者使用权的决定不服的；

（五）对征收、征用决定及其补偿决定不服的；

（六）申请行政机关履行保护人身权、财产权等合法权益的法定职责，行政机关拒绝履行或者不予答复的；

（七）认为行政机关侵犯其经营自主权或者农村土地承包经营权、农村土地经营权的；

（八）认为行政机关滥用行政权力排除或者限制竞争的；

（九）认为行政机关违法集资、摊派费用或者违法要求履行其他义务的；

（十）认为行政机关没有依法支付抚恤金、最低生活保障待遇或者社会保险待遇的；

（十一）认为行政机关不依法履行、未按照约定履行或者违法变更、解除政府特许经营协议、土地房屋征收补偿协议等协议的；

（十二）认为行政机关侵犯其他人身权、财产权等合法权益的。

除前款规定外，人民法院受理法律、法规规定可以提起诉讼的其他行政案件。

第十三条　【受案范围的排除】人民法院不受理公民、法人或者其他组织对下列事项提起的诉讼：

（一）国防、外交等国家行为；

（二）行政法规、规章或者行政机关制定、发布的具有普遍约束力的决定、命令；

（三）行政机关对行政机关工作人员的奖惩、任免等决定；

（四）法律规定由行政机关最终裁决的行政行为。

第三章　管　　辖

第十四条　【基层人民法院管辖第一审行政案件】基层人民法院管辖第一审行政案件。

第十五条　【中级人民法院管辖的第一审行政案件】中级人民法院管辖下列第一审行政案件：

（一）对国务院部门或者县级以上地方人民政府所作的行政行为提起诉讼的案件；

（二）海关处理的案件；

（三）本辖区内重大、复杂的案件；

（四）其他法律规定由中级人民法院管辖的案件。

第十六条　【高级人民法院管辖的第一审行政案件】高级人民法院管辖本辖区内重大、复杂的第一审行政案件。

第十七条　【最高人民法院管辖的第一审行政案件】最高人民法院管辖全国范围内重大、复杂的第一审行政案件。

第十八条　【一般地域管辖和法院跨行政区域管辖】行政案件由最初作出行政行为的行政机关所在地人民法院管辖。经复议的案件，也可以由复议机关所在地人民法院管辖。

经最高人民法院批准，高级人民法院可以根据审判工作的实际情况，确定若干人民法院跨行政区域管辖行政案件。

第十九条　【限制人身自由行政案件的管辖】对限制人身自由的行政强制措施不服提起的诉讼，由被告所在地或者原告所在地人民法院管辖。

第二十条　【不动产行政案件的管辖】因不动产提起的行政诉讼，由不动产所在地人民法院管辖。

第二十一条　【选择管辖】两个以上人民法院都有管辖权的案件，原告可以选择其中一个人民法院提起诉讼。原告向两个以上有管辖权的人民法院提起诉讼的，由最先立案的人民法院管辖。

第二十二条　【移送管辖】人民法院发现受理的案件不属于本院管辖的，应当移送有管辖权的人民法院，受移送的人民法院应当受理。受移送的人民法院认为受移送的案件按照规定不属于本院管辖的，应当报请上级人民法院指定管辖，不得再自行移送。

第二十三条　【指定管辖】有管辖权的人民法院由于特殊原因不能行使管辖权的，由上级人民法院指定管辖。

人民法院对管辖权发生争议，由争议双方协商解决。协商不成的，报它们的共同上级人民法院指定管辖。

第二十四条　【管辖权转移】上级人民法院有权审理下级人民法院管辖的第一审行政案件。

下级人民法院对其管辖的第一审行政案件，认为需要由上级人民法院审理或者指定管辖的，可以报请上级人民法院决定。

第四章　诉讼参加人

第二十五条　【原告资格】行政行为的相对人以及其他与行政行为有利害关系的公民、法人或者其他组织，有权提起诉讼。

有权提起诉讼的公民死亡，其近亲属可以提起诉讼。

有权提起诉讼的法人或者其他组织终止，承受其权利的法人或者其他组织可以提起诉讼。

人民检察院在履行职责中发现生态环境和资源保护、食品药品安全、国有财产保护、国有土地使用权出让等领域负有监督管理职责的行政机关违法行使职权或者不作为，致使国家利益或者社会公共利益受到侵害的，应当向行政机关提出检察建议，督促其依法履行职责。行政机关不依法履行职责的，人民检察院依法向人民法院提起诉讼。

第二十六条　【被告资格】公民、法人或者其他组织直接向人民法院提起诉讼的，作出行政行为的行政机关是被告。

经复议的案件，复议机关决定维持原行政行为的，作出原行政行为的行政机关和复议机关是共同被告；复议机关改变原行政行为的，复议机关是被告。

复议机关在法定期限内未作出复议决定，公民、法人或者其他组织起诉原行政行为的，作出原行政行为的行政机关是被告；起诉复议机关不作为的，复议机关是被告。

两个以上行政机关作出同一行政行为的，共同作出行政行为的行政机关是共同被告。

行政机关委托的组织所作的行政行为，委托的行政机关是被告。

行政机关被撤销或者职权变更的，继续行使其职权的行政机关是被告。

第二十七条　【共同诉讼】当事人一方或者双方为二人以上，因同一行政行为发生的行政案件，或者因同类行政行为发生的行政案件、人民法院认为可以合并审理并经当事人同意的，为共同诉讼。

第二十八条　【代表人诉讼】当事人一方人数众多的共同诉讼，可以由当事人推选代表人进行诉讼。代表人的诉讼行为对其所代表的当事人发生效力，但代表人变更、放弃诉讼请求或者承认对方当事人的诉讼请求，应当经被代表的当事人同意。

第二十九条　【诉讼第三人】公民、法人或者其他组织同被诉行政行为有利害关系但没有提起诉讼，或者同案件处理结果有利害关系的，可以作为第三人申请参加诉讼，或者由人民法院通知参加诉讼。

人民法院判决第三人承担义务或者减损第三人权益的，第三人有权依法提起上诉。

第三十条　【法定代理人】没有诉讼行为能力的公民，由其法定代理人代为诉讼。法定代理人互相推诿代理责任的，由人民法院指定其中一人代为诉讼。

第三十一条　【委托代理人】当事人、法定代理人，可以委托一至二人作为诉讼代理人。

下列人员可以被委托为诉讼代理人：

（一）律师、基层法律服务工作者；

（二）当事人的近亲属或者工作人员；

（三）当事人所在社区、单位以及有关社会团体推荐的公民。

第三十二条　【当事人及诉讼代理人权利】代理诉讼的律师，有权按照规定查阅、复制本案有关材料，有权向有关组织和公民调查，收集与本案有关的证据。对涉及国家秘密、商业秘密和个人隐私的材料，应当依照法律规定保密。

当事人和其他诉讼代理人有权按照规定查阅、复制本案庭审材料，但涉及国家秘密、商业秘密和个人隐私的内容除外。

第五章　证　　据

第三十三条　【证据种类】证据包括：

（一）书证；

（二）物证；

（三）视听资料；

（四）电子数据；

（五）证人证言；

（六）当事人的陈述；

（七）鉴定意见；

（八）勘验笔录、现场笔录。

以上证据经法庭审查属实，才能作为认定案件事实的根据。

第三十四条　【被告举证责任】被告对作出的行政行为负有举证责任，应当提供作出该行政行为的证据和所依据的规范性文件。

被告不提供或者无正当理由逾期提供证据，视为没有相应证据。但是，被诉行政行为涉及第三人合法权益，第三人提供证据的除外。

第三十五条　【行政机关收集证据的限制】在诉讼过程中，被告及其诉讼代理人不得自行向原告、第三人和证人收集证据。

第三十六条　【被告延期提供证据和补充证据】被告在作出行政行为时已经收集了证据，但因不可抗力等正当事由不能提供的，经人民法院准许，可以延期提供。

原告或者第三人提出了其在行政处理程序中没有提出的理由或者证据的，经人民法院准许，被告可以补充证据。

第三十七条　【原告可以提供证据】原告可以提供证明行政行为违法的证据。原告提供的证据不成立的，不免除被告的举证责任。

第三十八条　【原告举证责任】在起诉被告不履行法定职责的案件中，原告应当提供其向被告提出申请的证据。但有下列情形之一的除外：

（一）被告应当依职权主动履行法定职责的；

（二）原告因正当理由不能提供证据的。

在行政赔偿、补偿的案件中，原告应当对行政行为造成的损害提供证据。因被告的原因导致原告无法举证的，由被告承担举证责任。

第三十九条　【法院要求当事人提供或者补充证据】人民法院有权要求当事人提供或者补充证据。

第四十条　【法院调取证据】人民法院有权向有关行政机关以及其他组织、公民调取证据。但是，不得为证明行政行为的合法性调取被告作出行政行为时未收集的证据。

第四十一条　【申请法院调取证据】与本案有关的下列证据，原告或

者第三人不能自行收集的,可以申请人民法院调取:

(一)由国家机关保存而须由人民法院调取的证据;

(二)涉及国家秘密、商业秘密和个人隐私的证据;

(三)确因客观原因不能自行收集的其他证据。

第四十二条　【证据保全】在证据可能灭失或者以后难以取得的情况下,诉讼参加人可以向人民法院申请保全证据,人民法院也可以主动采取保全措施。

第四十三条　【证据适用规则】证据应当在法庭上出示,并由当事人互相质证。对涉及国家秘密、商业秘密和个人隐私的证据,不得在公开开庭时出示。

人民法院应当按照法定程序,全面、客观地审查核实证据。对未采纳的证据应当在裁判文书中说明理由。

以非法手段取得的证据,不得作为认定案件事实的根据。

第六章　起诉和受理

第四十四条　【行政复议与行政诉讼】对属于人民法院受案范围的行政案件,公民、法人或者其他组织可以先向行政机关申请复议,对复议决定不服的,再向人民法院提起诉讼;也可以直接向人民法院提起诉讼。

法律、法规规定应当先向行政机关申请复议,对复议决定不服再向人民法院提起诉讼的,依照法律、法规的规定。

第四十五条　【经行政复议的起诉期限】公民、法人或者其他组织不服复议决定的,可以在收到复议决定书之日起十五日内向人民法院提起诉讼。复议机关逾期不作决定的,申请人可以在复议期满之日起十五日内向人民法院提起诉讼。法律另有规定的除外。

第四十六条　【起诉期限】公民、法人或者其他组织直接向人民法院提起诉讼的,应当自知道或者应当知道作出行政行为之日起六个月内提出。法律另有规定的除外。

因不动产提起诉讼的案件自行政行为作出之日起超过二十年,其他案件自行政行为作出之日起超过五年提起诉讼的,人民法院不予受理。

第四十七条　【行政机关不履行法定职责的起诉期限】公民、法人或者其他组织申请行政机关履行保护其人身权、财产权等合法权益的法定职责，行政机关在接到申请之日起两个月内不履行的，公民、法人或者其他组织可以向人民法院提起诉讼。法律、法规对行政机关履行职责的期限另有规定的，从其规定。

公民、法人或者其他组织在紧急情况下请求行政机关履行保护其人身权、财产权等合法权益的法定职责，行政机关不履行的，提起诉讼不受前款规定期限的限制。

第四十八条　【起诉期限的扣除和延长】公民、法人或者其他组织因不可抗力或者其他不属于其自身的原因耽误起诉期限的，被耽误的时间不计算在起诉期限内。

公民、法人或者其他组织因前款规定以外的其他特殊情况耽误起诉期限的，在障碍消除后十日内，可以申请延长期限，是否准许由人民法院决定。

第四十九条　【起诉条件】提起诉讼应当符合下列条件：

（一）原告是符合本法第二十五条规定的公民、法人或者其他组织；

（二）有明确的被告；

（三）有具体的诉讼请求和事实根据；

（四）属于人民法院受案范围和受诉人民法院管辖。

第五十条　【起诉方式】起诉应当向人民法院递交起诉状，并按照被告人数提出副本。

书写起诉状确有困难的，可以口头起诉，由人民法院记入笔录，出具注明日期的书面凭证，并告知对方当事人。

第五十一条　【登记立案】人民法院在接到起诉状时对符合本法规定的起诉条件的，应当登记立案。

对当场不能判定是否符合本法规定的起诉条件的，应当接收起诉状，出具注明收到日期的书面凭证，并在七日内决定是否立案。不符合起诉条件的，作出不予立案的裁定。裁定书应当载明不予立案的理由。原告对裁定不服的，可以提起上诉。

起诉状内容欠缺或者有其他错误的，应当给予指导和释明，并一次性告知当事人需要补正的内容。不得未经指导和释明即以起诉不符合条件为由不接收起诉状。

对于不接收起诉状、接收起诉状后不出具书面凭证,以及不一次性告知当事人需要补正的起诉状内容的,当事人可以向上级人民法院投诉,上级人民法院应当责令改正,并对直接负责的主管人员和其他直接责任人员依法给予处分。

第五十二条　【法院不立案的救济】人民法院既不立案,又不作出不予立案裁定的,当事人可以向上一级人民法院起诉。上一级人民法院认为符合起诉条件的,应当立案、审理,也可以指定其他下级人民法院立案、审理。

第五十三条　【规范性文件的附带审查】公民、法人或者其他组织认为行政行为所依据的国务院部门和地方人民政府及其部门制定的规范性文件不合法,在对行政行为提起诉讼时,可以一并请求对该规范性文件进行审查。

前款规定的规范性文件不含规章。

第七章　审理和判决

第一节　一般规定

第五十四条　【公开审理原则】人民法院公开审理行政案件,但涉及国家秘密、个人隐私和法律另有规定的除外。

涉及商业秘密的案件,当事人申请不公开审理的,可以不公开审理。

第五十五条　【回避】当事人认为审判人员与本案有利害关系或者有其他关系可能影响公正审判,有权申请审判人员回避。

审判人员认为自己与本案有利害关系或者有其他关系,应当申请回避。

前两款规定,适用于书记员、翻译人员、鉴定人、勘验人。

院长担任审判长时的回避,由审判委员会决定;审判人员的回避,由院长决定;其他人员的回避,由审判长决定。当事人对决定不服的,可以申请复议一次。

第五十六条　【诉讼不停止执行及例外】诉讼期间，不停止行政行为的执行。但有下列情形之一的，裁定停止执行：

（一）被告认为需要停止执行的；

（二）原告或者利害关系人申请停止执行，人民法院认为该行政行为的执行会造成难以弥补的损失，并且停止执行不损害国家利益、社会公共利益的；

（三）人民法院认为该行政行为的执行会给国家利益、社会公共利益造成重大损害的；

（四）法律、法规规定停止执行的。

当事人对停止执行或者不停止执行的裁定不服的，可以申请复议一次。

第五十七条　【先予执行】人民法院对起诉行政机关没有依法支付抚恤金、最低生活保障金和工伤、医疗社会保险金的案件，权利义务关系明确、不先予执行将严重影响原告生活的，可以根据原告的申请，裁定先予执行。

当事人对先予执行裁定不服的，可以申请复议一次。复议期间不停止裁定的执行。

第五十八条　【拒不到庭或中途退庭的法律后果】经人民法院传票传唤，原告无正当理由拒不到庭，或者未经法庭许可中途退庭的，可以按照撤诉处理；被告无正当理由拒不到庭，或者未经法庭许可中途退庭的，可以缺席判决。

第五十九条　【妨害行政诉讼强制措施】诉讼参与人或者其他人有下列行为之一的，人民法院可以根据情节轻重，予以训诫、责令具结悔过或者处一万元以下的罚款、十五日以下的拘留；构成犯罪的，依法追究刑事责任：

（一）有义务协助调查、执行的人，对人民法院的协助调查决定、协助执行通知书，无故推拖、拒绝或者妨碍调查、执行的；

（二）伪造、隐藏、毁灭证据或者提供虚假证明材料，妨碍人民法院审理案件的；

（三）指使、贿买、胁迫他人作伪证或者威胁、阻止证人作证的；

（四）隐藏、转移、变卖、毁损已被查封、扣押、冻结的财产的；

（五）以欺骗、胁迫等非法手段使原告撤诉的；

（六）以暴力、威胁或者其他方法阻碍人民法院工作人员执行职务，或者以哄闹、冲击法庭等方法扰乱人民法院工作秩序的；

（七）对人民法院审判人员或者其他工作人员、诉讼参与人、协助调查和执行的人员恐吓、侮辱、诽谤、诬陷、殴打、围攻或者打击报复的。

人民法院对有前款规定的行为之一的单位，可以对其主要负责人或者直接责任人员依照前款规定予以罚款、拘留；构成犯罪的，依法追究刑事责任。

罚款、拘留须经人民法院院长批准。当事人不服的，可以向上一级人民法院申请复议一次。复议期间不停止执行。

第六十条　【调解】人民法院审理行政案件，不适用调解。但是，行政赔偿、补偿以及行政机关行使法律、法规规定的自由裁量权的案件可以调解。

调解应当遵循自愿、合法原则，不得损害国家利益、社会公共利益和他人合法权益。

第六十一条　【民事争议和行政争议交叉】在涉及行政许可、登记、征收、征用和行政机关对民事争议所作的裁决的行政诉讼中，当事人申请一并解决相关民事争议的，人民法院可以一并审理。

在行政诉讼中，人民法院认为行政案件的审理需以民事诉讼的裁判为依据的，可以裁定中止行政诉讼。

第六十二条　【撤诉】人民法院对行政案件宣告判决或者裁定前，原告申请撤诉的，或者被告改变其所作的行政行为，原告同意并申请撤诉的，是否准许，由人民法院裁定。

第六十三条　【审理依据】人民法院审理行政案件，以法律和行政法规、地方性法规为依据。地方性法规适用于本行政区域内发生的行政案件。

人民法院审理民族自治地方的行政案件，并以该民族自治地方的自治条例和单行条例为依据。

人民法院审理行政案件，参照规章。

第六十四条　【规范性文件审查和处理】人民法院在审理行政案件中,经审查认为本法第五十三条规定的规范性文件不合法的,不作为认定行政行为合法的依据,并向制定机关提出处理建议。

第六十五条　【裁判文书公开】人民法院应当公开发生法律效力的判决书、裁定书,供公众查阅,但涉及国家秘密、商业秘密和个人隐私的内容除外。

第六十六条　【有关行政机关工作人员和被告的处理】人民法院在审理行政案件中,认为行政机关的主管人员、直接责任人员违法违纪的,应当将有关材料移送监察机关、该行政机关或者其上一级行政机关;认为有犯罪行为的,应当将有关材料移送公安、检察机关。

人民法院对被告经传票传唤无正当理由拒不到庭,或者未经法庭许可中途退庭的,可以将被告拒不到庭或者中途退庭的情况予以公告,并可以向监察机关或者被告的上一级行政机关提出依法给予其主要负责人或者直接责任人员处分的司法建议。

第二节　第一审普通程序

第六十七条　【发送起诉状和提出答辩状】人民法院应当在立案之日起五日内,将起诉状副本发送被告。被告应当在收到起诉状副本之日起十五日内向人民法院提交作出行政行为的证据和所依据的规范性文件,并提出答辩状。人民法院应当在收到答辩状之日起五日内,将答辩状副本发送原告。

被告不提出答辩状的,不影响人民法院审理。

第六十八条　【审判组织形式】人民法院审理行政案件,由审判员组成合议庭,或者由审判员、陪审员组成合议庭。合议庭的成员,应当是三人以上的单数。

第六十九条　【驳回原告诉讼请求】行政行为证据确凿,适用法律、法规正确,符合法定程序的,或者原告申请被告履行法定职责或者给付义务理由不成立的,人民法院判决驳回原告的诉讼请求。

第七十条　【撤销判决和重作判决】行政行为有下列情形之一的,人民法院判决撤销或者部分撤销,并可以判决被告重新作出行政行为:

（一）主要证据不足的；

（二）适用法律、法规错误的；

（三）违反法定程序的；

（四）超越职权的；

（五）滥用职权的；

（六）明显不当的。

第七十一条　【重作判决对被告的限制】人民法院判决被告重新作出行政行为的，被告不得以同一的事实和理由作出与原行政行为基本相同的行政行为。

第七十二条　【履行判决】人民法院经过审理，查明被告不履行法定职责的，判决被告在一定期限内履行。

第七十三条　【给付判决】人民法院经过审理，查明被告依法负有给付义务的，判决被告履行给付义务。

第七十四条　【确认违法判决】行政行为有下列情形之一的，人民法院判决确认违法，但不撤销行政行为：

（一）行政行为依法应当撤销，但撤销会给国家利益、社会公共利益造成重大损害的；

（二）行政行为程序轻微违法，但对原告权利不产生实际影响的。

行政行为有下列情形之一，不需要撤销或者判决履行的，人民法院判决确认违法：

（一）行政行为违法，但不具有可撤销内容的；

（二）被告改变原违法行政行为，原告仍要求确认原行政行为违法的；

（三）被告不履行或者拖延履行法定职责，判决履行没有意义的。

第七十五条　【确认无效判决】行政行为有实施主体不具有行政主体资格或者没有依据等重大且明显违法情形，原告申请确认行政行为无效的，人民法院判决确认无效。

第七十六条　【确认违法和无效判决的补充规定】人民法院判决确认违法或者无效的，可以同时判决责令被告采取补救措施；给原告造成损失的，依法判决被告承担赔偿责任。

第七十七条 【变更判决】行政处罚明显不当，或者其他行政行为涉及对款额的确定、认定确有错误的，人民法院可以判决变更。

人民法院判决变更，不得加重原告的义务或者减损原告的权益。但利害关系人同为原告，且诉讼请求相反的除外。

第七十八条 【行政协议履行及补偿判决】被告不依法履行、未按照约定履行或者违法变更、解除本法第十二条第一款第十一项规定的协议的，人民法院判决被告承担继续履行、采取补救措施或者赔偿损失等责任。

被告变更、解除本法第十二条第一款第十一项规定的协议合法，但未依法给予补偿的，人民法院判决给予补偿。

第七十九条 【复议决定和原行政行为一并裁判】复议机关与作出原行政行为的行政机关为共同被告的案件，人民法院应当对复议决定和原行政行为一并作出裁判。

第八十条 【公开宣判】人民法院对公开审理和不公开审理的案件，一律公开宣告判决。

当庭宣判的，应当在十日内发送判决书；定期宣判的，宣判后立即发给判决书。

宣告判决时，必须告知当事人上诉权利、上诉期限和上诉的人民法院。

第八十一条 【第一审审限】人民法院应当在立案之日起六个月内作出第一审判决。有特殊情况需要延长的，由高级人民法院批准，高级人民法院审理第一审案件需要延长的，由最高人民法院批准。

第三节 简易程序

第八十二条 【简易程序适用情形】人民法院审理下列第一审行政案件，认为事实清楚、权利义务关系明确、争议不大的，可以适用简易程序：

（一）被诉行政行为是依法当场作出的；

（二）案件涉及款额二千元以下的；

（三）属于政府信息公开案件的。

除前款规定以外的第一审行政案件，当事人各方同意适用简易程序的,可以适用简易程序。

发回重审、按照审判监督程序再审的案件不适用简易程序。

第八十三条　【简易程序的审判组织形式和审限】适用简易程序审理的行政案件,由审判员一人独任审理,并应当在立案之日起四十五日内审结。

第八十四条　【简易程序与普通程序的转换】人民法院在审理过程中,发现案件不宜适用简易程序的,裁定转为普通程序。

第四节　第二审程序

第八十五条　【上诉】当事人不服人民法院第一审判决的,有权在判决书送达之日起十五日内向上一级人民法院提起上诉。当事人不服人民法院第一审裁定的,有权在裁定书送达之日起十日内向上一级人民法院提起上诉。逾期不提起上诉的,人民法院的第一审判决或者裁定发生法律效力。

第八十六条　【二审审理方式】人民法院对上诉案件,应当组成合议庭,开庭审理。经过阅卷、调查和询问当事人,对没有提出新的事实、证据或者理由,合议庭认为不需要开庭审理的,也可以不开庭审理。

第八十七条　【二审审查范围】人民法院审理上诉案件,应当对原审人民法院的判决、裁定和被诉行政行为进行全面审查。

第八十八条　【二审审限】人民法院审理上诉案件,应当在收到上诉状之日起三个月内作出终审判决。有特殊情况需要延长的,由高级人民法院批准,高级人民法院审理上诉案件需要延长的,由最高人民法院批准。

第八十九条　【二审裁判】人民法院审理上诉案件,按照下列情形,分别处理:

(一)原判决、裁定认定事实清楚,适用法律、法规正确的,判决或者裁定驳回上诉,维持原判决、裁定;

(二)原判决、裁定认定事实错误或者适用法律、法规错误的,依法改判、撤销或者变更;

(三)原判决认定基本事实不清、证据不足的,发回原审人民法院重审，或者查清事实后改判；

（四）原判决遗漏当事人或者违法缺席判决等严重违反法定程序的，裁定撤销原判决，发回原审人民法院重审。

原审人民法院对发回重审的案件作出判决后，当事人提起上诉的，第二审人民法院不得再次发回重审。

人民法院审理上诉案件，需要改变原审判决的，应当同时对被诉行政行为作出判决。

第五节　审判监督程序

第九十条　【当事人申请再审】当事人对已经发生法律效力的判决、裁定，认为确有错误的，可以向上一级人民法院申请再审，但判决、裁定不停止执行。

第九十一条　【再审事由】当事人的申请符合下列情形之一的，人民法院应当再审：

（一）不予立案或者驳回起诉确有错误的；

（二）有新的证据，足以推翻原判决、裁定的；

（三）原判决、裁定认定事实的主要证据不足、未经质证或者系伪造的；

（四）原判决、裁定适用法律、法规确有错误的；

（五）违反法律规定的诉讼程序，可能影响公正审判的；

（六）原判决、裁定遗漏诉讼请求的；

（七）据以作出原判决、裁定的法律文书被撤销或者变更的；

（八）审判人员在审理该案件时有贪污受贿、徇私舞弊、枉法裁判行为的。

第九十二条　【人民法院依职权再审】各级人民法院院长对本院已经发生法律效力的判决、裁定，发现有本法第九十一条规定情形之一，或者发现调解违反自愿原则或者调解书内容违法，认为需要再审的，应当提交审判委员会讨论决定。

最高人民法院对地方各级人民法院已经发生法律效力的判决、裁定，上级人民法院对下级人民法院已经发生法律效力的判决、裁定，发现有本法第九十一条规定情形之一，或者发现调解违反自愿原则或者调解书内容违法的，有权提审或者指令下级人民法院再审。

第九十三条　【抗诉和检察建议】最高人民检察院对各级人民法院已经发生法律效力的判决、裁定，上级人民检察院对下级人民法院已经发生法律效力的判决、裁定，发现有本法第九十一条规定情形之一，或者发现调解书损害国家利益、社会公共利益的，应当提出抗诉。

地方各级人民检察院对同级人民法院已经发生法律效力的判决、裁定，发现有本法第九十一条规定情形之一，或者发现调解书损害国家利益、社会公共利益的，可以向同级人民法院提出检察建议，并报上级人民检察院备案；也可以提请上级人民检察院向同级人民法院提出抗诉。

各级人民检察院对审判监督程序以外的其他审判程序中审判人员的违法行为，有权向同级人民法院提出检察建议。

第八章　执　　行

第九十四条　【生效裁判和调解书的执行】当事人必须履行人民法院发生法律效力的判决、裁定、调解书。

第九十五条　【申请强制执行和执行管辖】公民、法人或者其他组织拒绝履行判决、裁定、调解书的，行政机关或者第三人可以向第一审人民法院申请强制执行，或者由行政机关依法强制执行。

第九十六条　【对行政机关拒绝履行的执行措施】行政机关拒绝履行判决、裁定、调解书的，第一审人民法院可以采取下列措施：

（一）对应当归还的罚款或者应当给付的款额，通知银行从该行政机关的账户内划拨；

（二）在规定期限内不履行的，从期满之日起，对该行政机关负责人按日处五十元至一百元的罚款；

（三）将行政机关拒绝履行的情况予以公告；

（四）向监察机关或者该行政机关的上一级行政机关提出司法建议。接受司法建议的机关，根据有关规定进行处理，并将处理情况告知人民法院；

（五）拒不履行判决、裁定、调解书，社会影响恶劣的，可以对该行政机关直接负责的主管人员和其他直接责任人员予以拘留；情节严重，构成犯罪的，依法追究刑事责任。

第九十七条 【非诉执行】公民、法人或者其他组织对行政行为在法定期限内不提起诉讼又不履行的，行政机关可以申请人民法院强制执行，或者依法强制执行。

第九章 涉外行政诉讼

第九十八条 【涉外行政诉讼的法律适用原则】外国人、无国籍人、外国组织在中华人民共和国进行行政诉讼，适用本法。法律另有规定的除外。

第九十九条 【同等与对等原则】外国人、无国籍人、外国组织在中华人民共和国进行行政诉讼，同中华人民共和国公民、组织有同等的诉讼权利和义务。

外国法院对中华人民共和国公民、组织的行政诉讼权利加以限制的，人民法院对该国公民、组织的行政诉讼权利，实行对等原则。

第一百条 【中国律师代理】外国人、无国籍人、外国组织在中华人民共和国进行行政诉讼，委托律师代理诉讼的，应当委托中华人民共和国律师机构的律师。

第十章 附 则

第一百零一条 【适用民事诉讼法规定】人民法院审理行政案件，关于期间、送达、财产保全、开庭审理、调解、中止诉讼、终结诉讼、简易程序、执行等，以及人民检察院对行政案件受理、审理、裁判、执行的监督，本法没有规定的，适用《中华人民共和国民事诉讼法》的相关规定。

第一百零二条 【诉讼费用】人民法院审理行政案件，应当收取诉讼费用。诉讼费用由败诉方承担，双方都有责任的由双方分担。收取诉讼费用的具体办法另行规定。

第一百零三条 【施行日期】本法自1990年10月1日起施行。

中华人民共和国治安管理处罚法(节录)

(2005年8月28日第十届全国人民代表大会常务委员会第十七次会议通过　根据2012年10月26日第十一届全国人民代表大会常务委员会第二十九次会议《关于修改〈中华人民共和国治安管理处罚法〉的决定》修正)

第七条　【主管和管辖】国务院公安部门负责全国的治安管理工作。县级以上地方各级人民政府公安机关负责本行政区域内的治安管理工作。

治安案件的管辖由国务院公安部门规定。

第八条　【民事责任】违反治安管理的行为对他人造成损害的,行为人或者其监护人应当依法承担民事责任。

第十条　【处罚种类】治安管理处罚的种类分为:

(一)警告;

(二)罚款;

(三)行政拘留;

(四)吊销公安机关发放的许可证。

对违反治安管理的外国人,可以附加适用限期出境或者驱逐出境。

第十九条　【减轻处罚或不予处罚的情形】违反治安管理有下列情形之一的,减轻处罚或者不予处罚:

(一)情节特别轻微的;

(二)主动消除或者减轻违法后果,并取得被侵害人谅解的;

(三)出于他人胁迫或者诱骗的;

(四)主动投案,向公安机关如实陈述自己的违法行为的;

（五）有立功表现的。

第二十二条 【追究时效】违反治安管理行为在六个月内没有被公安机关发现的，不再处罚。

前款规定的期限，从违反治安管理行为发生之日起计算；违反治安管理行为有连续或者继续状态的，从行为终了之日起计算。

第九十一条 【处罚的决定机关】治安管理处罚由县级以上人民政府公安机关决定；其中警告、五百元以下的罚款可以由公安派出所决定。

第九十三条 【违反治安管理行为人的陈述与其他证据关系】公安机关查处治安案件，对没有本人陈述，但其他证据能够证明案件事实的，可以作出治安管理处罚决定。但是，只有本人陈述，没有其他证据证明的，不能作出治安管理处罚决定。

第九十四条 【陈述与申辩权】公安机关作出治安管理处罚决定前，应当告知违反治安管理行为人作出治安管理处罚的事实、理由及依据，并告知违反治安管理行为人依法享有的权利。

违反治安管理行为人有权陈述和申辩。公安机关必须充分听取违反治安管理行为人的意见，对违反治安管理行为人提出的事实、理由和证据，应当进行复核；违反治安管理行为人提出的事实、理由或者证据成立的，公安机关应当采纳。

公安机关不得因违反治安管理行为人的陈述、申辩而加重处罚。

第九十五条 【治安案件的不同处理】治安案件调查结束后，公安机关应当根据不同情况，分别作出以下处理：

（一）确有依法应当给予治安管理处罚的违法行为的，根据情节轻重及具体情况，作出处罚决定；

（二）依法不予处罚的，或者违法事实不能成立的，作出不予处罚决定；

（三）违法行为已涉嫌犯罪的，移送主管机关依法追究刑事责任；

（四）发现违反治安管理行为人有其他违法行为的，在对违反治安管理行为作出处罚决定的同时，通知有关行政主管部门处理。

第九十六条 【治安管理处罚决定书内容】公安机关作出治安管理处罚决定的，应当制作治安管理处罚决定书。决定书应当载明下列内容：

（一）被处罚人的姓名、性别、年龄、身份证件的名称和号码、住址；

（二）违法事实和证据；

（三）处罚的种类和依据；

（四）处罚的执行方式和期限；

（五）对处罚决定不服，申请行政复议、提起行政诉讼的途径和期限；

（六）作出处罚决定的公安机关的名称和作出决定的日期。

决定书应当由作出处罚决定的公安机关加盖印章。

第九十七条　【宣告、送达、抄送】公安机关应当向被处罚人宣告治安管理处罚决定书，并当场交付被处罚人；无法当场向被处罚人宣告的，应当在二日内送达被处罚人。决定给予行政拘留处罚的，应当及时通知被处罚人的家属。

有被侵害人的，公安机关应当将决定书副本抄送被侵害人。

第九十八条　【听证】公安机关作出吊销许可证以及处二千元以上罚款的治安管理处罚决定前，应当告知违反治安管理行为人有权要求举行听证；违反治安管理行为人要求听证的，公安机关应当及时依法举行听证。

第一百条　【当场处罚】违反治安管理行为事实清楚，证据确凿，处警告或者二百元以下罚款的，可以当场作出治安管理处罚决定。

第一百零一条　【当场处罚决定程序】当场作出治安管理处罚决定的，人民警察应当向违反治安管理行为人出示工作证件，并填写处罚决定书。处罚决定书应当当场交付被处罚人；有被侵害人的，并将决定书副本抄送被侵害人。

前款规定的处罚决定书，应当载明被处罚人的姓名、违法行为、处罚依据、罚款数额、时间、地点以及公安机关名称，并由经办的人民警察签名或者盖章。

当场作出治安管理处罚决定的，经办的人民警察应当在二十四小时内报所属公安机关备案。

第一百零二条　【不服处罚提起的复议或诉讼】被处罚人对治安管理处罚决定不服的，可以依法申请行政复议或者提起行政诉讼。

第一百零四条　【当场收缴罚款范围】受到罚款处罚的人应当自收到

处罚决定书之日起十五日内,到指定的银行缴纳罚款。但是,有下列情形之一的,人民警察可以当场收缴罚款:

(一)被处五十元以下罚款,被处罚人对罚款无异议的;

(二)在边远、水上、交通不便地区,公安机关及其人民警察依照本法的规定作出罚款决定后,被处罚人向指定的银行缴纳罚款确有困难,经被处罚人提出的;

(三)被处罚人在当地没有固定住所,不当场收缴事后难以执行的。

第一百零五条 【罚款交纳期】人民警察当场收缴的罚款,应当自收缴罚款之日起二日内,交至所属的公安机关;在水上、旅客列车上当场收缴的罚款,应当自抵岸或者到站之日起二日内,交至所属的公安机关;公安机关应当自收到罚款之日起二日内将罚款缴付指定的银行。

第一百零六条 【罚款收据】人民警察当场收缴罚款的,应当向被处罚人出具省、自治区、直辖市人民政府财政部门统一制发的罚款收据;不出具统一制发的罚款收据的,被处罚人有权拒绝缴纳罚款。

第一百一十四条 【监督方式】公安机关及其人民警察办理治安案件,应当自觉接受社会和公民的监督。

公安机关及其人民警察办理治安案件,不严格执法或者有违法违纪行为的,任何单位和个人都有权向公安机关或者人民检察院、行政监察机关检举、控告;收到检举、控告的机关,应当依据职责及时处理。

第一百一十五条 【罚缴分离原则】公安机关依法实施罚款处罚,应当依照有关法律、行政法规的规定,实行罚款决定与罚款收缴分离;收缴的罚款应当全部上缴国库。

第一百一十六条 【行政处分、刑事处罚的规定】人民警察办理治安案件,有下列行为之一的,依法给予行政处分;构成犯罪的,依法追究刑事责任:

(一)刑讯逼供、体罚、虐待、侮辱他人的;

(二)超过询问查证的时间限制人身自由的;

(三)不执行罚款决定与罚款收缴分离制度或者不按规定将罚没的财物上缴国库或者依法处理的;

(四)私分、侵占、挪用、故意损毁收缴、扣押的财物的;

(五)违反规定使用或者不及时返还被侵害人财物的;

(六)违反规定不及时退还保证金的;

(七)利用职务上的便利收受他人财物或者谋取其他利益的;

(八)当场收缴罚款不出具罚款收据或者不如实填写罚款数额的;

(九)接到要求制止违反治安管理行为的报警后,不及时出警的;

(十)在查处违反治安管理活动时,为违法犯罪行为人通风报信的;

(十一)有徇私舞弊、滥用职权,不依法履行法定职责的其他情形的。

办理治安案件的公安机关有前款所列行为的,对直接负责的主管人员和其他直接责任人员给予相应的行政处分。

第一百一十七条　【赔偿责任】公安机关及其人民警察违法行使职权,侵犯公民、法人和其他组织合法权益的,应当赔礼道歉;造成损害的,应当依法承担赔偿责任。

中华人民共和国
道路交通安全法(节录)

(2003年10月28日第十届全国人民代表大会常务委员会第五次会议通过　根据2007年12月29日第十届全国人民代表大会常务委员会第三十一次会议《关于修改〈中华人民共和国道路交通安全法〉的决定》第一次修正　根据2011年4月22日第十一届全国人民代表大会常务委员会第二十次会议《关于修改〈中华人民共和国道路交通安全法〉的决定》第二次修正　根据2021年4月29日第十三届全国人民代表大会常务委员会第二十八次会议《关于修改〈中华人民共和国道路交通安全法〉等八部法律的决定》第三次修正)

第五条　【主管部门】国务院公安部门负责全国道路交通安全管理工

作。县级以上地方各级人民政府公安机关交通管理部门负责本行政区域内的道路交通安全管理工作。

县级以上各级人民政府交通、建设管理部门依据各自职责，负责有关的道路交通工作。

第八十二条　【罚款决定与收缴分离】公安机关交通管理部门依法实施罚款的行政处罚，应当依照有关法律、行政法规的规定，实施罚款决定与罚款收缴分离；收缴的罚款以及依法没收的违法所得，应当全部上缴国库。

第八十四条　【执法监督】公安机关交通管理部门及其交通警察的行政执法活动，应当接受行政监察机关依法实施的监督。

公安机关督察部门应当对公安机关交通管理部门及其交通警察执行法律、法规和遵守纪律的情况依法进行监督。

上级公安机关交通管理部门应当对下级公安机关交通管理部门的执法活动进行监督。

第八十七条　【现场处罚】公安机关交通管理部门及其交通警察对道路交通安全违法行为，应当及时纠正。

公安机关交通管理部门及其交通警察应当依据事实和本法的有关规定对道路交通安全违法行为予以处罚。对于情节轻微，未影响道路通行的，指出违法行为，给予口头警告后放行。

第八十八条　【处罚种类】对道路交通安全违法行为的处罚种类包括：警告、罚款、暂扣或者吊销机动车驾驶证、拘留。

第九十九条　【其他行政处罚】有下列行为之一的，由公安机关交通管理部门处二百元以上二千元以下罚款：

（一）未取得机动车驾驶证、机动车驾驶证被吊销或者机动车驾驶证被暂扣期间驾驶机动车的；

（二）将机动车交由未取得机动车驾驶证或者机动车驾驶证被吊销、暂扣的人驾驶的；

（三）造成交通事故后逃逸，尚不构成犯罪的；

（四）机动车行驶超过规定时速百分之五十的；

（五）强迫机动车驾驶人违反道路交通安全法律、法规和机动车安全驾驶要求驾驶机动车，造成交通事故，尚不构成犯罪的；

（六）违反交通管制的规定强行通行，不听劝阻的；

（七）故意损毁、移动、涂改交通设施，造成危害后果，尚不构成犯罪的；

（八）非法拦截、扣留机动车辆，不听劝阻，造成交通严重阻塞或者较大财产损失的。

行为人有前款第二项、第四项情形之一的，可以并处吊销机动车驾驶证；有第一项、第三项、第五项至第八项情形之一的，可以并处十五日以下拘留。

第一百零七条　【当场处罚决定书】对道路交通违法行为人予以警告、二百元以下罚款，交通警察可以当场作出行政处罚决定，并出具行政处罚决定书。

行政处罚决定书应当载明当事人的违法事实、行政处罚的依据、处罚内容、时间、地点以及处罚机关名称，并由执法人员签名或者盖章。

第一百零八条　【罚款的缴纳】当事人应当自收到罚款的行政处罚决定书之日起十五日内，到指定的银行缴纳罚款。

对行人、乘车人和非机动车驾驶人的罚款，当事人无异议的，可以当场予以收缴罚款。

罚款应当开具省、自治区、直辖市财政部门统一制发的罚款收据；不出具财政部门统一制发的罚款收据的，当事人有权拒绝缴纳罚款。

第一百零九条　【对不履行处罚决定可采取的措施】当事人逾期不履行行政处罚决定的，作出行政处罚决定的行政机关可以采取下列措施：

（一）到期不缴纳罚款的，每日按罚款数额的百分之三加处罚款；

（二）申请人民法院强制执行。

第一百一十五条　【行政处分】交通警察有下列行为之一的，依法给予行政处分：

（一）为不符合法定条件的机动车发放机动车登记证书、号牌、行驶证、检验合格标志的；

（二）批准不符合法定条件的机动车安装、使用警车、消防车、救护车、工程救险车的警报器、标志灯具，喷涂标志图案的；

（三）为不符合驾驶许可条件、未经考试或者考试不合格人员发放机动车驾驶证的；

（四）不执行罚款决定与罚款收缴分离制度或者不按规定将依法收取的费用、收缴的罚款及没收的违法所得全部上缴国库的；

（五）举办或者参与举办驾驶学校或者驾驶培训班、机动车修理厂或者收费停车场等经营活动的；

（六）利用职务上的便利收受他人财物或者谋取其他利益的；

（七）违法扣留车辆、机动车行驶证、驾驶证、车辆号牌的；

（八）使用依法扣留的车辆的；

（九）当场收取罚款不开具罚款收据或者不如实填写罚款额的；

（十）徇私舞弊，不公正处理交通事故的；

（十一）故意刁难，拖延办理机动车牌证的；

（十二）非执行紧急任务时使用警报器、标志灯具的；

（十三）违反规定拦截、检查正常行驶的车辆的；

（十四）非执行紧急公务时拦截搭乘机动车的；

（十五）不履行法定职责的。

公安机关交通管理部门有前款所列行为之一的，对直接负责的主管人员和其他直接责任人员给予相应的行政处分。

第一百一十六条　【停职和辞退】依照本法第一百一十五条的规定，给予交通警察行政处分的，在作出行政处分决定前，可以停止其执行职务；必要时，可以予以禁闭。

依照本法第一百一十五条的规定，交通警察受到降级或者撤职行政处分的，可以予以辞退。

交通警察受到开除处分或者被辞退的，应当取消警衔；受到撤职以下行政处分的交通警察，应当降低警衔。

第一百一十七条　【渎职责任】交通警察利用职权非法占有公共财物，索取、收受贿赂，或者滥用职权、玩忽职守，构成犯罪的，依法追究刑事责任。

第一百一十八条　【执法不当的损失赔偿】公安机关交通管理部门及其交通警察有本法第一百一十五条所列行为之一，给当事人造成损失的，应当依法承担赔偿责任。

中华人民共和国
道路交通安全法实施条例(节录)

(2004年4月30日国务院令第405号公布
根据2017年10月7日《国务院关于修改部分行政法规的决定》修订)

第九十八条　公安机关交通管理部门应当公开办事制度、办事程序，建立警风警纪监督员制度，自觉接受社会和群众的监督。

第九十九条　公安机关交通管理部门及其交通警察办理机动车登记，发放号牌，对驾驶人考试、发证，处理道路交通安全违法行为，处理道路交通事故，应当严格遵守有关规定，不得越权执法，不得延迟履行职责，不得擅自改变处罚的种类和幅度。

第一百条　公安机关交通管理部门应当公布举报电话，受理群众举报投诉，并及时调查核实，反馈查处结果。

第一百零一条　公安机关交通管理部门应当建立执法质量考核评议、执法责任制和执法过错追究制度，防止和纠正道路交通安全执法中的错误或者不当行为。

第一百零八条　交通警察按照简易程序当场作出行政处罚的，应当告知当事人道路交通安全违法行为的事实、处罚的理由和依据，并将行政处罚决定书当场交付被处罚人。

第一百零九条　对道路交通安全违法行为人处以罚款或者暂扣驾驶证处罚的，由违法行为发生地的县级以上人民政府公安机关交通管理部门或者相当于同级的公安机关交通管理部门作出决定；对处以吊销机动车驾驶证处罚的，由设区的市人民政府公安机关交通管理部门或者相当于同级的公安机关交通管理部门作出决定。

公安机关交通管理部门对非本辖区机动车的道路交通安全违法行为

没有当场处罚的，可以由机动车登记地的公安机关交通管理部门处罚。

第一百一十条 当事人对公安机关交通管理部门及其交通警察的处罚有权进行陈述和申辩，交通警察应当充分听取当事人的陈述和申辩，不得因当事人陈述、申辩而加重其处罚。

中华人民共和国刑法（节录）

（1979年7月1日第五届全国人民代表大会第二次会议通过 1997年3月14日第八届全国人民代表大会第五次会议修订 根据1998年12月29日第九届全国人民代表大会常务委员会第六次会议通过的《关于惩治骗购外汇、逃汇和非法买卖外汇犯罪的决定》、1999年12月25日第九届全国人民代表大会常务委员会第十三次会议通过的《中华人民共和国刑法修正案》、2001年8月31日第九届全国人民代表大会常务委员会第二十三次会议通过的《中华人民共和国刑法修正案（二）》、2001年12月29日第九届全国人民代表大会常务委员会第二十五次会议通过的《中华人民共和国刑法修正案（三）》、2002年12月28日第九届全国人民代表大会常务委员会第三十一次会议通过的《中华人民共和国刑法修正案（四）》、2005年2月28日第十届全国人民代表大会常务委员会第十四次会议通过的《中华人民共和国刑法修正案（五）》、2006年6月29日第十届全国人民代表大会常务委员会第二十二次会议通过的《中华人民共和国刑法修正案（六）》、2009年2月28日第十一届全国人民代表大会常务委员会第七次会议通过的《中华人民共和国刑法修正案（七）》、2009年8月27日第十一届全国人民代表大会常务委员会第十次会议通过的《关于修改部分法律的决定》、2011年2月25日第十一届全国人民代表大会常务委员会第十九次会议通过的《中华人民共和国刑法修正案（八）》、2015年8月29日第十二届全国人民代表大会常务委员会第十六次会议通过的《中华人民共和国刑法修正案（九）》、2017年11月

4日第十二届全国人民代表大会常务委员会第三十次会议通过的《中华人民共和国刑法修正案(十)》、2020年12月26日第十三届全国人民代表大会常务委员会第二十四次会议通过的《中华人民共和国刑法修正案(十一)》修正)

第十三条　【犯罪概念】一切危害国家主权、领土完整和安全,分裂国家、颠覆人民民主专政的政权和推翻社会主义制度,破坏社会秩序和经济秩序,侵犯国有财产或者劳动群众集体所有的财产,侵犯公民私人所有的财产,侵犯公民的人身权利、民主权利和其他权利,以及其他危害社会的行为,依照法律应当受刑罚处罚的,都是犯罪,但是情节显著轻微危害不大的,不认为是犯罪。

第二百三十二条　【故意杀人罪】故意杀人的,处死刑、无期徒刑或者十年以上有期徒刑;情节较轻的,处三年以上十年以下有期徒刑。

第二百三十三条　【过失致人死亡罪】过失致人死亡的,处三年以上七年以下有期徒刑;情节较轻的,处三年以下有期徒刑。本法另有规定的,依照规定。

第二百三十四条　【故意伤害罪】故意伤害他人身体的,处三年以下有期徒刑、拘役或者管制。

犯前款罪,致人重伤的,处三年以上十年以下有期徒刑;致人死亡或者以特别残忍手段致人重伤造成严重残疾的,处十年以上有期徒刑、无期徒刑或者死刑。本法另有规定的,依照规定。

第二百三十四条之一　【组织出卖人体器官罪】组织他人出卖人体器官的,处五年以下有期徒刑,并处罚金;情节严重的,处五年以上有期徒刑,并处罚金或者没收财产。

【故意伤害罪;故意杀人罪】未经本人同意摘取其器官,或者摘取不满十八周岁的人的器官,或者强迫、欺骗他人捐献器官的,依照本法第二百三十四条、第二百三十二条的规定定罪处罚。

【盗窃、侮辱、故意毁坏尸体、尸骨、骨灰罪】违背本人生前意愿摘取其尸体器官,或者本人生前未表示同意,违反国家规定,违背其近亲属意愿摘取其尸体器官的,依照本法第三百零二条的规定定罪处罚。

第二百三十五条 【过失致人重伤罪】过失伤害他人致人重伤的,处三年以下有期徒刑或者拘役。本法另有规定的,依照规定。

第二百三十六条 【强奸罪】以暴力、胁迫或者其他手段强奸妇女的,处三年以上十年以下有期徒刑。

奸淫不满十四周岁的幼女的,以强奸论,从重处罚。

强奸妇女、奸淫幼女,有下列情形之一的,处十年以上有期徒刑、无期徒刑或者死刑:

(一)强奸妇女、奸淫幼女情节恶劣的;

(二)强奸妇女、奸淫幼女多人的;

(三)在公共场所当众强奸妇女、奸淫幼女的;

(四)二人以上轮奸的;

(五)奸淫不满十周岁的幼女或者造成幼女伤害的;

(六)致使被害人重伤、死亡或者造成其他严重后果的。

第二百三十六条之一 对已满十四周岁不满十六周岁的未成年女性负有监护、收养、看护、教育、医疗等特殊职责的人员,与该未成年女性发生性关系的,处三年以下有期徒刑;情节恶劣的,处三年以上十年以下有期徒刑。

有前款行为,同时又构成本法第二百三十六条规定之罪的,依照处罚较重的规定定罪处罚。

第二百三十七条 【强制猥亵、侮辱罪】以暴力、胁迫或者其他方法强制猥亵他人或者侮辱妇女的,处五年以下有期徒刑或者拘役。

聚众或者在公共场所当众犯前款罪的,或者有其他恶劣情节的,处五年以上有期徒刑。

【猥亵儿童罪】猥亵儿童的,处五年以下有期徒刑;有下列情形之一的,处五年以上有期徒刑:

(一)猥亵儿童多人或者多次的;

(二)聚众猥亵儿童的,或者在公共场所当众猥亵儿童,情节恶劣的;

(三)造成儿童伤害或者其他严重后果的;

(四)猥亵手段恶劣或者有其他恶劣情节的。

第二百三十八条　【非法拘禁罪】非法拘禁他人或者以其他方法非法剥夺他人人身自由的，处三年以下有期徒刑、拘役、管制或者剥夺政治权利。具有殴打、侮辱情节的，从重处罚。

犯前款罪，致人重伤的，处三年以上十年以下有期徒刑；致人死亡的，处十年以上有期徒刑。使用暴力致人伤残、死亡的，依照本法第二百三十四条、第二百三十二条的规定定罪处罚。

为索取债务非法扣押、拘禁他人的，依照前两款的规定处罚。

国家机关工作人员利用职权犯前三款罪的，依照前三款的规定从重处罚。

第二百四十五条　【非法搜查罪；非法侵入住宅罪】非法搜查他人身体、住宅，或者非法侵入他人住宅的，处三年以下有期徒刑或者拘役。

司法工作人员滥用职权，犯前款罪的，从重处罚。

第三百九十七条　【滥用职权罪、玩忽职守罪】国家机关工作人员滥用职权或者玩忽职守，致使公共财产、国家和人民利益遭受重大损失的，处三年以下有期徒刑或者拘役；情节特别严重的，处三年以上七年以下有期徒刑。本法另有规定的，依照规定。

国家机关工作人员徇私舞弊，犯前款罪的，处五年以下有期徒刑或者拘役；情节特别严重的，处五年以上十年以下有期徒刑。本法另有规定的，依照规定。

中华人民共和国民法典（节录）

（2020年5月28日第十三届全国人民代表大会第三次会议通过　2020年5月28日中华人民共和国主席令第45号公布　自2021年1月1日起施行）

第一百七十六条　【民事义务与责任】民事主体依照法律规定或者按照当事人约定，履行民事义务，承担民事责任。

中华人民共和国民事诉讼法(节录)

(1991年4月9日第七届全国人民代表大会第四次会议通过 根据2007年10月28日第十届全国人民代表大会常务委员会第三十次会议《关于修改〈中华人民共和国民事诉讼法〉的决定》第一次修正 根据2012年8月31日第十一届全国人民代表大会常务委员会第二十八次会议《关于修改〈中华人民共和国民事诉讼法〉的决定》第二次修正 根据2017年6月27日第十二届全国人民代表大会常务委员会第二十八次会议《关于修改〈中华人民共和国民事诉讼法〉和〈中华人民共和国行政诉讼法〉的决定》第三次修正)

第八十四条 **【送达回证】**送达诉讼文书必须有送达回证,由受送达人在送达回证上记明收到日期,签名或者盖章。

受送达人在送达回证上的签收日期为送达日期。

第八十五条 **【直接送达】**送达诉讼文书,应当直接送交受送达人。受送达人是公民的,本人不在交他的同住成年家属签收;受送达人是法人或者其他组织的,应当由法人的法定代表人、其他组织的主要负责人或者该法人、组织负责收件的人签收;受送达人有诉讼代理人的,可以送交其代理人签收;受送达人已向人民法院指定代收人的,送交代收人签收。

受送达人的同住成年家属,法人或者其他组织的负责收件的人,诉讼代理人或者代收人在送达回证上签收的日期为送达日期。

第八十六条 **【留置送达】**受送达人或者他的同住成年家属拒绝接收诉讼文书的,送达人可以邀请有关基层组织或者所在单位的代表到场,说明情况,在送达回证上记明拒收事由和日期,由送达人、见证人签名或者盖章,把诉讼文书留在受送达人的住所;也可以把诉讼文书留在受送达人的住所,并采用拍照、录像等方式记录送达过程,即视为送达。

第八十七条　【简易送达】经受送达人同意,人民法院可以采用传真、电子邮件等能够确认其收悉的方式送达诉讼文书,但判决书、裁定书、调解书除外。

采用前款方式送达的,以传真、电子邮件等到达受送达人特定系统的日期为送达日期。

第八十八条　【委托送达、邮寄送达】直接送达诉讼文书有困难的,可以委托其他人民法院代为送达,或者邮寄送达。邮寄送达的,以回执上注明的收件日期为送达日期。

第八十九条　【转交送达之一】受送达人是军人的,通过其所在部队团以上单位的政治机关转交。

第九十条　【转交送达之二】受送达人被监禁的,通过其所在监所转交。

受送达人被采取强制性教育措施的,通过其所在强制性教育机构转交。

第九十一条　【转交送达日期】代为转交的机关、单位收到诉讼文书后,必须立即交受送达人签收,以在送达回证上的签收日期,为送达日期。

第九十二条　【公告送达】受送达人下落不明,或者用本节规定的其他方式无法送达的,公告送达。自发出公告之日起,经过六十日,即视为送达。

公告送达,应当在案卷中记明原因和经过。

中华人民共和国未成年人保护法（节录）

（1991年9月4日第七届全国人民代表大会常务委员会第二十一次会议通过　2006年12月29日第十届全国人民代表大会常务委员会第二十五次会议第一次修订　根据2012年10月26日第十一届全国人民代表大会常务委员会第二十九次会议《关于修改〈中华人民共和国未成年人保护法〉的决定》修正　2020年10月17日第十三届全国人民代表大会常务委员会第二十二次会议第二次修订）

第一百一十三条　【违法犯罪未成年人的保护方针】对违法犯罪的未成年人，实行教育、感化、挽救的方针，坚持教育为主、惩罚为辅的原则。

对违法犯罪的未成年人依法处罚后，在升学、就业等方面不得歧视。

中华人民共和国国家赔偿法（节录）

（1994年5月12日第八届全国人民代表大会常务委员会第七次会议通过　根据2010年4月29日第十一届全国人民代表大会常务委员会第十四次会议《关于修改〈中华人民共和国国家赔偿法〉的决定》第一次修正　根据2012年10月26日第十一届全国人民代表大会常务委员会第二十九次会议《关于修改〈中华人民共和国国家赔偿法〉的决定》第二次修正）

第三条　【侵犯人身权的行政赔偿范围】行政机关及其工作人员在行

使行政职权时有下列侵犯人身权情形之一的，受害人有取得赔偿的权利：

（一）违法拘留或者违法采取限制公民人身自由的行政强制措施的；

（二）非法拘禁或者以其他方法非法剥夺公民人身自由的；

（三）以殴打、虐待等行为或者唆使、放纵他人以殴打、虐待等行为造成公民身体伤害或者死亡的；

（四）违法使用武器、警械造成公民身体伤害或者死亡的；

（五）造成公民身体伤害或者死亡的其他违法行为。

第四条　【侵犯财产权的行政赔偿范围】行政机关及其工作人员在行使行政职权时有下列侵犯财产权情形之一的，受害人有取得赔偿的权利：

（一）违法实施罚款、吊销许可证和执照、责令停产停业、没收财物等行政处罚的；

（二）违法对财产采取查封、扣押、冻结等行政强制措施的；

（三）违法征收、征用财产的；

（四）造成财产损害的其他违法行为。

第五条　【行政侵权中的免责情形】属于下列情形之一的，国家不承担赔偿责任：

（一）行政机关工作人员与行使职权无关的个人行为；

（二）因公民、法人和其他组织自己的行为致使损害发生的；

（三）法律规定的其他情形。

最高人民法院关于审理行政赔偿案件若干问题的规定

（1997 年 4 月 29 日　法发〔1997〕10 号）

为正确审理行政赔偿案件，根据《中华人民共和国国家赔偿法》和《中华人民共和国行政诉讼法》的规定，对审理行政赔偿案件的若干问题作以下规定：

一、受案范围

第一条 《中华人民共和国国家赔偿法》第三条、第四条规定的其他违法行为，包括具体行政行为和与行政机关及其工作人员行使行政职权有关的，给公民、法人或者其他组织造成损害的，违反行政职责的行为。

第二条 赔偿请求人对行政机关确认具体行政行为违法但又决定不予赔偿，或者对确定的赔偿数额有异议提起行政赔偿诉讼的，人民法院应予受理。

第三条 赔偿请求人认为行政机关及其工作人员实施了国家赔偿法第三条第（三）、（四）、（五）项和第四条第（四）项规定的非具体行政行为的行为侵犯其人身权、财产权并造成损失，赔偿义务机关拒不确认致害行为违法，赔偿请求人可直接向人民法院提起行政赔偿诉讼。

第四条 公民、法人或者其他组织在提起行政诉讼的同时一并提出行政赔偿请求的，人民法院应一并受理。

赔偿请求人单独提起行政赔偿诉讼，须以赔偿义务机关先行处理为前提。赔偿请求人对赔偿义务机关确定的赔偿数额有异议或者赔偿义务机关逾期不予赔偿，赔偿请求人有权向人民法院提起行政赔偿诉讼。

第五条 法律规定由行政机关最终裁决的具体行政行为，被作出最终裁决的行政机关确认违法，赔偿请求人以赔偿义务机关应当赔偿而不予赔偿或逾期不予赔偿或者对赔偿数额有异议提起行政赔偿诉讼，人民法院应依法受理。

第六条 公民、法人或者其他组织以国防、外交等国家行为或者行政机关制定发布行政法规、规章或者具有普遍约束力的决定、命令侵犯其合法权益造成损害为由，向人民法院提起行政赔偿诉讼的，人民法院不予受理。

二、管辖

第七条 公民、法人或者其他组织在提起行政诉讼的同时一并提出行政赔偿请求的，人民法院依照行政诉讼法第十七条、第十八条、第二十条的规定管辖。

第八条 赔偿请求人提起行政赔偿诉讼的请求涉及不动产的，由不动产所在地的人民法院管辖。

第九条　单独提起的行政赔偿诉讼案件由被告住所地的基层人民法院管辖。

中级人民法院管辖下列第一审行政赔偿案件：

(1)被告为海关、专利管理机关的；

(2)被告为国务院各部门或者省、自治区、直辖市人民政府的；

(3)本辖区内其他重大影响和复杂的行政赔偿案件。

高级人民法院管辖本辖区内有重大影响和复杂的第一审行政赔偿案件。

最高人民法院管辖全国范围内有重大影响和复杂的第一审行政赔偿案件。

第十条　赔偿请求人因同一事实对两个以上行政机关提起行政赔偿诉讼的，可以向其中任何一个行政机关住所地的人民法院提起。赔偿请求人向两个以上有管辖权的人民法院提起行政赔偿诉讼的，由最先收到起诉状的人民法院管辖。

第十一条　公民对限制人身自由的行政强制措施不服，或者对行政机关基于同一事实对同一当事人作出限制人身自由和对财产采取强制措施的具体行政行为不服，在提起行政诉讼的同时一并提出行政赔偿请求的，由受理该行政案件的人民法院管辖；单独提起行政赔偿诉讼的，由被告住所地或原告住所地或不动产所在地的人民法院管辖。

第十二条　人民法院发现受理的案件不属于自己管辖，应当移送有管辖权的人民法院；受移送的人民法院不得再行移送。

第十三条　人民法院对管辖权发生争议的，由争议双方协商解决，协商不成的，报请他们的共同上级人民法院指定管辖。如双方为跨省、自治区、直辖市的人民法院，高级人民法院协商不成的，由最高人民法院及时指定管辖。

依前款规定报请上级人民法院指定管辖时，应当逐级进行。

三、诉讼当事人

第十四条　与行政赔偿案件处理结果有法律上的利害关系的其他公民、法人或者其他组织有权作为第三人参加行政赔偿诉讼。

第十五条　受害的公民死亡，其继承人和其他有抚养关系的亲属以及死者生前抚养的无劳动能力的人有权提起行政赔偿诉讼。

第十六条　企业法人或者其他组织被行政机关撤销、变更、兼并、注销，认为经营自主权受到侵害，依法提起行政赔偿诉讼，原企业法人或其他组织，或者对其享有权利的法人或其他组织均具有原告资格。

第十七条　两个以上行政机关共同侵权，赔偿请求人对其中一个或者数个侵权机关提起行政赔偿诉讼，若诉讼请求系可分之诉，被诉的一个或者数个侵权机关为被告；若诉讼请求系不可分之诉，由人民法院依法追加其他侵权机关为共同被告。

第十八条　复议机关的复议决定加重损害的，赔偿请求人只对作出原决定的行政机关提起行政赔偿诉讼，作出原决定的行政机关为被告；赔偿请求人只对复议机关提起行政赔偿诉讼的，复议机关为被告。

第十九条　行政机关依据行政诉讼法第六十六条的规定申请人民法院强制执行具体行政行为，由于据以强制执行的根据错误而发生行政赔偿诉讼的，申请强制执行的行政机关为被告。

第二十条　人民法院审理行政赔偿案件，需要变更被告而原告不同意变更的，裁定驳回起诉。

四、起诉与受理

第二十一条　赔偿请求人单独提起行政赔偿诉讼，应当符合下列条件：

(1)原告具有请求资格；

(2)有明确的被告；

(3)有具体的赔偿请求和受损害的事实根据；

(4)加害行为为具体行政行为的，该行为已被确认为违法；

(5)赔偿义务机关已先行处理或超过法定期限不予处理；

(6)属于人民法院行政赔偿诉讼的受案范围和受诉人民法院管辖；

(7)符合法律规定的起诉期限。

第二十二条　赔偿请求人单独提起行政赔偿诉讼，可以在向赔偿义务机关递交赔偿申请后的两个月届满之日起三个月内提出。

第二十三条　公民、法人或者其他组织在提起行政诉讼的同时一并提出行政赔偿请求的,其起诉期限按照行政诉讼起诉期限的规定执行。

行政案件的原告可以在提起行政诉讼后至人民法院一审庭审结束前,提出行政赔偿请求。

第二十四条　赔偿义务机关作出赔偿决定时,未告知赔偿请求人的诉权或者起诉期限,致使赔偿请求人逾期向人民法院起诉的,其起诉期限从赔偿请求人实际知道诉权或者起诉期限时计算,但逾期的期间自赔偿请求人收到赔偿决定之日起不得超过一年。

第二十五条　受害的公民死亡,其继承人和有抚养关系的人提起行政赔偿诉讼,应当提供该公民死亡的证明及赔偿请求人与死亡公民之间的关系证明。

第二十六条　当事人先后被采取限制人身自由的行政强制措施和刑事拘留等强制措施,因强制措施被确认为违法而请求赔偿的,人民法院按其行为性质分别适用行政赔偿程序和刑事赔偿程序立案受理。

第二十七条　人民法院接到原告单独提起的行政赔偿起诉状,应当进行审查,并在七日内立案或者作出不予受理的裁定。

人民法院接到行政赔偿起诉状后,在七日内不能确定可否受理的,应当先予受理。审理中发现不符合受理条件的,裁定驳回起诉。

当事人对不予受理或者驳回起诉的裁定不服的,可以在裁定书送达之日起十日内向上一级人民法院提起上诉。

五、审理和判决

第二十八条　当事人在提起行政诉讼的同时一并提出行政赔偿请求,或者因具体行政行为和与行使行政职权有关的其他行为侵权造成损害一并提出行政赔偿请求的,人民法院应当分别立案,根据具体情况可以合并审理,也可以单独审理。

第二十九条　人民法院审理行政赔偿案件,就当事人之间的行政赔偿争议进行审理与裁判。

第三十条　人民法院审理行政赔偿案件在坚持合法、自愿的前提下,可以就赔偿范围、赔偿方式和赔偿数额进行调解。调解成立的,应当制作行政赔偿调解书。

第三十一条　被告在一审判决前同原告达成赔偿协议,原告申请撤诉的,人民法院应当依法予以审查并裁定是否准许。

第三十二条　原告在行政赔偿诉讼中对自己的主张承担举证责任。被告有权提供不予赔偿或者减少赔偿数额方面的证据。

第三十三条　被告的具体行政行为违法但尚未对原告合法权益造成损害的,或者原告的请求没有事实根据或法律根据的,人民法院应当判决驳回原告的赔偿请求。

第三十四条　人民法院对赔偿请求人未经确认程序而直接提起行政赔偿诉讼的案件,在判决时应当对赔偿义务机关致害行为是否违法予以确认。

第三十五条　人民法院对单独提起行政赔偿案件作出判决的法律文书的名称为行政赔偿判决书、行政赔偿裁定书或者行政赔偿调解书。

六、执行与期间

第三十六条　发生法律效力的行政赔偿判决、裁定或调解协议,当事人必须履行。一方拒绝履行的,对方当事人可以向第一审人民法院申请执行。

申请执行的期限,申请人是公民的为一年,申请人是法人或者其他组织的为六个月。

第三十七条　单独受理的第一审行政赔偿案件的审理期限为三个月,第二审为两个月;一并受理行政赔偿请求案件的审理期限与该行政案件的审理期限相同。如因特殊情况不能按期结案,需要延长审限的,应按照行政诉讼法的有关规定报请批准。

七、其他

第三十八条　人民法院审理行政赔偿案件,除依照国家赔偿法行政赔偿程序的规定外,对本规定没有规定的,在不与国家赔偿法相抵触的情况下,可以适用行政诉讼的有关规定。

第三十九条　赔偿请求人要求人民法院确认致害行为违法涉及的鉴定、勘验、审计等费用,由申请人预付,最后由败诉方承担。

第四十条　最高人民法院以前所作的有关司法解释与本规定不一致的,按本规定执行。

《中华人民共和国行政处罚法》
新旧对照表

（画线部分表示删除的内容，黑体字部分表示新增的内容）

2017 年行政处罚法	2021 年行政处罚法
第一章　总　　则	第一章　总　　则
第一条　为了规范行政处罚的设定和实施，保障和监督行政机关有效实施行政管理，维护公共利益和社会秩序，保护公民、法人或者其他组织的合法权益，根据宪法，制定本法。	**第一条**　为了规范行政处罚的设定和实施，保障和监督行政机关有效实施行政管理，维护公共利益和社会秩序，保护公民、法人或者其他组织的合法权益，根据宪法，制定本法。
	第二条　行政处罚是指行政机关依法对违反行政管理秩序的公民、法人或者其他组织，以减损权益或者增加义务的方式予以惩戒的行为。
第二条　行政处罚的设定和实施，适用本法。	**第三条**　行政处罚的设定和实施，适用本法。
第三条　公民、法人或者其他组织违反行政管理秩序的行为，应当给予行政处罚的，依照本法由法律、法规或者规章规定，并由行政机关依照本法规定的程序实施。 ~~没有法定依据或者不遵守法定程序的，行政处罚无效~~。	**第四条**　公民、法人或者其他组织违反行政管理秩序的行为，应当给予行政处罚的，依照本法由法律、法规、规章规定，并由行政机关依照本法规定的程序实施。

续表

2017 年行政处罚法	2021 年行政处罚法
第四条　行政处罚遵循公正、公开的原则。 设定和实施行政处罚必须以事实为依据，与违法行为的事实、性质、情节以及社会危害程度相当。 对违法行为给予行政处罚的规定必须公布；未经公布的，不得作为行政处罚的依据。	**第五条**　行政处罚遵循公正、公开的原则。 设定和实施行政处罚必须以事实为依据，与违法行为的事实、性质、情节以及社会危害程度相当。 对违法行为给予行政处罚的规定必须公布；未经公布的，不得作为行政处罚的依据。
第五条　实施行政处罚，纠正违法行为，应当坚持处罚与教育相结合，教育公民、法人或者其他组织自觉守法。	**第六条**　实施行政处罚，纠正违法行为，应当坚持处罚与教育相结合，教育公民、法人或者其他组织自觉守法。
第六条　公民、法人或者其他组织对行政机关所给予的行政处罚，享有陈述权、申辩权；对行政处罚不服的，有权依法申请行政复议或者提起行政诉讼。 公民、法人或者其他组织因行政机关违法给予行政处罚受到损害的，有权依法提出赔偿要求。	**第七条**　公民、法人或者其他组织对行政机关所给予的行政处罚，享有陈述权、申辩权；对行政处罚不服的，有权依法申请行政复议或者提起行政诉讼。 公民、法人或者其他组织因行政机关违法给予行政处罚受到损害的，有权依法提出赔偿要求。
第七条　公民、法人或者其他组织因违法受到行政处罚，其违法行为对他人造成损害的，应当依法承担民事责任。 违法行为构成犯罪，应当依法追究刑事责任，不得以行政处罚代替刑事处罚。	**第八条**　公民、法人或者其他组织因违法**行为**受到行政处罚，其违法行为对他人造成损害的，应当依法承担民事责任。 违法行为构成犯罪，应当依法追究刑事责任**的**，不得以行政处罚代替刑事处罚。

续表

2017 年行政处罚法	2021 年行政处罚法
第二章　行政处罚的种类和设定	**第二章　行政处罚的种类和设定**
第八条　行政处罚的种类： （一）警告； （二）罚款； （三）没收违法所得、没收非法财物； （四）责令停产停业； （五）暂扣或者吊销许可证~~、暂扣或者吊销执照~~； （六）行政拘留； （七）法律、行政法规规定的其他行政处罚。	**第九条**　行政处罚的种类： （一）警告、**通报批评**； （二）罚款、没收违法所得、没收非法财物； （三）暂扣许可证件、**降低资质等级**、吊销许可证件； （四）**限制开展生产经营活动**、责令停产停业、**责令关闭**、**限制从业**； （五）行政拘留； （六）法律、行政法规规定的其他行政处罚。
第九条　法律可以设定各种行政处罚。 限制人身自由的行政处罚，只能由法律设定。	**第十条**　法律可以设定各种行政处罚。 限制人身自由的行政处罚，只能由法律设定。
第十条　行政法规可以设定除限制人身自由以外的行政处罚。 法律对违法行为已经作出行政处罚规定，行政法规需要作出具体规定的，必须在法律规定的给予行政处罚的行为、种类和幅度的范围内规定。	**第十一条**　行政法规可以设定除限制人身自由以外的行政处罚。 法律对违法行为已经作出行政处罚规定，行政法规需要作出具体规定的，必须在法律规定的给予行政处罚的行为、种类和幅度的范围内规定。 **法律对违法行为未作出行政处罚规定，行政法规为实施法律，可以补充设定行政处罚。拟补充设定行政处罚的，应当通过听证会、论证会等形式广泛听取意见，并向制定机关作出书面说明。行政法规报送备案时，应当说明补充设定行政处罚的情况。**

续表

2017 年行政处罚法	2021 年行政处罚法
第十一条 地方性法规可以设定除限制人身自由、吊销企业营业执照以外的行政处罚。 法律、行政法规对违法行为已经作出行政处罚规定,地方性法规需要作出具体规定的,必须在法律、行政法规规定的给予行政处罚的行为、种类和幅度的范围内规定。	**第十二条** 地方性法规可以设定除限制人身自由、吊销营业执照以外的行政处罚。 法律、行政法规对违法行为已经作出行政处罚规定,地方性法规需要作出具体规定的,必须在法律、行政法规规定的给予行政处罚的行为、种类和幅度的范围内规定。 **法律、行政法规对违法行为未作出行政处罚规定,地方性法规为实施法律、行政法规,可以补充设定行政处罚。拟补充设定行政处罚的,应当通过听证会、论证会等形式广泛听取意见,并向制定机关作出书面说明。地方性法规报送备案时,应当说明补充设定行政处罚的情况。**
第十二条 国务院部、委员会制定的规章可以在法律、行政法规规定的给予行政处罚的行为、种类和幅度的范围内作出具体规定。 尚未制定法律、行政法规的,前款规定的国务院部、委员会制定的规章对违反行政管理秩序的行为,可以设定警告或者一定数量罚款的行政处罚。罚款的限额由国务院规定。 国务院可以授权具有行政处罚权的直属机构依照本条第一款、第二款的规定,规定行政处罚。	**第十三条** 国务院部门规章可以在法律、行政法规规定的给予行政处罚的行为、种类和幅度的范围内作出具体规定。 尚未制定法律、行政法规的,**国务院部门**规章对违反行政管理秩序的行为,可以设定警告、**通报批评**或者一定数**额**罚款的行政处罚。罚款的限额由国务院规定。

续表

2017 年行政处罚法	2021 年行政处罚法
第十三条 省、自治区、直辖市人民政府和省、自治区人民政府所在地的市人民政府以及经国务院批准的较大的市人民政府制定的规章可以在法律、法规规定的给予行政处罚的行为、种类和幅度的范围内作出具体规定。 尚未制定法律、法规的,前款规定的人民政府制定的规章对违反行政管理秩序的行为,可以设定警告或者一定数量罚款的行政处罚。罚款的限额由省、自治区、直辖市人民代表大会常务委员会规定。	**第十四条** **地方政府**规章可以在法律、法规规定的给予行政处罚的行为、种类和幅度的范围内作出具体规定。 尚未制定法律、法规的,**地方政府**规章对违反行政管理秩序的行为,可以设定警告、**通报批评**或者一定数**额**罚款的行政处罚。罚款的限额由省、自治区、直辖市人民代表大会常务委员会规定。
	第十五条 **国务院部门和省、自治区、直辖市人民政府及其有关部门应当定期组织评估行政处罚的实施情况和必要性,对不适当的行政处罚事项及种类、罚款数额等,应当提出修改或者废止的建议。**
第十四条 除本法第九条、第十条、第十一条、第十二条以及第十三条的规定外,其他规范性文件不得设定行政处罚。	**第十六条** 除**法律、法规、规章**外,其他规范性文件不得设定行政处罚。
第三章 行政处罚的实施机关	**第三章 行政处罚的实施机关**
第十五条 行政处罚由具有行政处罚权的行政机关在法定职权范围内实施。	**第十七条** 行政处罚由具有行政处罚权的行政机关在法定职权范围内实施。

续表

2017 年行政处罚法	2021 年行政处罚法
第十六条　国务院或者经国务院授权的省、自治区、直辖市人民政府可以决定一个行政机关行使有关行政机关的行政处罚权，但限制人身自由的行政处罚权只能由公安机关行使。	**第十八条　国家在城市管理、市场监管、生态环境、文化市场、交通运输、应急管理、农业等领域推行建立综合行政执法制度，相对集中行政处罚权。** 国务院或者省、自治区、直辖市人民政府可以决定一个行政机关行使有关行政机关的行政处罚权。 限制人身自由的行政处罚权只能由公安机关**和法律规定的其他机关**行使。
第十七条　法律、法规授权的具有管理公共事务职能的组织可以在法定授权范围内实施行政处罚。	**第十九条**　法律、法规授权的具有管理公共事务职能的组织可以在法定授权范围内实施行政处罚。
第十八条　行政机关依照法律、法规或者规章的规定，可以在其法定权限内委托符合本法第十九条规定条件的组织实施行政处罚。行政机关不得委托其他组织或者个人实施行政处罚。 委托行政机关对受委托的组织实施行政处罚的行为应当负责监督，并对该行为的后果承担法律责任。 受委托组织在委托范围内，以委托行政机关名义实施行政处罚；不得再委托其他任何组织或者个人实施行政处罚。	**第二十条**　行政机关依照法律、法规、规章的规定，可以在其法定权限内**书面**委托符合本法第**二十一**条规定条件的组织实施行政处罚。行政机关不得委托其他组织或者个人实施行政处罚。 **委托书应当载明委托的具体事项、权限、期限等内容。委托行政机关和受委托组织应当将委托书向社会公布。** 委托行政机关对受委托组织实施行政处罚的行为应当负责监督，并对该行为的后果承担法律责任。 受委托组织在委托范围内，以委托行政机关名义实施行政处罚；不得再委托其他组织或者个人实施行政处罚。

续表

2017 年行政处罚法	2021 年行政处罚法
第十九条 受委托组织必须符合以下条件： （一）依法成立的管理公共事务~~的事业组织~~； （二）具有熟悉有关法律、法规、规章和业务的工作人员； （三）~~对违法行为~~需要进行技术检查或者技术鉴定的，应当有条件组织进行相应的技术检查或者技术鉴定。	**第二十一条** 受委托组织必须符合以下条件： （一）依法成立**并具有**管理公共事务**职能**； （二）有熟悉有关法律、法规、规章和业务**并取得行政执法资格**的工作人员； （三）需要进行技术检查或者技术鉴定的，应当有条件组织进行相应的技术检查或者技术鉴定。
第四章 行政处罚的管辖和适用	**第四章 行政处罚的管辖和适用**
第二十条 行政处罚由违法行为发生地的县级以上地方人民政府具有行政处罚权的行政机关管辖。法律、行政法规另有规定的除外。	**第二十二条 行政处罚由违法行为发生地的行政机关管辖。法律、行政法规、部门规章另有规定的，从其规定。** **第二十三条 行政处罚由县级以上地方人民政府具有行政处罚权的行政机关管辖。法律、行政法规另有规定的，从其规定。**
	第二十四条 省、自治区、直辖市根据当地实际情况，可以决定将基层管理迫切需要的县级人民政府部门的行政处罚权交由能够有效承接的乡镇人民政府、街道办事处行使，并定期组织评估。决定应当公布。 **承接行政处罚权的乡镇人民政府、街道办事处应当加强执法能力建设，按照规定范围、依照法定程序实施行政处罚。**

续表

2017 年行政处罚法	2021 年行政处罚法
	有关地方人民政府及其部门应当加强组织协调、业务指导、执法监督，建立健全行政处罚协调配合机制，完善评议、考核制度。
第二十一条　对管辖发生争议的，报请共同的上一级行政机关指定管辖。	**第二十五条　两个以上行政机关都有管辖权的，由最先立案的行政机关管辖。** 对管辖发生争议的，**应当协商解决，协商不成的，**报请共同的上一级行政机关指定管辖；**也可以直接由共同的上一级行政机关指定管辖。**
	第二十六条　行政机关因实施行政处罚的需要，可以向有关机关提出协助请求。协助事项属于被请求机关职权范围内的，应当依法予以协助。
第二十二条　违法行为~~构成~~犯罪的，行政机关~~必须~~将案件移送司法机关，依法追究刑事责任。	**第二十七条**　违法行为**涉嫌**犯罪的，行政机关**应当及时**将案件移送司法机关，依法追究刑事责任。**对依法不需要追究刑事责任或者免予刑事处罚，但应当给予行政处罚的，司法机关应当及时将案件移送有关行政机关。** **行政处罚实施机关与司法机关之间应当加强协调配合，建立健全案件移送制度，加强证据材料移交、接收衔接，完善案件处理信息通报机制。**

续表

2017 年行政处罚法	2021 年行政处罚法
第二十三条 行政机关实施行政处罚时，应当责令当事人改正或者限期改正违法行为。	**第二十八条** 行政机关实施行政处罚时，应当责令当事人改正或者限期改正违法行为。 **当事人有违法所得，除依法应当退赔的外，应当予以没收。违法所得是指实施违法行为所取得的款项。法律、行政法规、部门规章对违法所得的计算另有规定的，从其规定。**
第二十四条 对当事人的同一个违法行为，不得给予两次以上罚款的行政处罚。	**第二十九条** 对当事人的同一个违法行为，不得给予两次以上罚款的行政处罚。**同一个违法行为违反多个法律规范应当给予罚款处罚的，按照罚款数额高的规定处罚。**
第二十五条 不满十四周岁的人有违法行为的，不予行政处罚，责令监护人加以管教；已满十四周岁不满十八周岁的人有违法行为的，从轻或者减轻行政处罚。	**第三十条** 不满十四周岁的**未成年**人有违法行为的，不予行政处罚，责令监护人加以管教；已满十四周岁不满十八周岁的**未成年**人有违法行为的，**应当**从轻或者减轻行政处罚。
第二十六条 精神病人在不能辨认或者不能控制自己行为时有违法行为的，不予行政处罚，但应当责令其监护人严加看管和治疗。间歇性精神病人在精神正常时有违法行为的，应当给予行政处罚。	**第三十一条** 精神病人、**智力残疾人**在不能辨认或者不能控制自己行为时有违法行为的，不予行政处罚，但应当责令其监护人严加看管和治疗。间歇性精神病人在精神正常时有违法行为的，应当给予行政处罚。**尚未完全丧失辨认或者控制自己行为能力的精神病人、智力残疾人有违法行为的，可以从轻或者减轻行政处罚。**

续表

2017年行政处罚法	2021年行政处罚法
第二十七条第一款 当事人有下列情形之一的，应当~~依法~~从轻或者减轻行政处罚： （一）主动消除或者减轻违法行为危害后果的； （二）受他人胁迫有违法行为的； （三）配合行政机关查处违法行为有立功表现的； （四）~~其他依法~~从轻或者减轻行政处罚的。	**第三十二条** 当事人有下列情形之一，应当从轻或者减轻行政处罚： （一）主动消除或者减轻违法行为危害后果的； （二）受他人胁迫**或者诱骗实施**违法行为的； **（三）主动供述行政机关尚未掌握的违法行为的；** （四）配合行政机关查处违法行为有立功表现的； （五）**法律、法规、规章规定其他应当**从轻或者减轻行政处罚的。
第二十七条第二款 违法行为轻微并及时~~纠正~~，没有造成危害后果的，不予行政处罚。	**第三十三条** 违法行为轻微并及时**改正**，没有造成危害后果的，不予行政处罚。**初次违法且危害后果轻微并及时改正的，可以不予行政处罚。** **当事人有证据足以证明没有主观过错的，不予行政处罚。法律、行政法规另有规定的，从其规定。** **对当事人的违法行为依法不予行政处罚的，行政机关应当对当事人进行教育。**
	第三十四条 行政机关可以依法制定行政处罚裁量基准，规范行使行政处罚裁量权。行政处罚裁量基准应当向社会公布。

续表

2017 年行政处罚法	2021 年行政处罚法
第二十八条　违法行为构成犯罪,人民法院判处拘役或者有期徒刑时,行政机关已经给予当事人行政拘留的,应当依法折抵相应刑期。 违法行为构成犯罪,人民法院判处罚金时,行政机关已经给予当事人罚款的,应当折抵相应罚金。	**第三十五条**　违法行为构成犯罪,人民法院判处拘役或者有期徒刑时,行政机关已经给予当事人行政拘留的,应当依法折抵相应刑期。 违法行为构成犯罪,人民法院判处罚金时,行政机关已经给予当事人罚款的,应当折抵相应罚金;**行政机关尚未给予当事人罚款的,不再给予罚款**。
第二十九条　违法行为在二年内未被发现的,不再给予行政处罚。法律另有规定的除外。 前款规定的期限,从违法行为发生之日起计算;违法行为有连续或者继续状态的,从行为终了之日起计算。	**第三十六条**　违法行为在二年内未被发现的,不再给予行政处罚;**涉及公民生命健康安全、金融安全且有危害后果的,上述期限延长至五年**。法律另有规定的除外。 前款规定的期限,从违法行为发生之日起计算;违法行为有连续或者继续状态的,从行为终了之日起计算。
	第三十七条　实施行政处罚,适用违法行为发生时的法律、法规、规章的规定。但是,作出行政处罚决定时,法律、法规、规章已被修改或者废止,且新的规定处罚较轻或者不认为是违法的,适用新的规定。
	第三十八条　行政处罚没有依据或者实施主体不具有行政主体资格的,行政处罚无效。 **违反法定程序构成重大且明显违法的,行政处罚无效。**

续表

2017年行政处罚法	2021年行政处罚法
第五章　行政处罚的决定	第五章　行政处罚的决定
	第一节　一般规定
	第三十九条　行政处罚的实施机关、立案依据、实施程序和救济渠道等信息应当公示。
第三十条　公民、法人或者其他组织违反行政管理秩序的行为，依法应当给予行政处罚的，行政机关必须查明事实；违法事实不清的，不得给予行政处罚。	**第四十条**　公民、法人或者其他组织违反行政管理秩序的行为，依法应当给予行政处罚的，行政机关必须查明事实；违法事实不清、证据不足的，不得给予行政处罚。
	第四十一条　行政机关依照法律、行政法规规定利用电子技术监控设备收集、固定违法事实的，应当经过法制和技术审核，确保电子技术监控设备符合标准、设置合理、标志明显，设置地点应当向社会公布。 电子技术监控设备记录违法事实应当真实、清晰、完整、准确。行政机关应当审核记录内容是否符合要求；未经审核或者经审核不符合要求的，不得作为行政处罚的证据。 行政机关应当及时告知当事人违法事实，并采取信息化手段或者其他措施，为当事人查询、陈述和申辩提供便利。不得限制或者变相限制当事人享有的陈述权、申辩权。

续表

2017 年行政处罚法	2021 年行政处罚法
	第四十二条　行政处罚应当由具有行政执法资格的执法人员实施。执法人员不得少于两人,法律另有规定的除外。 **执法人员应当文明执法,尊重和保护当事人合法权益。**
第三十七条第三款　执法人员与~~当事人~~有直接利害关系的,应当回避。	**第四十三条**　执法人员与案件有直接利害关系**或者有其他关系可能影响公正执法**的,应当回避。 **当事人认为执法人员与案件有直接利害关系或者有其他关系可能影响公正执法的,有权申请回避。** **当事人提出回避申请的,行政机关应当依法审查,由行政机关负责人决定。决定作出之前,不停止调查。**
第三十一条　行政机关在作出行政处罚决定之前,应当告知当事人作出行政处罚~~决定的~~事实、理由及依据,并告知当事人依法享有的权利。	**第四十四条**　行政机关在作出行政处罚决定之前,应当告知当事人**拟作出的**行政处罚**内容及**事实、理由、依据,并告知当事人依法享有的**陈述、申辩、要求听证等**权利。
第三十二条　当事人有权进行陈述和申辩。行政机关必须充分听取当事人的意见,对当事人提出的事实、理由和证据,应当进行复核;当事人提出的事实、理由或者证据成立的,行政机关应当采纳。 行政机关不得因当事人申辩而~~加重~~处罚。	**第四十五条**　当事人有权进行陈述和申辩。行政机关必须充分听取当事人的意见,对当事人提出的事实、理由和证据,应当进行复核;当事人提出的事实、理由或者证据成立的,行政机关应当采纳。 行政机关不得因当事人**陈述、**申辩而**给予更重的**处罚。

续表

2017 年行政处罚法	2021 年行政处罚法
	第四十六条　证据包括： （一）书证； （二）物证； （三）视听资料； （四）电子数据； （五）证人证言； （六）当事人的陈述； （七）鉴定意见； （八）勘验笔录、现场笔录。 证据必须经查证属实，方可作为认定案件事实的根据。 以非法手段取得的证据，不得作为认定案件事实的根据。
	第四十七条　行政机关应当依法以文字、音像等形式，对行政处罚的启动、调查取证、审核、决定、送达、执行等进行全过程记录，归档保存。
	第四十八条　具有一定社会影响的行政处罚决定应当依法公开。 公开的行政处罚决定被依法变更、撤销、确认违法或者确认无效的，行政机关应当在三日内撤回行政处罚决定信息并公开说明理由。
	第四十九条　发生重大传染病疫情等突发事件，为了控制、减轻和消除突发事件引起的社会危害，行政机关对违反突发事件应对措施的行为，依法快速、从重处罚。

续表

2017 年行政处罚法	2021 年行政处罚法
	第五十条　行政机关及其工作人员对实施行政处罚过程中知悉的国家秘密、商业秘密或者个人隐私，应当依法予以保密。
第一节　简易程序	第二节　简易程序
第三十三条　违法事实确凿并有法定依据，对公民处以~~五十~~元以下、对法人或者其他组织处以~~一千~~元以下罚款或者警告的行政处罚的，可以当场作出行政处罚决定。~~当事人应当依照本法第四十六条、第四十七条、第四十八条的规定履行行政处罚决定。~~	**第五十一条**　违法事实确凿并有法定依据，对公民处以**二百**元以下、对法人或者其他组织处以**三千**元以下罚款或者警告的行政处罚的，可以当场作出行政处罚决定。**法律另有规定的，从其规定。**
第三十四条　执法人员当场作出行政处罚决定的，应当向当事人出示执法~~身份~~证件，填写预定格式、编有号码的行政处罚决定书~~。行政处罚决定书应当~~当场交付当事人。 前款规定的行政处罚决定书应当载明当事人的违法行为~~、~~行政处罚依据、罚款数额、时间、地点以及行政机关名称，并由执法人员签名或者盖章。 执法人员当场作出的行政处罚决定，~~必须~~报所属行政机关备案。	**第五十二条**　执法人员当场作出行政处罚决定的，应当向当事人出示执法证件，填写预定格式、编有号码的行政处罚决定书，**并**当场交付当事人。**当事人拒绝签收的，应当在行政处罚决定书上注明。** 前款规定的行政处罚决定书应当载明当事人的违法行为**，行政处罚的种类和**依据、罚款数额、时间、地点，**申请行政复议、提起行政诉讼的途径和期限**以及行政机关名称，并由执法人员签名或者盖章。 执法人员当场作出的行政处罚决定，**应当**报所属行政机关备案。

续表

2017 年行政处罚法	2021 年行政处罚法
第三十五条　~~当事人~~对当场作出的行政处罚决定~~不服的，可以依法申请行政复议或者提起行政诉讼~~。	**第五十三条**　对当场作出的行政处罚决定，**当事人应当依照本法第六十七条至第六十九条的规定履行。**
~~第二节　一般程序~~	**第三节　普通程序**
第三十六条　除本法第~~三十三~~条规定的可以当场作出的行政处罚外，行政机关发现公民、法人或者其他组织有依法应当给予行政处罚的行为的，必须全面、客观、公正地调查，收集有关证据；必要时，依照法律、法规的规定，可以进行检查。	**第五十四条**　除本法第**五十一**条规定的可以当场作出的行政处罚外，行政机关发现公民、法人或者其他组织有依法应当给予行政处罚的行为的，必须全面、客观、公正地调查，收集有关证据；必要时，依照法律、法规的规定，可以进行检查。 **符合立案标准的，行政机关应当及时立案。**
第三十七条第一款　~~行政机关~~在调查或者进行检查时，~~执法人员不得少于两人，并~~应当向当事人或者有关人员出示证件。当事人或者有关人员应当如实回答询问，并协助调查或者检查，不得阻挠。询问或者检查应当制作笔录。	**第五十五条**　**执法人员**在调查或者进行检查时，应当**主动**向当事人或者有关人员出示**执法**证件。**当事人或者有关人员有权要求执法人员出示执法证件。执法人员不出示执法证件的，当事人或者有关人员有权拒绝接受调查或者检查。** 当事人或者有关人员应当如实回答询问，并协助调查或者检查，不得**拒绝或者**阻挠。询问或者检查应当制作笔录。

续表

2017 年行政处罚法	2021 年行政处罚法
第三十七条第二款　行政机关在收集证据时，可以采取抽样取证的方法；在证据可能灭失或者以后难以取得的情况下，经行政机关负责人批准，可以先行登记保存，并应当在七日内及时作出处理决定，在此期间，当事人或者有关人员不得销毁或者转移证据。	**第五十六条**　行政机关在收集证据时，可以采取抽样取证的方法；在证据可能灭失或者以后难以取得的情况下，经行政机关负责人批准，可以先行登记保存，并应当在七日内及时作出处理决定，在此期间，当事人或者有关人员不得销毁或者转移证据。
第三十八条第一款、第二款　调查终结，行政机关负责人应当对调查结果进行审查，根据不同情况，分别作出如下决定： （一）确有应受行政处罚的违法行为的，根据情节轻重及具体情况，作出行政处罚决定； （二）违法行为轻微，依法可以不予行政处罚的，不予行政处罚； （三）违法事实不能成立的，不~~得给~~予行政处罚； （四）违法行为~~已构成~~犯罪的，移送司法机关。 对情节复杂或者重大违法行为给予~~较重的~~行政处罚，行政机关~~的~~负责人应当集体讨论决定。	**第五十七条**　调查终结，行政机关负责人应当对调查结果进行审查，根据不同情况，分别作出如下决定： （一）确有应受行政处罚的违法行为的，根据情节轻重及具体情况，作出行政处罚决定； （二）违法行为轻微，依法可以不予行政处罚的，不予行政处罚； （三）违法事实不能成立的，不予行政处罚； （四）违法行为**涉嫌**犯罪的，移送司法机关。 对情节复杂或者重大违法行为给予行政处罚，行政机关负责人应当集体讨论决定。

续表

2017年行政处罚法	2021年行政处罚法
第三十八条第三款　在行政机关负责人作出决定之前，应当由从事行政处罚决定审核的人员进行审核。行政机关中初次从事行政处罚决定审核的人员，应当通过国家统一法律职业资格考试取得法律职业资格。	**第五十八条　有下列情形之一，**在行政机关负责人作出**行政处罚的**决定之前，应当由从事行政处罚决定**法制**审核的人员进行**法制**审核；**未经法制审核或者审核未通过的，不得作出决定：** **（一）涉及重大公共利益的；** **（二）直接关系当事人或者第三人重大权益，经过听证程序的；** **（三）案件情况疑难复杂、涉及多个法律关系的；** **（四）法律、法规规定应当进行法制审核的其他情形。** 行政机关中初次从事行政处罚决定**法制**审核的人员，应当通过国家统一法律职业资格考试取得法律职业资格。
第三十九条　行政机关依照本法第~~三十八~~条的规定给予行政处罚，应当制作行政处罚决定书。行政处罚决定书应当载明下列事项： （一）当事人的姓名或者名称、地址； （二）违反法律、法规~~或者~~规章的事实和证据； （三）行政处罚的种类和依据； （四）行政处罚的履行方式和期限； （五）~~不服行政处罚决定，~~申请行政复议~~或者~~提起行政诉讼的途径和期限；	**第五十九条**　行政机关依照本法第**五十七**条的规定给予行政处罚，应当制作行政处罚决定书。行政处罚决定书应当载明下列事项： （一）当事人的姓名或者名称、地址； （二）违反法律、法规、规章的事实和证据； （三）行政处罚的种类和依据； （四）行政处罚的履行方式和期限； （五）申请行政复议、提起行政诉讼的途径和期限；

续表

2017 年行政处罚法	2021 年行政处罚法
（六）作出行政处罚决定的行政机关名称和作出决定的日期。 行政处罚决定书必须盖有作出行政处罚决定的行政机关的印章。	（六）作出行政处罚决定的行政机关名称和作出决定的日期。 行政处罚决定书必须盖有作出行政处罚决定的行政机关的印章。
	第六十条　行政机关应当自行政处罚案件立案之日起九十日内作出行政处罚决定。法律、法规、规章另有规定的，从其规定。
第四十条　行政处罚决定书应当在宣告后当场交付当事人；当事人不在场的，行政机关应当在七日内依照民~~事诉讼法~~的有关规定，将行政处罚决定书送达当事人。	**第六十一条**　行政处罚决定书应当在宣告后当场交付当事人；当事人不在场的，行政机关应当在七日内依照**《中华人民共和国民事诉讼法》**的有关规定，将行政处罚决定书送达当事人。 **当事人同意并签订确认书的，行政机关可以采用传真、电子邮件等方式，将行政处罚决定书等送达当事人。**
第四十一条　行政机关及其执法人员在作出行政处罚决定之前，不依照本法第~~三十一~~条、第~~三十二~~条的规定向当事人告知~~给予~~行政处罚的事实、理由和依据，或者拒绝听取当事人的陈述、申辩，~~行政处罚决定不能成立~~；当事人放弃陈述或者申辩权利的除外。	**第六十二条**　行政机关及其执法人员在作出行政处罚决定之前，**未**依照本法第**四十四**条、第**四十五**条的规定向当事人告知**拟作出的**行政处罚**内容及**事实、理由、依据，或者拒绝听取当事人的陈述、申辩，**不得作出行政处罚决定**；当事人**明确**放弃陈述或者申辩权利的除外。

续表

2017 年行政处罚法	2021 年行政处罚法
第三节　听 证 程 序	第**四**节　听 证 程 序
第四十二条　行政机关作出责令停产停业、吊销~~许可证或者执~~照、较大数额罚款等行政处罚决定~~之前~~，应当告知当事人有要求举行听证的权利~~；~~当事人要求听证的，行政机关应当组织听证。当事人不承担行政机关组织听证的费用。听证依照以下程序组织： （一）当事人要求听证的，应当在行政机关告知后三日内提出； （二）行政机关应当在听证的七日前，通知当事人~~举行~~听证的时间、地点； （三）除涉及国家秘密、商业秘密或者个人隐私外，听证公开举行； （四）听证由行政机关指定的非本案调查人员主持；当事人认为主持人与本案有直接利害关系的，有权申请回避； （五）当事人可以亲自参加听证，也可以委托一至二人代理； （六）举行听证时，调查人员提出当事人违法的事实、证据和行政处罚建议；当事人进行申辩和质证； （七）听证应当制作笔录~~；笔录应当交当事人审核无误后签字或者盖章~~。 当事人~~对限制人身自由的行政处罚有异议的，依照治安管理处罚法有关规定执行~~。	**第六十三条**　行政机关**拟**作出**下列**行政处罚决定，应当告知当事人有要求听证的权利，当事人要求听证的，行政机关应当组织听证： （一）较大数额罚款； **（二）没收较大数额违法所得、没收较大价值非法财物；** **（三）降低资质等级**、吊销**许可证件；** （四）责令停产停业**、责令关闭、限制从业；** **（五）其他较重的行政处罚；** **（六）法律、法规、规章规定的其他情形。** 当事人不承担行政机关组织听证的费用。
	第六十四条　听证**应当**依照以下程序组织： （一）当事人要求听证的，应当在行政机关告知后**五**日内提出； （二）行政机关应当在**举行**听证的七日前，通知当事人**及有关人员**听证的时间、地点； （三）除涉及国家秘密、商业秘密或者个人隐私**依法予以保密**外，听证公开举行； （四）听证由行政机关指定的非本案调查人员主持；当事人认为主持人与本案有直接利害关系的，有权申请回避；

续表

2017 年行政处罚法	**2021 年行政处罚法**
	（五）当事人可以亲自参加听证，也可以委托一至二人代理； **（六）当事人及其代理人无正当理由拒不出席听证或者未经许可中途退出听证的，视为放弃听证权利，行政机关终止听证；** **（七）**举行听证时，调查人员提出当事人违法的事实、证据和行政处罚建议，当事人进行申辩和质证； **（八）**听证应当制作笔录。笔录应当交当事人**或者其代理人**核对无误后签字或者盖章。当事人**或者其代理人拒绝签字或者盖章的，由听证主持人在笔录中注明。**
第四十三条 听证结束后，行政机关依照本法第~~三十八~~条的规定，作出决定。	**第六十五条** 听证结束后，行政机关**应当根据听证笔录**，依照本法第**五十七**条的规定，作出决定。
第六章 行政处罚的执行	**第六章 行政处罚的执行**
第四十四条 行政处罚决定依法作出后，当事人应当在行政处罚决定的期限内，予以履行。 **第五十二条** 当事人确有经济困难，需要延期或者分期缴纳罚款的，经当事人申请和行政机关批准，可以暂缓或者分期缴纳。	**第六十六条** 行政处罚决定依法作出后，当事人应当在行政处罚决定**书载明**的期限内，予以履行。 当事人确有经济困难，需要延期或者分期缴纳罚款的，经当事人申请和行政机关批准，可以暂缓或者分期缴纳。
~~**第四十五条** 当事人对行政处罚决定不服申请行政复议或者提起行政诉讼的，行政处罚不停止执行，法律另有规定的除外。~~	

续表

2017 年行政处罚法	2021 年行政处罚法
第四十六条 作出罚款决定的行政机关应当与收缴罚款的机构分离。 除依照本法第四十七条、第四十八条的规定当场收缴的罚款外，作出行政处罚决定的行政机关及其执法人员不得自行收缴罚款。 当事人应当自收到行政处罚决定书之日起十五日内，到指定的银行缴纳罚款。银行应当收受罚款，并将罚款直接上缴国库。	**第六十七条** 作出罚款决定的行政机关应当与收缴罚款的机构分离。 除依照本法第**六十八**条、第**六十九**条的规定当场收缴的罚款外，作出行政处罚决定的行政机关及其执法人员不得自行收缴罚款。 当事人应当自收到行政处罚决定书之日起十五日内，到指定的银行**或者通过电子支付系统**缴纳罚款。银行应当收受罚款，并将罚款直接上缴国库。
第四十七条 依照本法第三十三条的规定当场作出行政处罚决定，有下列情形之一的，执法人员可以当场收缴罚款： （一）依法给予二十元以下的罚款的； （二）不当场收缴事后难以执行的。	**第六十八条** 依照本法第**五十一**条的规定当场作出行政处罚决定，有下列情形之一，执法人员可以当场收缴罚款： （一）依法给予**一百**元以下罚款的； （二）不当场收缴事后难以执行的。
第四十八条 在边远、水上、交通不便地区，行政机关及其执法人员依照本法第三十三条、第三十八条的规定作出罚款决定后，当事人向指定的银行缴纳罚款确有困难，经当事人提出，行政机关及其执法人员可以当场收缴罚款。	**第六十九条** 在边远、水上、交通不便地区，行政机关及其执法人员依照本法第**五十一**条、第**五十七**条的规定作出罚款决定后，当事人**到**指定的银行**或者通过电子支付系统**缴纳罚款确有困难，经当事人提出，行政机关及其执法人员可以当场收缴罚款。

续表

2017 年行政处罚法	2021 年行政处罚法
第四十九条　行政机关及其执法人员当场收缴罚款的，必须向当事人出具省、自治区、直辖市财政部门统一制发的~~罚款收据~~；不出具财政部门统一制发的~~罚款收据~~的，当事人有权拒绝缴纳罚款。	**第七十条**　行政机关及其执法人员当场收缴罚款的，必须向当事人出具**国务院财政部门或者**省、自治区、直辖市**人民政府**财政部门统一制发的**专用票据**；不出具财政部门统一制发的**专用票据**的，当事人有权拒绝缴纳罚款。
第五十条　执法人员当场收缴的罚款，应当自收缴罚款之日起二日内，交至行政机关；在水上当场收缴的罚款，应当自抵岸之日起二日内交至行政机关；行政机关应当在二日内将罚款缴付指定的银行。	**第七十一条**　执法人员当场收缴的罚款，应当自收缴罚款之日起二日内，交至行政机关；在水上当场收缴的罚款，应当自抵岸之日起二日内交至行政机关；行政机关应当在二日内将罚款缴付指定的银行。
第五十一条　当事人逾期不履行行政处罚决定的，作出行政处罚决定的行政机关可以采取下列措施： （一）到期不缴纳罚款的，每日按罚款数额的百分之三加处罚款； （二）根据法律规定，将查封、扣押的财物拍卖或者将冻结的存款划拨抵缴罚款； （三）申请人民法院强制执行。	**第七十二条**　当事人逾期不履行行政处罚决定的，作出行政处罚决定的行政机关可以采取下列措施： （一）到期不缴纳罚款的，每日按罚款数额的百分之三加处罚款**，加处罚款的数额不得超出罚款的数额**； （二）根据法律规定，将查封、扣押的财物拍卖、**依法处理**或者将冻结的存款、**汇款**划拨抵缴罚款； **（三）根据法律规定，采取其他行政强制执行方式；** **（四）依照《中华人民共和国行政强制法》的规定**申请人民法院强制执行。 **行政机关批准延期、分期缴纳罚款的，申请人民法院强制执行的期限，自暂缓或者分期缴纳罚款期限结束之日起计算。**

续表

2017 年行政处罚法	2021 年行政处罚法
	第七十三条　当事人对行政处罚决定不服，申请行政复议或者提起行政诉讼的，行政处罚不停止执行，法律另有规定的除外。 **当事人对限制人身自由的行政处罚决定不服，申请行政复议或者提起行政诉讼的，可以向作出决定的机关提出暂缓执行申请。符合法律规定情形的，应当暂缓执行。** **当事人申请行政复议或者提起行政诉讼的，加处罚款的数额在行政复议或者行政诉讼期间不予计算。**
第五十三条　除依法应当予以销毁的物品外，依法没收的非法财物必须按照国家规定公开拍卖或者按照国家有关规定处理。 罚款、没收违法所得或者没收非法财物拍卖的款项，必须全部上缴国库，任何行政机关或者个人不得以任何形式截留、私分或者变相私分；财政部门不得以任何形式向作出行政处罚决定的行政机关返还罚款、没收的违法所得或者返还没收非法财物的拍卖款项。	**第七十四条**　除依法应当予以销毁的物品外，依法没收的非法财物必须按照国家规定公开拍卖或者按照国家有关规定处理。 罚款、没收**的**违法所得或者没收非法财物拍卖的款项，必须全部上缴国库，任何行政机关或者个人不得以任何形式截留、私分或者变相私分。 **罚款、没收的违法所得或者没收非法财物拍卖的款项，不得同作出行政处罚决定的行政机关及其工作人员的考核、考评直接或者变相挂钩。除依法应当退还、退赔的外，**财政部门不得以任何形式向作出行政处罚决定的行政机关返还罚款、没收的违法所得或者没收非法财物拍卖**的**款项。

续表

2017 年行政处罚法	2021 年行政处罚法
第五十四条 行政机关应当建立健全对行政处罚的监督制度。县级以上人民政府应当加强对行政处罚的监督检查。 公民、法人或者其他组织对行政机关~~作出的~~行政处罚,有权申诉或者检举;行政机关应当认真审查,发现~~行政处罚~~有错误的,应当主动改正。	**第七十五条** 行政机关应当建立健全对行政处罚的监督制度。县级以上人民政府应当**定期组织开展行政执法评议、考核**,加强对行政处罚的监督检查,**规范和保障行政处罚的实施**。 **行政机关实施行政处罚应当接受社会监督**。公民、法人或者其他组织对行政机关**实施**行政处罚**的行为**,有权申诉或者检举;行政机关应当认真审查,发现有错误的,应当主动改正。
第七章 法律责任	**第七章 法律责任**
第五十五条 行政机关实施行政处罚,有下列情形之一的,由上级行政机关或者有关~~部门~~责令改正,~~可以~~对直接负责的主管人员和其他直接责任人员依法给予~~行政~~处分: (一)没有法定的行政处罚依据的; (二)擅自改变行政处罚种类、幅度的; (三)违反法定的行政处罚程序的; (四)违反本法第~~十八~~条关于委托处罚的规定的。	**第七十六条** 行政机关实施行政处罚,有下列情形之一,由上级行政机关或者有关**机关**责令改正,对直接负责的主管人员和其他直接责任人员依法给予处分: (一)没有法定的行政处罚依据的; (二)擅自改变行政处罚种类、幅度的; (三)违反法定的行政处罚程序的; (四)违反本法第**二十**条关于委托处罚的规定的; **(五)执法人员未取得执法证件的**。 **行政机关对符合立案标准的案件不及时立案的,依照前款规定予以处理**。

续表

2017 年行政处罚法	2021 年行政处罚法
第五十六条　行政机关对当事人进行处罚不使用罚款、没收财物单据或者使用非法定部门制发的罚款、没收财物单据的，当事人有权拒绝处罚，并有权予以检举~~。~~上级行政机关或者有关~~部门~~对使用的非法单据予以收缴销毁，对直接负责的主管人员和其他直接责任人员依法给予~~行政~~处分。	**第七十七条**　行政机关对当事人进行处罚不使用罚款、没收财物单据或者使用非法定部门制发的罚款、没收财物单据的，当事人有权拒绝，并有权予以检举**，由**上级行政机关或者有关**机关**对使用的非法单据予以收缴销毁，对直接负责的主管人员和其他直接责任人员依法给予处分。
第五十七条　行政机关违反本法第~~四十六~~条的规定自行收缴罚款的，财政部门违反本法第~~五十三~~条的规定向行政机关返还罚款或者拍卖款项的，由上级行政机关或者有关~~部门~~责令改正，对直接负责的主管人员和其他直接责任人员依法给予~~行政~~处分。	**第七十八条**　行政机关违反本法第**六十七**条的规定自行收缴罚款的，财政部门违反本法第**七十四**条的规定向行政机关返还罚款**、没收的违法所得**或者拍卖款项的，由上级行政机关或者有关**机关**责令改正，对直接负责的主管人员和其他直接责任人员依法给予处分。
第五十八条　行政机关~~将罚款、没收的违法所得或者财物~~截留、私分或者变相私分的，由财政部门或者有关~~部门~~予以追缴，对直接负责的主管人员和其他直接责任人员依法给予~~行政~~处分；情节严重构成犯罪的，依法追究刑事责任。 执法人员利用职务上的便利，索取或者收受他人财物、收缴罚款据为己有，构成犯罪的，依法追究刑事责任；情节轻微不构成犯罪的，依法给予~~行政~~处分。	**第七十九条**　行政机关截留、私分或者变相私分**罚款、没收的违法所得或者财物**的，由财政部门或者有关**机关**予以追缴，对直接负责的主管人员和其他直接责任人员依法给予处分；情节严重构成犯罪的，依法追究刑事责任。 执法人员利用职务上的便利，索取或者收受他人财物、**将**收缴罚款据为己有，构成犯罪的，依法追究刑事责任；情节轻微不构成犯罪的，依法给予处分。

续表

2017 年行政处罚法	2021 年行政处罚法
第五十九条　行政机关使用或者损毁扣押的财物，对当事人造成损失的，应当依法予以赔偿，对直接负责的主管人员和其他直接责任人员依法给予~~行政~~处分。	**第八十条**　行政机关使用或者损毁**查封**、扣押的财物，对当事人造成损失的，应当依法予以赔偿，对直接负责的主管人员和其他直接责任人员依法给予处分。
第六十条　行政机关违法~~实行~~检查措施或者执行措施，给公民人身或者财产造成损害、给法人或者其他组织造成损失的，应当依法予以赔偿，对直接负责的主管人员和其他直接责任人员依法给予~~行政~~处分；情节严重构成犯罪的，依法追究刑事责任。	**第八十一条**　行政机关违法**实施**检查措施或者执行措施，给公民人身或者财产造成损害、给法人或者其他组织造成损失的，应当依法予以赔偿，对直接负责的主管人员和其他直接责任人员依法给予处分；情节严重构成犯罪的，依法追究刑事责任。
第六十一条　行政机关~~为牟取本单位私利，~~对应当依法移交司法机关追究刑事责任的不移交，以行政处罚代替~~刑罚~~，由上级行政机关或者有关~~部门~~责令~~纠正；拒不纠正的~~，对直接负责的主管人员给予~~行政~~处分；~~徇私舞弊、包庇纵容违法行为的，依照刑法有关规定~~追究刑事责任。	**第八十二条**　行政机关对应当依法移交司法机关追究刑事责任的**案件**不移交，以行政处罚代替**刑事处罚**，由上级行政机关或者有关**机关**责令**改正**，对直接负责的主管人员**和其他直接责任人员依法**给予处分；**情节严重构成犯罪的，依法**追究刑事责任。
第六十二条　~~执法人员玩忽职守，~~对应当予以制止和处罚的违法行为不予制止、处罚，致使公民、法人或者其他组织的合法权益、公共利益和社会秩序遭受损害的，对直接负责的主管人员和其他直接责任人员依法给予~~行政~~处分；情节严重构成犯罪的，依法追究刑事责任。	**第八十三条**　**行政机关**对应当予以制止和处罚的违法行为不予制止、处罚，致使公民、法人或者其他组织的合法权益、公共利益和社会秩序遭受损害的，对直接负责的主管人员和其他直接责任人员依法给予处分；情节严重构成犯罪的，依法追究刑事责任。

续表

2017年行政处罚法	2021年行政处罚法
第八章　附　　则	第八章　附　　则
	第八十四条　外国人、无国籍人、外国组织在中华人民共和国领域内有违法行为，应当给予行政处罚的，适用本法，法律另有规定的除外。
	第八十五条　本法中"二日""三日""五日""七日"的规定是指工作日，不含法定节假日。
~~**第六十三条**　本法第四十六条罚款决定与罚款收缴分离的规定，由国务院制定具体实施办法。~~	
第六十四条　本法自~~1996~~年~~10~~月~~1~~日起施行。 ~~本法公布前制定的法规和规章关于行政处罚的规定与本法不符合的，应当自本法公布之日起，依照本法规定予以修订，在1997年12月31日前修订完毕。~~	**第八十六条**　本法自**2021**年**7**月**15**日起施行。